# 古典文獻研究輯刊

## 初編

潘美月・杜潔祥 主編

## 第30冊

# 《商周金文錄遺》考釋（上）

沈寶春 著

國家圖書館出版品預行編目資料

《商周金文錄遺》考釋(上)／沈寶春著 — 初版 — 台北縣永和市：
花木蘭文化工作坊，2005〔民 94〕

目 3 + 409 面；19×26 公分（古典文獻研究輯刊 初編；第 30 冊）

ISBN：986-7128-18-4（精裝）

1. 金屬器物 – 文字 – 研究與考訂

793.2　　94020430

ISBN 986-7128-18-4

古典文獻研究輯刊
初　編　第三十冊　　ISBN：986-7128-18-4

# 《商周金文錄遺》考釋（上）

作　者　沈寶春
主　編　潘美月　杜潔祥
企劃出版　北京大學文化資源研究中心
出　版　花木蘭文化工作坊
發 行 所　花木蘭文化工作坊
發 行 人　高小娟
聯絡地址　台北縣永和市中正路五九五號七樓之三
電話：02-2923-1455／傳真：02-2923-1452
電子信箱　sut81518@ms59.hinet.net
初　版　2005 年 12 月
定　價　初編 40 冊（精裝）新台幣 62,000 元

# 《商周金文錄遺》考釋（上）

沈寶春　著

## 作者簡介

沈寶春，雲林縣人。國立臺灣師範大學碩士，國立臺灣大學中國文學博士。現任國立成功大學教授。著有《商周金文錄遺考釋》、《王筠之金文學研究》、《桂馥的六書學》諸書以及期刊論文數十篇等。

## 提　要

本書成於 1982 年，係作者的碩士論文。書分上、中、下三編，上編敘論，中編考釋、下編結論，並附〈錄遺所收拓本與他書關係對照表〉、〈錄遺同銘互見表〉、〈錄遺所見可考單字表〉、〈錄遺所見難字單字表〉，是第一本對《商周金文錄遺》作全面考察探索的書籍，也是古文字全文檢索書籍的濫觴，李孝定先生曾讚許是書：「於重要資料蒐羅贍美，立論謹嚴，體大思精，識見閎通，誠佳構也。」

# 目錄

## 上冊

## 中　冊



## 下　冊

# 商周金文錄遺考釋器名目錄

| | | | |
|---|---|---|---|
| 17 | [illegible]鼎 | 戠鼎 | 九三 |
| 18 | [illegible]鼎 | 圍鼎 | 九五 |
| 19 | [illegible]鼎 | 圍鼎 | 九五 |
| 20 | [illegible]鼎 | 正鼎 | 九六 |
| 21 | [illegible]鼎 | 正鼎 | 九七 |
| 22 | [illegible]鼎 | 卣鼎 | 九八 |
| 23 | [illegible]鼎 | 卣鼎 | 九八 |
| 24 | [illegible]鼎 | 宁鼎 | 一〇〇 |
| 25 | 倉鼎 | | 一〇一 |
| 26 | [illegible]鼎 | 貞鼎 | 一〇四 |
| 27 | [illegible]鼎 | 羌鼎 | 一〇五 |
| 28 | [illegible]鼎 | 守雩鼎 | 一〇六 |
| 29 | [illegible]鼎 | 輪鼎 | 一〇七 |
| 30 | [illegible]鼎 | | 一〇八 |
| 31 | 葡鼎 | 箙鼎 | 一一〇 |
| 32 | [illegible]鼎 | | 一一二 |
| 33 | 切鼎 | | 一一二 |

| 編號 | 商周金文錄遺原器名稱 | 本書所定器名 | 頁數 |
|---|---|---|---|
| 34 | [illegible]鼎 | 須鼎 | 一一四 |
| 35 | [illegible]鼎 | 彈鼎 | 一一五 |
| 36 | 子戊鼎 二字 | | 一一六 |
| 37 | 子龔鼎一 | | 一一八 |
| 38 | 子龔鼎二 | | 一一八 |
| 39 | [illegible]鼎 | 取倗鼎 | 一一九 |
| 40 | 亞矦鼎 | 亞矦鼎 | 一二〇 |
| 41 | [illegible]鼎 | 冉光鼎 | 一二七 |
| 42 | [illegible]鼎 鄴三上七 | 兟鼎 | 一二九 |
| 43 | 婦好鼎 | | 一二九 |
| 44 | 周登鼎 | | 一三一 |
| 45 | 戈且己鼎 三字 | | 一三二 |
| 46 | [illegible]父甲鼎 | | 一三六 |
| 47 | 父乙[illegible]鼎 | 父乙光鼎 | 一三九 |
| 48 | 父乙鼎一 | | 一四一 |
| 49 | 父乙鼎二 | | 一四一 |
| 50 | 司母戊鼎 | | 一四二 |

| | | | |
|---|---|---|---|
| 51 | [illegible]鼎 鄴三上十一 | | 一四七 |
| 52 | 亞夊雨鼎 | | 一四八 |
| 53 | 亞而丁鼎 | | 一五〇 |
| 54 | 鄉宁父乙鼎 四字 | | 一五一 |
| 55 | 父癸疋冊鼎 | | 一五二 |
| 56 | 天黿婦妹鼎 | 婦妹奄鼎 | 一五四 |
| 57 | 天黿帚[illegible]鼎 | 奄帚頳鼎 | 一五五 |
| 58 | 角鼎 | 角戊鼎 | 一五六 |
| 59 | 白鼎 | | 一五八 |
| 60 | [illegible]鼎 | 輂鼎 | 一六〇 |
| 61 | 亞中寏鼎 五字 | 亞中寏鼎 | 一六二 |
| 62 | 悕子鼎 [illegible]續九 | 悕子秝鼎 | 一六三 |
| 63 | 木臣父辛鼎 六字 | | 一六五 |
| 64 | 匚[illegible]臣父癸鼎 | | 一六七 |
| 65 | [illegible]臣母癸鼎 | | 一七〇 |
| 66 | 田農鼎 | | 一七三 |
| 67 | 送鼎 | | 一七六 |
| 68 | [illegible][illegible]鼎 | 虫昏鼎 | 一七八 |

| 編號 | 商周金文錄遺原器名稱 | 本書所定器名 | 頁數 |
| --- | --- | --- | --- |
| 69 | 白遟父鼎 | | 一八二 |
| 70 | 東陸鼎 | | 一八五 |
| 71 | 右㕣宮鼎 七字 | 右官公鼎 | 一八九 |
| 72 | 亞中寞亼室鼎 八字 | 亞中寞竹室鼎 | 一九〇 |
| 73 | 𨟻𨥘鼎 九字 | | 一九三 |
| 74 | 江小中母生鼎 | 江小中母生鬲 | 一九五 |
| 75 | 𠤎寶鼎 十字 | | 一九七 |
| 76 | 白旬鼎 | | 一九八 |
| 77 | 司𠤎父乙鼎 十二字 | | 一九九 |
| 78 | 史喜鼎 | | 二〇一 |
| 79 | 㕢訇居鼎 十三字 | | 二〇五 |
| 80 | 𩲃予鼎 器蓋对銘 | 鄓子鼎 | 二〇七 |
| 81 | 白唐父鼎 廿四字 | | 二〇九 |
| 82 | 𠧪皇父鼎 十五字 | | 二一〇 |
| 83 | 白鼎 十六字 | | 二一二 |
| 84 | 小臣遹鼎 十七字 | | 二一三 |
| 85 | 小臣𣄰鼎 | | 二一四 |

| | | | |
|---|---|---|---|
| 86 | 𢍰登白鼎 | | 二一六 |
| 87 | 魯大左𤔲徒元鼎 | | 二一七 |
| 88 | 乃子克鼎 存二十三字 | | 二一九 |
| 89 | 辛鼎 二十五字 | | 二二二 |
| 90 | 虢宣公子白鼎 二十七字 | | 二二七 |
| 91 | 麥鼎 二十九字 | | 二二九 |
| 92 | [illegible]鉄鼎 三十二字 | | 二三二 |
| 93 | 作冊大鼎 四十字 | | 二三五 |
| 94 | 寍鼎 | | 二三八 |
| 95 | 𦀚鼎 約四十餘字 | 浠鼎 | 二四一 |
| 96 | 汈其鼎 四十八字 | | 二四三 |
| 97 | 尹姞鼎 六十四字 | | 二四五 |
| 98 | 南宮柳鼎 七十九字 | | 二四九 |
| 99 | 禹鼎 二百六字 | | 二五三 |
| 100 | 學子甗 五字 | | 二八〇 |
| 101 | 矢白甗 | | 二八二 |
| 102 | 田農甗 | | 二八四 |
| 103 | [illegible]父癸甗 七字 | | 二八四 |

| 編號 | 商周金文錄遺原器名稱 | 本書所定器名 | 頁數 |
|---|---|---|---|
| 104 | 孚公[illegible]甗九字 | | 二八五 |
| 105 | 乍寶甗十二字 | | 二八六 |
| 106 | 王孫壽甗三十五字 | | 二八七 |
| 107 | [illegible]鬲七字 | | 二八九 |
| 108 | [illegible]白毛鬲八字 | | 二九〇 |
| 109 | 弔[illegible]鬲十字 | | 二九〇 |
| 110 | 呂口姬鬲十三字 | | 二九二 |
| 111 | 善夫吉父鬲十七字 | | 二九四 |
| 112 | 鄦大嗣攻鬲二十字 | | 二九六 |
| 113 | [illegible]殷一字 | [illegible]殷 | 二九八 |
| 114 | 竟殷 | | 二九九 |
| 115 | [illegible]殷 | | 三〇一 |
| 116 | 虎殷 | | 三〇二 |
| 117 | 希殷 | | 三〇三 |
| 118 | 禾休殷二字 | | 三〇七 |
| 119 | [illegible]殷 | 鼎皿殷 | 三〇八 |
| 120 | [illegible]殷 | | 三〇九 |

| | | | | |
|---|---|---|---|---|
| 121 | 龏女簋 | | | 三一一 |
| 122 | 龏子簋 | | 子龏簋 | 三一二 |
| 123 | 咸父乙簋 | | | 三一三 |
| 124 | [illegible]父乙簋 | 三字 | [illegible]父乙簋 | 三一四 |
| 125 | 父丁[illegible]簋 | | | 三一五 |
| 126 | 車父己簋 | | | 三一五 |
| 127 | 魚父癸簋 | | | 三一六 |
| 128 | 母癸簋 | | | 三一九 |
| 129 | [illegible]刃止登簋 | | 㓞止登簋 | 三二〇 |
| 130 | 亞中[illegible]簋 | | | 三二一 |
| 131 | 亳父丁簋 | 五字 | | 三二二 |
| 132 | 丮白簋 | | 才白簋 | 三二四 |
| 133 | [illegible]簋 | | | 三二五 |
| 134 | 卜孟簋 | 六字 器蓋对銘 | | 三二六 |
| 135 | 田農簋 | | | 三二八 |
| 136 | 季𡚬簋 | | | 三二九 |
| 137 | 衛始簋一 | 器蓋对銘 | | 三三一 |
| 138 | 衛始簋二 | 器蓋对銘 | | 三三一 |

| 編號 | 商周金文錄遺原器名稱 | 本書所定器名 | 頁數 |
| --- | --- | --- | --- |
| 139 | 卯乍父戊毁 七字 | 卯乍父戊毁 | 三三二 |
| 140 | 子郎毁 八字 | 子郎毁 | 三三三 |
| 141 | 口乍母毁 | | 三三四 |
| 142 | 辨乍文父己毁 九字 | | 三三五 |
| 143 | 亯毁 | | 三三七 |
| 144 | 白熒毁 器蓋对銘 | 白熒毁 | 三三八 |
| 145 | 耳医戥毁 十四字 | | 三三九 |
| 146 | 齊嬉姬毁 | | 三四〇 |
| 147 | 父己毁 器十五字 蓋对銘 | | 三四二 |
| 148 | 衛[illegible]毁蓋 十六字 | | 三四三 |
| 149 | 華毁 | | 三四四 |
| 150 | 奠牧馬𠬪毁 十七字 | 奠牧馬受毁 | 三四五 |
| 151 | [illegible]敄毁 十八字 | | 三四六 |
| 152 | 寧毁蓋 二十一字 | | 三四八 |
| 153 | 白毁 二十二字 | | 三五一 |
| 154 | 者客毁 | | 三五三 |
| 155 | 兮吉父毁 | | 三五四 |

| | | | |
|---|---|---|---|
| 156 | 小臣毁 二十四字 | | 三五五 |
| 157 | 渚𤔲土逘毁 | 渚𤔲土逘毁 | 三五八 |
| 158 | 雁侯毁 二十五字 原对銘 | | 三六二 |
| 159 | 不嬰毁 二十七字 | | 三六四 |
| 160 | 𢾊毁 二十九字 器蓋对銘 | | 三六六 |
| 161 | 叔毁 三十二字 器蓋对銘 | | 三六八 |
| 162 | 函皇父毁蓋 三十五字 | | 三七三 |
| 163 | 龜毁 四十字 | | 三七七 |
| 164 | 善夫沕其毁 | | 三七九 |
| 165 | 召毁 五十字 | | 三八二 |
| 166 | 三兒毁 六十餘字 摹本 | | 三八五 |
| 167 | 矢毁 約一百二十六字 | | 三八七 |
| 168 | 陳侯午敦 三十八字 | | 三九〇 |
| 169 | [illegible]簋 四字 | | 三九四 |
| 170 | 函交中簋 八字 | | 三九五 |
| 171 | 盥客簋一 九字 器蓋对銘 | | 三九六 |
| 172 | 盥客簋二 十字 底有八字 | | 三九六 |
| 173 | 善夫吉父簋 十二字 | | 三九八 |

| 編號 | 商周金文錄遺原器名稱 | 本書所定器名 | 頁數 |
| --- | --- | --- | --- |
| 174 | 鑄弔乍嬴氏簠 十五字器蓋对銘 | | 三九九 |
| 175 | 遣弔吉父盨 十六字器蓋对銘 | | 四〇二 |
| 176 | 㠱白子𡨦父盨一 二十六字器蓋对銘 | | 四〇四 |
| 177 | 㠱白子𡨦父盨二 器蓋对銘 | | 四〇四 |
| 178 | 㠱白子𡨦父盨三 器蓋对銘 | | 四〇四 |
| 179 | 㠱白子𡨦父盨四 器蓋对銘 | | 四〇四 |
| 180 | 白沙其盨 三十一字器蓋对銘 | | 四〇七 |
| 181 | 又尊一 一字 | | 四一〇 |
| 182 | 又尊二 | | 四一〇 |
| 183 | 虎尊 | 𧆞尊 | 四一二 |
| 184 | 夰尊 | 亭尊 | 四一三 |
| 185 | 并尊 | 友尊 | 四一五 |
| 186 | 旅尊一 | | 四一六 |
| 187 | 旅尊二 | | 四一六 |
| 188 | 衛尊 | | 四一八 |
| 189 | [illegible]井尊 二字 | | 四二〇 |
| 190 | 買車尊 | | 四二一 |

| 191 | 192 | 193 | 194 | 195 | 196 | 197 | 198 | 199 | 200 | 201 | 202 | 203 | 204 | 205 | 206 | 207 | 208 |
|---|---|---|---|---|---|---|---|---|---|---|---|---|---|---|---|---|---|
| 冉[illegible]尊 | 且癸尊 三字 | 父丁[illegible]尊 | 豢父丁尊 | 亞中獏父丁尊 | 亞中龔父辛尊 | [illegible]父癸尊 | 車父辛尊 四字 | 女子匕丁尊 | [illegible]尊 五字 | 亳乍母癸尊 六字 | [illegible]者君尊 十字 | 由白尊 三十一字 | 保尊 四十六字 | 鬻尊 | 耳尊 五十二字 | [illegible] | 亞中桼尊形罍 器蓋对銘 |
| 冉鱻尊 | | 父丁卣尊 | 豢父丁尊 | | | 秉冊父癸尊 | | | | | | 古白尊 | | | | 攸罍 | |
| 四二二 | 四二三 | 四二四 | 四二四 | 四二六 | 四二七 | 四二八 | 四二九 | 四三一 | 四三四 | 四三四 | 四三五 | 四三六 | 四四〇 | 四四九 | 四五五 | 四五八 | 四五八 |

| 編號 | 商周金文錄遺原器名稱 | 本書所定器名 | 頁數 |
| --- | --- | --- | --- |
| 209 | 車罍 二字器蓋對銘 | | 四六〇 |
| 210 | [illegible]罍 | 車罍 | 四六一 |
| 211 | 黍左右牽馬形罍 | ⿲馬黍馬父乙罍 | 四六二 |
| 212 | 黍左右牽馬形父丁罍 三字 | ⿲馬黍馬父丁罍 | 四六四 |
| 213 | 杏見冊罍 | 杏見冊罍 | 四六五 |
| 214 | 竟罍 冊字 | | 四六七 |
| 215 | 盟客罍 九字二紙一在蓋一在口緣 | | 四六八 |
| 216 | [illegible]壺一 一字 | 正壺 | 四七〇 |
| 217 | [illegible]壺二 | 正壺 | 四七〇 |
| 218 | 耳壺 | | 四七一 |
| 219 | 興壺一 | | 四七二 |
| 220 | 興壺二 | | 四七二 |
| 221 | [illegible]父丁壺 四字 | [illegible]刀父丁壺 | 四七四 |
| 222 | [illegible]壺 五字器蓋銘文不同 | ⿱周殳壺 | 四七五 |
| 223 | 楕厌壺 | | 四七六 |
| 224 | 恒𠀠且辛壺 六字 | | 四七八 |
| 225 | 兒𠀠父丙壺 八字 | | 四七九 |

| | | | |
|---|---|---|---|
| 226 | 褱巳父丁壺 器蓋对銘 | | 四八〇 |
| 227 | ⿱八彖壺 | | 四八二 |
| 228 | 子弔壺 九字 | | 四八三 |
| 229 | 白魚父壺 | | 四八五 |
| 230 | 華母壺 十三字 | | 四八五 |
| 231 | ⿰亻彔佩母壺 十四字 器蓋对銘 | | 四八七 |
| 232 | 庚壺 二紙 | | 四八九 |
| 233 | 堊卣 一字 | ⿰亻⿱罒止卣 | 四九五 |
| 234 | ⿱屮口卣 | | 四九七 |
| 235 | ⿰鬲兆卣 器蓋对銘 | | 四九八 |
| 236 | 葡卣 器蓋对銘 | 箙卣 | 四九八 |
| 237 | 亞中奚卣 器蓋对銘 | | 四九九 |
| 238 | 嫂卣 | | 五〇一 |
| 239 | 儀卣 | | 五〇二 |
| 240 | 天黿卣 二字 器蓋对銘 | ⿱大黽卣 | 五〇三 |
| 241 | 冊⿰彳卷卣 器蓋对銘 | | 五〇三 |
| 242 | 買車卣 器蓋对銘 | | 五〇四 |
| 243 | 貝卣 器蓋銘文不同 | | 五〇五 |

| 編號 | 商周金文錄遺原器名稱 | 本書所定器名 | 頁數 |
|---|---|---|---|
| 244 | 明畜卣 | 明封卣 | 五〇六 |
| 245 | 頊父甲卣 三字 | 靫父甲卣 | 五〇七 |
| 246 | 頊父乙卣 器蓋對銘 | 靫父乙卣 | 五〇八 |
| 247 | 聑父乙卣 器蓋對銘 | 伸父乙卣 | 五〇八 |
| 248 | 魚父乙卣 | | 五〇九 |
| 249 | 㠯父乙卣 器蓋對銘 | 句狗父乙卣 | 五一〇 |
| 250 | 取父癸卣 器蓋對銘 | | 五一一 |
| 251 | 父癸卣 | | 五一二 |
| 252 | 員㠯夾卣 | | 五一三 |
| 253 | 㠯仌父戊卣 四字 器蓋對銘 | 句狗仌父戊卣 | 五一五 |
| 254 | 天黿父辛卣 器蓋對銘 | 奄黽父辛卣 | 五一六 |
| 255 | 㠯父癸卣 器蓋對銘 | | 五一六 |
| 256 | 帚女卣 器蓋對銘 | | 五一七 |
| 257 | 鴞卣 器蓋對銘 | | 五一八 |
| 258 | 小子㠯母己卣 器蓋對銘 | | 五一九 |
| 259 | 犬且辛且癸卣 六字 | 犬且辛且癸卣 | 五二二 |
| 260 | 㠯父丁卣 器蓋對銘 | | 五二二 |

| | | | | |
|---|---|---|---|---|
| 261 | □乍父庚卣 | | | 五二三 |
| 262 | □乍母癸卣 | 器蓋对銘 | | 五二四 |
| 263 | 艅白卣 | 器蓋对銘 | | 五二四 |
| 264 | 子□乍父丁卣 | 七字 器蓋对銘 | | 五二五 |
| 265 | 史戍乍父壬卣 | | | 五二六 |
| 266 | 華乍匕癸卣 | 器蓋对銘 | | 五二七 |
| 267 | 散白卣蓋 | | | 五二八 |
| 268 | 散白卣 | 器蓋对銘 | | 五二八 |
| 269 | 小臣豐卣 | 十字 | | 五二九 |
| 270 | □白卣 | 器蓋对銘 | | 五三二 |
| 271 | □卣 | 器蓋对銘 | 寓卣 | 五三三 |
| 272 | □乍母辛卣 | 十七字 器蓋对銘 | 頂乍母辛卣 | 五三四 |
| 273 | 𠨘其卣一 | 二十七字 器蓋对銘 | | 五三六 |
| 274 | 𠨘其卣二 | 三紙一十字 器蓋外底均有字 | | 五三八 |
| 275 | 𠨘其卣三 | 三紙四十五字 器蓋外底均有字 | | 五四三 |
| 276 | 保卣 | 四十六字 器蓋对銘 | | 五四九 |
| 277 | □卣 | 四十七字 器蓋对銘 | | 五五〇 |
| 278 | 乍冊覷卣 | 六十字 器蓋对銘 | | 五五一 |

| 編號 | 商周金文錄遺原器名稱 | 本書所定器名 | 頁數 |
| --- | --- | --- | --- |
| 279 | 雋斝 一字 | 雋斝 | 五五五 |
| 280 | 丮斝 | | 五五五 |
| 281 | 亞中酉斝 | | 五五六 |
| 282 | 匿斝 | | 五五八 |
| 283 | 下斝 | | 五五九 |
| 284 | 亯斝 | | 五五九 |
| 285 | 子荷戈斝 | 戈儿斝 | 五六一 |
| 286 | 辛亞中[illegible]斝 三字 | 辛亞離斝 | 五六二 |
| 287 | [illegible]匕父戊斝 四字 | 旬向作父戊斝 | 五六三 |
| 288 | 毫匕母癸斝 六字 | | 五六四 |
| 289 | 冉鱻盉 器蓋二字對銘 | 冉鱻盉 | 五六五 |
| 290 | 彝戈盉蓋 | | 五六六 |
| 291 | 員盉 器蓋對銘 三代十四・五・十無蓋銘 | | 五六六 |
| 292 | 白喙盉 七字 | | 五六八 |
| 293 | 長田盉 五十七字 | | 五六九 |
| 294 | [illegible]觚 一字 | 亭觚 | 五七四 |
| 295 | [illegible]觚 | | 五七四 |

| | | | |
|---|---|---|---|
| 296 | ⊛觚 | 輪觚 | 五七五 |
| 297 | [illegible]觚 | 眣觚 | 五七五 |
| 298 | 夻觚 | 夻觚 | 五七六 |
| 299 | [illegible]觚 | 歆觚 | 五七七 |
| 300 | 旅觚一 | | 五七九 |
| 301 | 旅觚二 | | 五七九 |
| 302 | [illegible]觚 | | 五八〇 |
| 303 | [illegible]觚 | | 五八〇 |
| 304 | [illegible]觚 | 戉兀觚 | 五八一 |
| 305 | 教觚 | | 五八二 |
| 306 | 取觚 | | 五八四 |
| 307 | 車觚 | | 五八六 |
| 308 | 殸觚 | | 五八七 |
| 309 | 鳥觚 | | 五八九 |
| 310 | 鳶觚一 | 鳶觚 | 五九一 |
| 311 | 鳶觚二 | 鳶觚 | 五九一 |
| 312 | 伐觚 | | 五九三 |
| 313 | 駇觚 | 駇觚 | 五九四 |

| 編號 | 商周金文錄遺原器名稱 | 本書所定器名 | 頁數 |
| --- | --- | --- | --- |
| 314 | [illegible]觚 | [illegible]觚 | 五九六 |
| 315 | [illegible]觚 | 禼觚 | 五九六 |
| 316 | [illegible]觚 | 亞𣪘觚 | 五九七 |
| 317 | [illegible]觚 | 穅觚 | 五九八 |
| 318 | 雩觚 | | 五九九 |
| 319 | [illegible]觚一 | [illegible]觚 | 六〇一 |
| 320 | [illegible]觚二 | [illegible]觚 | 六〇一 |
| 321 | 車[illegible]觚 | | 六〇一 |
| 322 | [illegible]門觚 | | 六〇二 |
| 323 | 穷女觚 二字 | | 六〇三 |
| 324 | [illegible]觚 | 聃須觚 | 六〇四 |
| 325 | [illegible]觚 | 取倗觚 | 六〇五 |
| 326 | [illegible]觚 | 余豕觚 | 六〇五 |
| 327 | 婦鳥形觚 | | 六〇六 |
| 328 | [illegible]觚一 | 冉鱻觚 | 六〇七 |
| 329 | [illegible]觚二 | | 六〇七 |
| 330 | 弔車觚 | | 六〇八 |

| 編號 | 銘文 | 釋文 | 頁碼 |
|---|---|---|---|
| 331 | 買車觚 | | 六一〇 |
| 332 | 壺娊觚 | 壺娊觚 | 六一一 |
| 333 | 奴亭觚 | 奴亭觚 | 六一二 |
| 334 | 朕女觚 | | 六一三 |
| 335 | 目𠂤觚 | 目主觚 | 六一五 |
| 336 | 𢍰癸觚 | 駛癸觚 | 六一六 |
| 337 | 𠔿觚 | | 六一八 |
| 338 | ●●戈觚 | | 六一九 |
| 339 | 𢍰冂觚 | 冂𢍰觚 | 六一九 |
| 340 | 𢍰女觚 | | 六二〇 |
| 341 | 子龍觚 | 子龍觚 | 六二一 |
| 342 | 㫃且丙觚 三 | 𣃔且丙觚 | 六二二 |
| 343 | 戈且辛觚 | | 六二三 |
| 344 | 㫃父乙觚 | 句㫃父乙觚 | 六二四 |
| 345 | 叔父戊觚 | | 六二五 |
| 346 | 𠫑父戊觚 | | 六二六 |
| 347 | 亞中旅父己觚 | 亞斿父乙觚 | 六二六 |
| 348 | 父辛竝觚 | | 六二七 |

| 編號 | 商周金文錄遺原器名稱 | 本書所定器名 | 頁數 |
|---|---|---|---|
| 349 | 父辛[illegible]觶 | | 六二九 |
| 350 | 隻父癸觶 | | 六三〇 |
| 351 | 𦍌則車觶 | 羊則車觶 | 六三一 |
| 352 | 爪亞豕觶 | | 六三一 |
| 353 | 辛鄉宁觶 | | 六三二 |
| 354 | 庚父乙觶 四字 | 庚父乙觶 | 六三三 |
| 355 | 孌觶 | | 六三四 |
| 356 | 婦婦觶 | | 六三四 |
| 357 | 大且乙觶 五字 | 大且乙觶 | 六三五 |
| 358 | 亳父乙觶 | | 六三六 |
| 359 | 万[illegible]父辛觶 七字 | | 六三七 |
| 360 | 良觶 一字 | | 六三九 |
| 361 | 亞中井觶 | | 六四〇 |
| 362 | 龏女觶 二字 | | 六四一 |
| 363 | 山妥觶 | 山妥觶 | 六四一 |
| 364 | [illegible]己觶 | | 六四五 |
| 365 | [illegible]女觶 | | 六四六 |

| | | | |
|---|---|---|---|
| 366 | 魚父乙解 三字 | | 六四六 |
| 367 | [illegible]父己解 | | 六四七 |
| 368 | 亞中[illegible]父辛解 | 亞孳父辛解 | 六四八 |
| 369 | [illegible]冊父乙解 四字 | | 六四九 |
| 370 | 告宁父戊解 | | 六五〇 |
| 371 | 眀父丁解 五字 | | 六五一 |
| 372 | [illegible][illegible]父丁解 六字 陽識 | 句乍父丁解 | 六五二 |
| 373 | 父己[illegible][illegible]解 | 父己禾庚解 | 六五三 |
| 374 | 弔[illegible]解 七字 | 弔僮解 | 六五四 |
| 375 | [illegible]爵 一字 | 亭爵 | 六五五 |
| 376 | [illegible]爵 | 攻爵 | 六五六 |
| 377 | 串爵 | | 六五七 |
| 378 | [illegible]爵 | 中爵 | 六五七 |
| 379 | [illegible]爵 | 輪爵 | 六六一 |
| 380 | [illegible]爵 | | 六六一 |
| 381 | [illegible]爵 | | 六六一 |
| 382 | 亞[illegible]爵 | 亞ヒ矢爵 | 六六二 |
| 383 | [illegible]爵 | | 六六三 |

| 編號 | 商周金文錄遺原器名稱 | 本書所定器名 | 頁數 |
|---|---|---|---|
| 384 | 鳶爵一 | 鳶爵一 | 六六三 |
| 385 | 鳶爵二 | | 六六四 |
| 386 | [illegible]爵 | [illegible]爵 | 六六五 |
| 387 | [illegible]爵 | | 六六五 |
| 388 | [illegible]爵 | 官爵 | 六六六 |
| 389 | [illegible]爵 | | 六六七 |
| 390 | [illegible]爵 | [illegible]爵 | 六六八 |
| 391 | [illegible]爵 | | 六六八 |
| 392 | [illegible]爵 | | 六六九 |
| 393 | [illegible]爵 | | 六七〇 |
| 394 | 光爵 | | 六七〇 |
| 395 | 弜爵 | | 六七一 |
| 396 | 古爵 | [illegible]爵 | 六七三 |
| 397 | [illegible]爵 | [illegible]爵 | 六七四 |
| 398 | 匿爵 | | 六七五 |
| 399 | 華爵 | | 六七五 |
| 400 | [illegible]爵 | | 六七七 |

| | | | |
|---|---|---|---|
| 401 | 盍爵 | | 六七七 |
| 402 | [illegible]爵 | [illegible]爵 | 六七八 |
| 403 | [illegible]爵 | 駇爵 | 六七八 |
| 404 | [illegible]爵 | 祋爵 | 六七九 |
| 405 | 女爵一 | | 六八〇 |
| 406 | 女爵二 | | 六八〇 |
| 407 | [illegible]爵 | | 六八〇 |
| 408 | [illegible]爵 | 太爵 | 六八一 |
| 409 | [illegible]爵 | 僕。爵 | 六八三 |
| 410 | [illegible]爵 | | 六八四 |
| 411 | [illegible]爵 | [illegible]旅爵 | 六八五 |
| 412 | 亞中子爵 | | 六八六 |
| 413 | [illegible]爵 | 叙爵 | 六八六 |
| 414 | [illegible]爵 | 务爵 | 六八七 |
| 415 | 貯爵 | | 六八八 |
| 416 | [illegible]爵 | [illegible]爵 | 六九〇 |
| 417 | [illegible]爵 | 正爵 | 六九〇 |
| 418 | 父己爵 二字 | | 六九一 |

| 編號 | 商周金文錄遺原器名稱 | 本書所定器名 | 頁數 |
|---|---|---|---|
| 419 | 户姦爵 | | 六九一 |
| 420 | 守戈爵 | | 六九二 |
| 421 | 車買爵一 | | 六九三 |
| 422 | 車買爵二 | | 六九三 |
| 423 | 戈叀爵 | | 六九四 |
| 424 | ◆[illegible]爵 | ◆輔爵 | 六九五 |
| 425 | 子媢爵 | | 六九六 |
| 426 | 冂龍爵 | | 六九七 |
| 427 | 丁朋爵 | 丁[illegible]爵 | 六九七 |
| 428 | 亞中女方爵 | | 六九八 |
| 429 | 毌𡴀爵 | | 六九九 |
| 430 | 子衛爵一 | | 七〇一 |
| 431 | 子衛爵二 | | 七〇一 |
| 432 | 亞[illegible]爵 | 亞犬爵 | 七〇二 |
| 433 | [illegible]八止爵 | 𠬝八止爵 | 七〇三 |
| 434 | [illegible]安爵 | 匕安爵 | 七〇四 |
| 435 | 内耳爵 | | 七〇四 |

| | | | |
|---|---|---|---|
| 436 | 子[illegible]爵 | | 七〇六 |
| 437 | 告宁爵 | | 七〇六 |
| 438 | 亞中[illegible]爵 | 亞中[illegible]爵 | 七〇七 |
| 439 | 亞中户爵 | | 七〇八 |
| 440 | [illegible][illegible]爵 | [illegible]爵 | 七〇八 |
| 441 | 鬲爵 | | 七〇九 |
| 442 | 萬[illegible]爵 | | 七〇九 |
| 443 | 己[illegible]爵 | 己戊爵 | 七一〇 |
| 444 | 鄉宁爵 | | 七一〇 |
| 445 | [illegible]己爵 | 虫己爵 | 七一一 |
| 446 | 單[illegible]爵 | 單[illegible]爵 | 七一二 |
| 447 | 且辛[illegible]爵 三字 | | 七一三 |
| 448 | 叔且壬爵 | | 七一三 |
| 449 | [illegible]且癸爵 | 冎且癸爵 | 七一六 |
| 450 | 魚父乙爵 | | 七一七 |
| 451 | 戈父丁爵 | | 七一七 |
| 452 | [illegible]父戊爵 | [illegible]父戊爵 | 七一八 |
| 453 | [illegible]父辛爵 | [illegible]父辛爵 | 七一九 |

| 編號 | 商周金文錄遺原器名稱 | 本書所定器名 | 頁數 |
| --- | --- | --- | --- |
| 454 | 父辛永爵 | | 七二〇 |
| 455 | 父辛爵 | | 七二一 |
| 456 | 門父癸爵 | | 七二二 |
| 457 | 皿父癸爵 | 自父癸爵 | 七二二 |
| 458 | 父癸爵 | | 七二三 |
| 459 | [illegible]母士爵 | | 七二四 |
| 460 | 虜兄癸爵 | | 七二五 |
| 461 | 亞[illegible]爵 | | 七二六 |
| 462 | 亞爵 | | 七二七 |
| 463 | 子[illegible]爵 | 子示單爵 | 七二八 |
| 464 | 羊則車爵 | | 七二九 |
| 465 | [illegible]耒爵 | | 七三〇 |
| 466 | 亞[illegible]爵 | | 七三〇 |
| 467 | 中臣公爵 | | 七三一 |
| 468 | [illegible]丁爵 | 希丁爵 | 七三二 |
| 469 | [illegible]且辛爵四 | | 七三二 |
| 470 | 壬冊父丁爵 | | 七三四 |

| | | | |
|---|---|---|---|
| 471 | 亞中向父戊爵 | | 七三四 |
| 472 | 刀子父壬爵 | | 七三五 |
| 473 | 父癸爵 | | 七三六 |
| 474 | [illegible]乍妣丁爵一 | 舌作妣丁爵 | 七三六 |
| 475 | [illegible]乍妣丁爵二 | 舌作妣丁爵 | 七三六 |
| 476 | 攺宁父戊爵 五字 | | 七三七 |
| 477 | 攸乍上父爵 七字 | | 七三八 |
| 478 | 父辛角 三字 | | 七四一 |
| 479 | ⊗盤 一字 | 輪盤 | 七四二 |
| 480 | 束盤 | | 七四三 |
| 481 | 葥盤 | 箙盤 | 七四五 |
| 482 | [illegible]盤 | | 七四五 |
| 483 | 寑盤 二字 | | 七四七 |
| 484 | [illegible]戈盤 | [illegible]戈盤 | 七四八 |
| 485 | 觪舌盤 | | 七五〇 |
| 486 | 乍從彝盤 二字 | | 七五一 |
| 487 | [illegible]羊父丁盤 四字 | 羊羊父丁盤 | 七五二 |
| 488 | 犹乍父戊盤 | | 七五三 |

| 編號 | 商周金文錄遺原器名稱 | 本書所定器名 | 頁數 |
|---|---|---|---|
| 489 | 𠂤父丁盤 八字 | | 七五四 |
| 490 | 送𠂤乍考盤 | | 七五四 |
| 491 | 白矦父盤 十七字 | | 七五六 |
| 492 | 句它盤 二十一字 | | 七五九 |
| 493 | 齊弔姬盤 二十二字 | | 七六〇 |
| 494 | 般中宋盤 | | 七六二 |
| 495 | 齊縈姬之㜶盤 二十三字 | | 七六四 |
| 496 | [illegible]湯弔盤 二十七字 | | 七六五 |
| 497 | 函皇父𠂤琱娟盤 三十九字 | | 七六七 |
| 498 | 守宮盤 六十六字 | | 七六九 |
| 499 | 匽白聖匜 八字 | | 七七四 |
| 500 | 白吉父𠂤京姬匜 十五字 | | 七七七 |
| 501 | 弔[illegible]乁𠂤師姬匜 十八字 | | 七七八 |
| 502 | 大師子大孟姜匜 二十五字 | | 七七九 |
| 503 | [illegible]方彝 一字 | 宁方彝 | 七八一 |
| 504 | [illegible]方彝 | | 七八一 |
| 505 | 車方彝 器蓋對銘 蓋陽識 | | 七八二 |

| | | | |
|---|---|---|---|
| 506 | 黍父丁方彝 四字 | [illegible]父丁方彝 | 七八三 |
| 507 | [illegible]室父戊方彝一 | 竹室父戊方彝 | 七八四 |
| 508 | 又二 | 竹室父戊方彝 | 七八四 |
| 509 | [illegible]方彝 十四字 | | 七八五 |
| 510 | [illegible]方彝 三十一字 器蓋對銘 | [illegible]方彝 | 七八六 |
| 511 | 匽侯盂 五字 | | 七八九 |
| 512 | 魯大嗣徒元盂 十五字 | | 七九一 |
| 513 | 要君盂 二十六字 | | 七九二 |
| 514 | 書[illegible]鍉 三紙 附拓本 器四十字錯金 | 䜌書鍉 | 七九五 |
| 515 | [illegible]錇 一字 器蓋對銘 | 宁錇 | 八〇一 |
| 516 | 昊錇 文參一九五四・五・四十 | | 八〇一 |
| 517 | [illegible]光錇 | | 八〇二 |
| 518 | 鄉父戊錇 三字 | [illegible]父戊錇 | 八〇三 |
| 519 | 智君子鑑一 六字 | | 八〇四 |
| 520 | 智君子鑑二 | | 八〇四 |
| 521 | 吳王夫差鑑 十二字 | | 八〇六 |
| 522 | 卅年釜 二十三字 二紙 一在器唇 一在器身 | | 八〇八 |
| 523 | 又勺 一字 | | 八一〇 |

| 編號 | 商周金文錄遺原器名稱 | 本書所定器名 | 頁數 |
| --- | --- | --- | --- |
| 524 | 罒勺 | 匍勺 | 八一〇 |
| 525 | 韓子勺 二字 | | 八一一 |
| 526 | 淶都杯 二字 | | 八一二 |
| 527 | 雋欒 一字 | | 八一三 |
| 528 | 盂欒 左右各一字 | | 八一四 |
| 529 | 甾車飾 一字 | 甫車飾 | 八一五 |
| 530 | 康侯鸞鈴 二字 | | 八一七 |
| 531 | 右轂車器 二字 錯金 | | 八一九 |
| 532 | 西年車器 | | 八二一 |
| 533 | 晉公車器一 四字 | | 八二三 |
| 534 | 晉公車器二 | | 八二三 |
| 535 | 旅圓筩器 一字 | | 八二五 |
| 536 | 亘三桶器 三字 | | 八二六 |
| 537 | 王命傳賃節 四字 | | 八二七 |
| 538 | 官鍰 四字 | | 八二九 |
| 539 | 三侯權 五字 | | 八三〇 |
| 540 | 五年司馬成公權 三十字 | | 八三一 |

| 號 | 器名 | 別名 | 頁 |
|---|---|---|---|
| 541 | 冡鍵 二字 | | 八三二 |
| 542 | [illegible]錄 四字 | | 八三三 |
| 543 | [illegible]戈 一字 | 矛戈 | 八三七 |
| 544 | [illegible]戈 | | 八三七 |
| 545 | [illegible]戈 正背二紙 | 亞矣戈 | 八三八 |
| 546 | 虎戈 正背二紙 | | 八三九 |
| 547 | [illegible]戈 正背二紙 | 共戈 | 八三九 |
| 548 | [illegible]戈 正背二紙 | 亦戈 | 八四〇 |
| 549 | [illegible]戈 | | 八四一 |
| 550 | [illegible]戈 | 犬猒戈 | 八四一 |
| 551 | [illegible]戈一 正背二紙 | 耳戈 | 八四三 |
| 552 | [illegible]戈二 正背二紙 | 耳戈 | 八四三 |
| 553 | [illegible]戈 | 駁戈 | 八四三 |
| 554 | 旅戈 | 斿戈 | 八四四 |
| 555 | [illegible]戈 正背二紙 | | 八四四 |
| 556 | [illegible]鳥篆戈 | | 八四五 |
| 557 | [illegible]戈 正背二紙 | | 八四六 |
| 558 | [illegible]戈 二字 正背二紙 | 豕戈 | 八四六 |

| 編號 | 商周金文錄遺原器名稱 | 本書所定器名 | 頁數 |
|---|---|---|---|
| 559 | 䀠□戈 正背二紙 | 䀠皀戈 | 八四七 |
| 560 | □戈 正背二紙 | | 八四八 |
| 561 | 羊戈 正背二紙 | | 八四九 |
| 562 | 陽□戈 | | 八五一 |
| 563 | 玄翏鳥篆戈 | | 八五一 |
| 564 | 攻敔王光鳥篆殘戈 三字 | | 八五二 |
| 565 | □之田戈 四字 | | 八五三 |
| 566 | 邦之新都戈 | □之新都戈 | 八五四 |
| 567 | 子賏鳥篆戈 五字 | | 八五五 |
| 568 | □少戈 嚴下三七 | | 八五六 |
| 569 | 邗王是埜戈 八字 正背二紙 | | 八五七 |
| 570 | 郘王之子□戈 九字 | | 八五九 |
| 571 | 鄦戟 一字 | 鄲戟 | 八六二 |
| 572 | 齊戟 三字 | | 八六三 |
| 573 | 童㽞戟 五字 | | 八六三 |
| 574 | □共□戟 | □共□戟 | 八六四 |
| 575 | 雍王戟 | | 八六四 |

| | | | |
|---|---|---|---|
| 576 | 鳥篆戟 六字 | | 八六六 |
| 577 | 滕司徒戟 七字 | | 八六六 |
| 578 | 陳暀戟 八字 | | 八六八 |
| 579 | 四年戟 十二字 | | 八六八 |
| 580 | 口旨戟 十三字 | | 八六九 |
| 581 | 八年戟 十四字 | | 八六九 |
| 582 | 元年戟 十五字 正背二紙 | | 八七〇 |
| 583 | 三年戟 十六字 | | 八七〇 |
| 584 | 十三年戟 十九字 | | 八七一 |
| 585 | 郾右軍矛 三字 | | 八七四 |
| 586 | [illegible]劍 二字 | | 八七九 |
| 587 | [illegible]工劍 | | 八七九 |
| 588 | 墜劍 五字 | | 八八〇 |
| 589 | 富奠劍 | | 八八一 |
| 590 | 右軍劍 六字 | 右軍劍 | 八八三 |
| 591 | [illegible]劍 七字 枝十一百四 | | 八八四 |
| 592 | 越王劍 八字 正背二紙 | | 八八四 |
| 593 | 越王之子劍 二紙 | | 八八六 |

| 編號 | 商周金文錄遺原器名稱 | 本書所定器名 | 頁數 |
|---|---|---|---|
| 594 | 越王劍 正背二紙 | | 八八六 |
| 595 | 鄙王職劍 十字 | | 八八八 |
| 596 | 廿九年劍 十一字 | | 八九〇 |
| 597 | [illegible]劍 十二字 | | 八九一 |
| 598 | 越王劍 正背二紙 十四字 | | 八九二 |
| 599 | 王立事劍 十九字 | | 八九四 |
| 600 | 十五年劍 二十字 | | 八九六 |
| 601 | 少虞劍 正背 | | 八九六 |
| 602 | 十七年劍 二十一字 | | 九〇〇 |
| 603 | 貯斧 一字 | | 九〇一 |
| 604 | [illegible]斧 | | 九〇二 |
| 605 | [illegible]干首 一字 | | 九〇三 |
| 606 | 幸干 | | 九〇四 |
| 607 | 卲公鍱 十字 | | 九〇六 |
| 608 | 韓鐏 一字 | | 九〇七 |
| 609 | [illegible] 一字 | 子衛 | 九〇八 |
| 610 | [illegible] | | 九〇八 |

| | | | |
|---|---|---|---|
| 611 | 衎 | | 九〇九 |
| 612 | 嬄 | 𡢁 | 九一〇 |
| 613 | 黍 | 豢 | 九一一 |
| 614 | 冊高 二字 | | 九一一 |
| 615 | 家父辛 三字 | | 九一二 |
| 616 | 季老口 二十字 | | 九一五 |

# 凡例

一、本文據于省吾．商周金文錄遺一書，佈局構架，敷衍而成。凡分上、中、下三編，上編敘論、中編考釋、下編結論。

二、本文考釋各器，仍于書舊有器銘之編號次第，而加以分類。

三、本文考釋各器，名稱悉依于書之舊。唯其器名或有未允者，別作「商周金文錄遺考釋器名目錄」以明之。

四、考釋蓋以類相象，類有總說及分述，略言其器類之形制、銘文鑄笵處及作器之緣由。

五、考釋凡分六大目：

(一)銘文：采原拓影印之圖銘，以存其真，便於觀照。唯原拓或蝕泐不清，則以他書之拓本或摹寫本補苴，力求銘文之憭然可辨。

(二)隸定：將銘文隸成楷書，標點斷句，以利通讀。

(三)考釋：據甲骨、金文，旁采匋璽汗簡、石經盟書，以審其形構遞演之迹；次采諸家成說，殫舉其義，折衷取要，徵經引史，兼掇子集，用究文義之詁訓，以達句讀之明暢，而韻讀附焉。舉凡經史之誤，禮儀之施，政教興革，商周文物，得一察焉。

(四)著錄：以于書所收錄者，大皆他家未曾著錄，間有羅致者，于氏已自明之。或有銘同者，竊未敢遽定必為一器，故著錄所采，定他書已明言錄遺所載錄者為圭臬，注其出處，便於索驥。或有言其形制花紋，出土收藏者，一併附焉。

(五)補述：其資料可供研究者，附此。

(六)註：諸家成説，徵引論證時，恐其冗長牽繫，有礙流暢，故依引證先後，次第排比，置諸末端也。然引用書目，悉以簡稱，全名則見附錄之參考書目，以省篇幅。至若期刊論文，則用全稱而註明出處焉。

上舉六大目，蓋以「器」為單位，四、五、六項偶有闕如，其號碼則循序漸進。

六、凡銘文全同者，互見比觀，不再考釋，而以「錄遺同銘互見表」明之，其表則以器號先後為次。

七、凡銘文長者，未易曉讀，則冠以 a、b、c……之次序，以見其先後。

八、銘文若器蓋對銘，而銘拓清朗無泐失者，僅采其一。

九、銘拓或經裁割分貼、橫貼者，蓋以篇幅之限，權宜之計，然以不礙考校為原則。

十、隸定悉依原銘文，而不用後世假借字相代，若金文書「乍」不書「作」，金文書「白」不書「伯」，金文書「且」不書「祖」。

十一、凡銘文闕泐湮損或抱疑俟考者，隸定則以□示之。

十二、凡註明出處，或引成說者，以（註某）或（）示之。

十三、凡引字形或器名，其註明出處，則以〈〉示之。

十四、附錄一．「錄遺所收拓本與他書關係對照表」乃整理于書目錄而得，依其闕漏、同銘異笵、及著錄複沓者而成，備註附其書目全名。

十五、附錄三．「錄遺所見可考單字表」乃依其筆劃多寡而次，同劃之字則以點、橫、豎、撇之前後而定，器號則依其先後，銘文乃翦自容庚．金文編所摹錄者。

十六、附錄四．「錄遺所見難字單字表」則依器號先後而排比。

十七、本文以銘文考釋為主，間述其圖象、花紋、時代、出土。

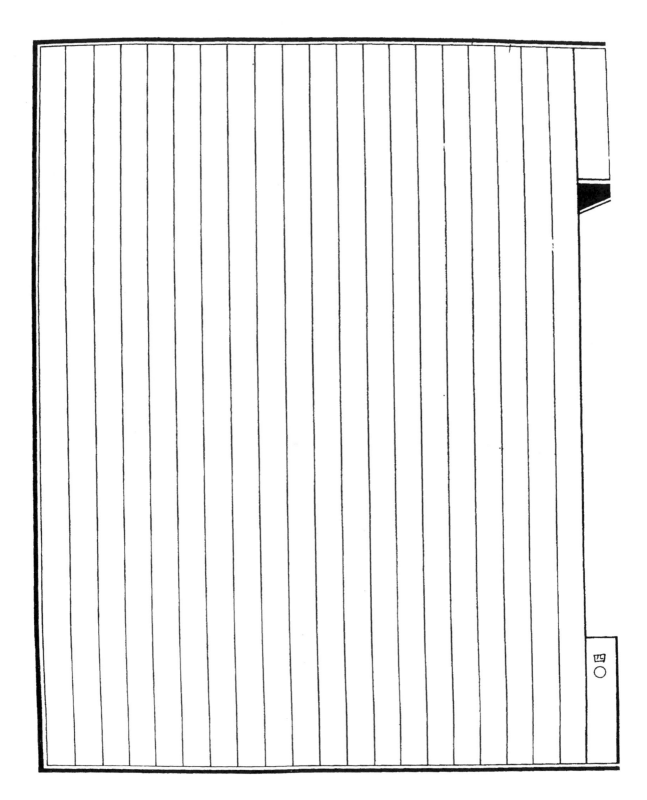

# 商周金文錄遺考釋上編　敘論

## 第一章　引言

### 第一節　中國青銅器之起源

世代綿眇，青銅製器，造端於何時？稽諸古籍，或祖遡軒轅，或推本夏后，若管子五行篇云：「昔黃帝以其緩急，作五聲以政五鐘。」呂氏春秋古樂篇云：「黃帝又命伶倫與榮將，鑄十二鐘以和五音。」史記封禪書云：「黃帝作寶鼎三，象天、地、人。」此皆謂鑄鐘作鼎，蓋濫觴於黃帝；至若左宣三年傳，王孫滿對楚子問鼎之大小輕重曰：「昔夏之方有德也，遠方圖物，貢金九牧，鑄鼎象物，百物而為之備，使民知神姦。……桀有昏德，鼎遷於商，載祀六百。商紂暴虐，鼎遷於周。」墨子耕柱篇云：「昔夏后開使蜚廉採金於山川而陶鑄之於昆吾。……九鼎既成，遷于三國。夏后氏失之，殷人受之。殷人失之，周人受之。夏后殷周之相受也，數百歲矣。」此謂作鼎鑄鐘，始於夏后之世也。

然黃帝虞夏之說，古人言之鑿鑿(註1)，似非向壁虛造之辭，唯於經籍、考古尚未榫接確證之前(註2)，寧闕信而置疑，況傳世著錄銅器之書，迄今且未見夏代之器(註3)，今名世之銅器，殆以殷商為多。

夫以殷周銅器形制之完備，出土之豐盛，文字之成熟，及其工藝之精美，豈一朝一夕之功所克臻此？故或審情度理，謂商代銅器、並非初期原始之作品，而溯其本源，當起于夏代（註4）；或推測太初當早於殷商四、五百年（註5）；更有甚者，以中國始用銅器之時代，在五帝之初，即公元前二十六、七世紀（公元前二千五、六百年）（註6）。唯晚近端賴科學考古之輔，碳十四測定年代與樹輪校正年代之助，於民國四十八年，於豫西偃師縣發現二里頭遺址，出土之青銅器有爵、戈、戚、鏃、錛、鑿、刀、錐、銅鈴等，且在煉銅遺址中，殘存有銅渣、坩鍋、陶笵等遺物（註7），其遺址早於商代二里崗期，晚於河南龍山文化，故謂二里頭遺址屬夏文化，已處於青銅器時代（註8）。民國四十一年於河南鄭州二里崗上發現早商城址，城址之南北近郊，各存鑄銅器遺址一處（註9）。又鄭州白家莊亦出土當於二里崗期之隨葬青銅器；民國六十三年，在商代城址西之張砦南街，抇掘有商代青銅方鼎，其一高達一米，其二高零點八七米，其形制之大與鑄造之精良，實為商代前期所罕覯；而袁李家灣及江陵張家山等早商文化之遺存，所出土之青銅工具有斧、錛、鑿、臿等，青銅禮器則有鬲、甗、鼎、簋、卣、斝、爵、觚、罍、壺、盤等（註10），形制品類完整、實非造物之初，一蹴可幾者。

追溯銅器之製作，有言係傳承黑陶時代，並賡續史前時代石骨之器與木器之傳統（註11）；而鋒刃器若戈、矛、箭、鏃之屬，則昉襲先史時代之石骨器（註3）。唯不論其模仿依傍，或自創新局，觀二里頭遺址中，青銅器製作之精，形制之美，及早商青銅禮器器製之齊備，則中國青銅器之起源，當不以殷商為最古，可不待辨而自明。然欲究詰其濫觴於何時？則尚有俟於更多之考古發掘以資證實也。

※註：

1. 徐旭生曾謂先秦書中關於夏代並包有地名之史料約八十條，除去重複，尚賸留七十條，而西漢人著作中，尚存有三十條左右，其中最可貴之史料，則藏存於左傳、國語、古本竹書紀年三書中約三十條。說見略讀研究夏文化的問題，載新建設一九六○年第三期六三頁。

2. 關於上古史之重建，近人著述頗豐，可參見杜正勝編之中國上古史論文選集，及宋晞撰近六十年來中國史前史的研究，載史學彙刊第四期；又七十年來中國上古史的研究一文，載淡江學報第十二卷五五－八○頁。

3. 馬衡曾識宋以來之為金石文字者，每多好高騖遠之談，如董逌．錢譜十卷（已佚），羅泌．路史多採其說）、洪遵．泉志十五卷之於錢幣，多溯源於太古；薛尚功之於鐘鼎彝器，亦著錄自夏代，荒邈無徵，不可憑信。說見凡將齋金石叢稿一一八頁。按：薛尚功款識卷一著錄夏器款識凡二，一琱戈，一鉤帶，實無驗證而必之者也。又陳經．求古精舍金石圖亦藏夏青銅匕首一具，亦遐遠難徵。

4 參見唐蘭．從河南鄭州出土的商代青銅器談起，載文物一九七三年第七期。

5. 參見馬衡．中國之銅器時代，載凡將齋金石叢稿一二○頁。唯此文又載於日本．民族三卷五號．考古學論叢第一冊；又載北京大學．研究所國學門月刊一卷六號。

6. 參見章鴻釗．中國銅器鐵器時代沿革考，載石雅附錄中。

7. 參見吳汝祚．夏文化初論，載中國史研究一九七九年第二期一三九－一四○頁。

8. 關於二里頭文化，由其堆積層可分四期，考古學界見解紛歧，可概分為四：其一以二里頭文化屬於商代早期文化。其二以二里頭一、二期為夏文化，三、四期為商文化。其三以四期悉為夏文化。其四以一至三期為夏文化，四期為早商文化。詳見孫華．關於二里頭文化，載考古一九八○年第六期五二一－五二五頁；又吳汝祚．夏文化初論一三七頁；又嚴耕望．夏代都居與二里頭文化，載大陸雜誌六十一卷五期一四頁；及鄒衡．試論鄭州新發現的殷商文化遺址，載夏商周考古學論文集，三氏皆以二里頭文化一至四期乃夏文化。

9. 參見鄒衡．試論鄭州新發現的殷商文化遺址，載夏商周考古學論文集一五一一六頁。

10. 參見文物考古工作三十年，二七五—二七六頁。一九七九年北平文物出版社出版，凡四一三頁，為一九四九—一九七九年全國各省市文物考古工作之綜述，便於查考。

11. 參見李濟．記小屯出土之青銅器上編，載考古學報一九四八年第三冊。

12. 參見李濟．安陽發掘與中國古史問題(6)青銅器，載中國上古史論文選集一六一頁。

## 第二節　金文著錄研究史略

商周二代，銅器之用燦然大備，殷人尚鬼，周人重禮，隆奉祖考，敬畏鬼神，斯厚喪之風寖盛(註1)，諸養生之具，無不從而沉埋，寄寓地穴。

秦漢以來，扣掘之事屢興(註2)，古器物之發現頻傳，其用以供帝王將相改元薦祚，登基受賞時祥瑞之表徵，並為粉飾權勢之圖騰(註3)，亦為擁珍自詡，誇富競奇之徒所取資(註4)。唯經師大儒，鮮有旁騖及此者，故許慎雖云：「郡國亦往往於山川得鼎彝，其銘則前代之古文。」(註5)然說文屢引秦刻石，反不及鼎彝一字；鄭玄以一代宗師，而不辨犧尊(註6)，至若王肅(註7)、劉杳(註8)之以出土銅器疏校經注之謬者，僅寥若晨星。故趙宋之前，古器雖偶暴於史，惜識之者寡，記之者略，著錄研究之事，尚付闕如。

蓋古器之搜羅著錄，文字形制之考訂研究，實昉自宋代，宋仁宗皇祐年間編纂之皇祐三館古器圖為著錄古器物之始；而私家著意於古器，蘄能考明古制，勘正文字，以次其世謚，出一人之力而輯錄成書者，則以劉敞之先秦古器記為張本；厥後有呂大臨作考古圖十卷，乃北宋私家著錄彝器書中之翹楚，其書賅博富洽，寫圖橅銘、備載大小、容量、重量、出土之地、收藏之人，并加以考釋，後之箸錄金文者，大氐以此書為椝矱。繼之者，若宋徽宗敕撰之博古圖錄，宋佚名撰之續考古圖，薛尚功著歷代鐘鼎彝器款識，王俅撰嘯堂集古錄，及王厚之輯復齋鐘鼎款識等諸書，亦為斯學之肎綮，外如歐陽脩之集古錄，趙明誠之金石錄，張倫之紹興內府古器評，黃伯思之古器說，董逌之廣川書跋之類，亦頗存名目，考覈形制。故兩宋之時，其於彝器之收藏、箸錄與考訂，洵究軼往代，而為斯學之先導，推輪之功，不可磨滅。

元明兩代，箸錄研究之風寖息，略無可觀，唯收藏蒐集之好，則傳承而不衰（註9）。

有清一代，研究箸錄銅器之風復熾，若伏流出泉，則潺潺而不斷，初則高宗命尚書梁詩正等錄內府藏器為西清古鑑四十卷，繼有寧壽鑑古十六卷，西清續鑑甲編二十卷，附錄一卷，反箸錄盛京行宮藏器之西清續鑑乙編二十卷，殆皆成於乾隆一朝，上有好者，下必從焉，於是海內諸士，聞風承流，纂相蒐集，購羅古器，吉金之學，於焉復興。其箸錄一家藏器者，則始於錢坫之十六長樂堂古器款識考，而迄於端方之陶齋吉金錄。其鳩集諸家藏器，輯為專書者，則造端於阮元之積古齋鐘鼎款識，而莫富於吳式芬之攈古錄金文，及方濬益之綴遺齋彝器款識，外如劉喜海之清愛堂家藏鐘鼎彝器款識法帖及長安獲古編，曹載奎之懷米山房吉金圖，吳榮光之筠清館金文，潘祖蔭之攀古樓彝器款識，吳雲之兩罍軒彝器圖釋，吳大澂之恒軒所見所藏吉金錄及愙齋集古錄、徐同柏之從古堂款識學、劉心源之奇觚室吉金文述，朱善旂之敬吾心室彝器款識，及丁麟年之移林館吉金圖釋等諸書，其廣事搜羅，勤於箸錄，乃度越前代，獨步千古矣。

民國以後，承襲清代方興未艾之金文學，拍掘之舉屢興，科學考古相輔，其著錄之豐，藏器之富，研究之精進，考釋之堅實，堪稱一日千里，已非前代之可比觀。而七十年來，國勢動盪，古器流離，飄零異域，寄寓國館，金文之學，復為舉世漢學所矚目，鑽研考索者寖多，而中外論纂著述之富，直縷髮難數，雖設席備饗，盈尺積稿，尚難逃疏漏罣萬之譏，況操觚盤桓其間者，亦且彤彤不絕焉。

自鄒安于民國五年撰雙王鉨齋金石圖錄及周金文存六卷，迄民國七十年出版之陝西出土商周青銅器(三)，其間六、七十年，無論銅器之箸錄、銘文之考釋、古史之追溯，商周時代，地域之探究、政經典制之推求、工藝金相之探測；諸家悉揶其風雲琉璃之筆，為深思熟慮之論，就中以銘文之傳拓，益加蒐羅詳贍，尤以廬江、劉體智輯小校經閣金文拓本及上虞羅振玉輯三代吉金文存銘拓最富，前者於民國二十四年刊行，凡收六千四百六十器，後者於民國二十六年刊行，凡收四千八百三十一器，洵集商周金文之大成，而為研究金文不可或缺之要籍，唯劉書間收偽器，羅書多見舊錄，其集近二三十年出土之彝器銘拓，且均未經他家箸錄，片言隻字皆精當者，則推于省吾編商周金文錄遺一書，斯三編齊全，則研究金文之要籍於焉大備。

※註：

1. 按：檀弓言殷有以祭器葬者，其後以厚葬久喪為仁，故冢墓地穴，轉為寶藏之所，詳見墨子、節葬篇及呂氏春秋節喪。
2. 參見呂氏春秋、安死篇及西京雜記卷六、一頁。
3. 參見史記、始皇本紀；漢書、武帝紀；後漢書、明帝紀及後漢書竇憲傳，皆有得鼎為祥瑞之記載。
4. 參見漢書梁平王傳及梁書、劉之遴傳者是。
5 參見說文解字敍。
6. 參見詩經魯頌閟宮「犧尊將將」注，殆以「刻鳳凰於尊」為犧尊也。
7. 參見詩經魯頌閟宮「犧尊將將」疏，言魏明帝大和中，魯郡曾得齊大夫子尾送女器，而證犧尊當以犧牛為尊。
8 參見南史四十九劉杳傳謂晉時發齊景公冢，得二尊，形亦為牛象。
9. 按：趙孟頫曾題博古圖、周豐鼎詩云：「豐鼎制特小，周人風故淳。摩挲玉質潤，拂拭翠光勻。鑄法觀來妙，銘文考更真。

平生篤好古，對此興彌新。」參見松雪齋集卷四、六頁，元、明二代之收藏可參見容庚、通考第十四章收藏，二三四－二三八頁；而復有元、楊鉤撰增廣鐘鼎篆韻，明、曹昭撰格古要論，王佐撰新增格古要論，明、李登之摭古遺文及釋道泰之集鐘鼎古文韻選等書，皆涉彝銘，而非專錄。

## 第二章　商周金文錄遺述略

### 第十節　釋名

民國四十六年，于省吾既取近二三十年出土之銘拓，以前人未曾著錄及以補苴三代吉金文存模糊、漫漶、同銘異範者為圭臬，不逕顏其書曰「三代吉金文存錄遺」，而概以「商周金文錄遺」名之者，何耶？

夫「三代」之稱，已成習語，論語、衛靈公篇：「子曰：吾之於人也，誰毀誰譽，……斯民也，三代之所以直道而行也。」馬注：「三代，夏殷周也。」三代蓋用以稱夏商周也。然黃帝虞夏之說，古人論述精鑿，似非子虛烏有，徒託幽眇，故作觀亦妥帖易施，細審實岨峿而不安(註1)。殆以傳世青銅製器，殷商為早(註2)，前人箸錄，每每侈言「三代」，若薛氏、款識法帖之於「夏琱戈」與「夏鉤帶」(註3)者是，羅氏雖言「三代」，而書中實無夏代之器銘，其不當之處，憭然可辨。故謂中國之青銅器時代，非商、周二代莫屬，其時約千五百年。洎乎秦漢，銅器式微，鐵漆器代興，不復商周盛況。故于書以「商周」為名者，豈徒然哉？

「金文」之名，其起頗晚，先秦典籍，直以「盤盂」、「鐘鼎」之稱統括青銅製器，若墨子、尚賢下篇云：「書之竹帛，琢之盤盂，傳以遺後代子孫。」又魯問篇云：「銘於鐘鼎，傳遺後世子孫。」韓非子、外儲說左上云：「鐘鼎之銘，皆播吾之迹。」者是，而間以「金」名之，若呂氏春秋、求人篇云：「功績銘于金石，著於盤盂。」故史記魏其武安侯列傳第四十七云：「蚡辯有口，學盤盂諸書，王太后賢之」，用以稱黃帝史孔甲所作銘也（註4）。宋人著錄彝銘之書，則以「鐘鼎」或「鐘鼎款識」名之，若王楚之「鐘鼎篆韻」，薛尚功之「歷代鐘鼎彝器款識法帖」、王厚之撰「復齋鐘鼎款識」即其例，宋趙希鵠曾云：「款識篆字以紀功，所謂銘書鐘鼎，款乃花紋，以陽飾。古器款居外而凸，識居內而凹，夏周器有款有識，商器多無款有識。」（註5）然青銅古稱「吉金」若國語越語下：「越王命金工以良金寫范蠡之狀而朝禮之。」又齊語云：「美金以鑄劍戟，試諸狗馬。惡金以鑄鉏夷斤斸，試諸壤土。」者是，彝銘更用「吉金」（鼄公牼鐘〈三代一‧四八〉）、「良金」（邾王糧鼎〈三代四‧九〉）、「赤金」（曶鼎〈三代四‧四五〉），及「金」（過甗〈三代五‧三〉）之稱（註6），「金」乃其總稱也。而青銅製器，非徒鐘鼎盤盂，是以偏歆帥全，未知其可也；款識之說無徵，且涉及花紋；未若以「金文」為稱，庶幾涵蓋周全，名實俱符，為見睫之諦。近人若鄒安「周金文存」、王國維「觀堂古金文考釋」、劉體智「小校經閣金文拓本」、容庚「金文編」，悉以「金文」是尚。夫「金文」之義，當於英文之"bronze inscriptions"，殆屬於銘刻學"Epigraphy"之範疇，而與歷史學、考古學、古文字學"paleography"有濡沫相需之關係。故于書次以「金文」為名，意為鑄於吉金彝器中之文字，洵得其指。

若夫「錄遺」者，蓋謂錄三代吉金文存之所遺也。夫以往昔之出土有限，而未來之拍掘無窮，彝器之得，焉有止境，故「三代吉金文存」雖挾「金文大成」之美譽，終有其未盡善美處，于氏以其多年所藏，剔去複沓，辨明真偽，一鱗半爪，取有裨於經史，長短銘文，皆攸關乎典制，而其原拓墨本，大半為近二三十年出土古物，而原器業已流落他邦，為海內所難見者，則捐諸縹緗，裒集成冊，名為「錄遺」者，固非僅錄羅書之遺，亦為飄零異域之先賢遺物，留其雪泥鴻爪而已。

觀夫于氏顏其書曰「商周金文錄遺」之所由，亦可窺其用心處矣。

※註：

1 參見文選卷十七，陸機．文賦語。

2. 參見第一章第一節「中國青銅器之起源」一文。

3. 參見款識卷一，夏器款識．琱戈，鉤帶，容庚以為「實周器」，通考二七二頁。

4. 參見史記集解引應劭．孟康注，又同傳言武安「田園極膏腴，而市買郡縣器物相屬於道。……諸侯奉金玉狗馬玩好，不可勝數。」見田蚡亦好盤盂鐘鼎之學。

5 參見洞天清祿集十六頁。

6 按：迨戰國之時，始還其本名稱「銅」，若管子．山權數篇，地數篇；墨子備高臨篇，雜守篇；韓非子．十過篇，文子上禮篇，國策趙策，山海經西山經，北山經、中山經等是。

## 第二節　取材

夫銅器之收藏與銘拓之採抉，必有其取舍之標的，或以器物之完整無闕，或以形制之優美罕觀，或以花紋之細麗絕倫，或以款識之多寡有無而定奪，然商周金文錄遺之取舍標準，則異於是。

于氏以為客觀材料乃科學研究之基石，其材料之全備具體，尚賴一二器美銘長者，實不足以彌綸周全，供給所需，故藏器箸銘，當無論其造型之精美，銘文之短長，傾心盡意，訪珍搜寶，必博搜遠紹，細大不捐，蓋以一二之銘，尚能為商周史料之階引，其有年月日可稽者，斯乃勘經正史之鐵証，故不為愛珍棄常，嗜奇好美之情所限，而有寬容並蓄，涵蓋廣大之心，于氏依此心態，搜尋器銘，不遺餘力。

斯于氏纂輯所得，復去舊錄已著者，取他書未箸錄之墨本，就三代吉金文存未備，同文異範，或其銘文漫漶者，裒集成冊，偶與他書涉複者，悉於目錄中注明（表二）。故網羅海內名家，計郭鼎堂四器，容庚十四器，商承祚八器，唐蘭三器，陳夢家三十三器，胡厚宣二十二器，陳保之一百二十器，凡二百零四器，居全書三分之一；而假借自東北大學圖書館者五器，其自藏者四百零七器，凡得銘文拓本六百一十六器。

商周金文錄遺所拓墨本，大氐拓自近二三十年所出土之銅器，且原器多已流落國外，為海內所難見者，若司母戊鼎乃抗戰中河南安陽武官村所出土；作冊大鼎出于洛陽邙山之麓馬坡；禹鼎為民國三十一年於陝西岐山縣任家村出土；矢毀於民國四十三年六月於江蘇省丹徒縣龍泉鄉煙墩山南麓斜坡上出土；白沕其盨為民國二十九年陝西省扶風縣法門寺任家村出土；保卣乃民國三十七年於河南洛陽出土；而尹姞鼎今則藏於美國Albright美術館……者是，其取材之新進，與收錄之詳贍，蒐羅之功，猗嗟偉矣。

商周金文錄遺之取材既異於他家以銘長器美者劃地自限，復能抉新近出土之信實古器，雖銘文參差懸殊，長短互異，然其豐廣博肆，取舍襟懷，豈他箸錄家所能及哉！

## 第三節　編排

夫以商周金文錄遺之廣搜博綜，致其器銘長短備具，參差懸隔，而形制器類，復林總纂繁，儻欲使器有所歸，銘有所屬，蘄能簡繁備御，釐然判絕，而便於操觚者，器類之編排，均為首瞻。

易繫辭傳曰：「方以類聚，物以群分」，器類之分屬，宋代已然，時至今日，或依器用性質而分(註1)，或據銘文內容為別(註2)，或因時代君王而聚(註3)，或以著錄藏家為次(註4)，或假國名地望而釐(註5)，是諸家皆殫盡巧思，營所劃陌，冀其判然大別。然銘文內容，既受有無之限，亦且難分類別，況殷器夥頤，大氐無銘，是惶惶焉所寄處？而時代國別，爭議尚熾，雖欲徵史，反誤其實，況器之不明其時代國別者乎？且古物之流轉，每無定著，今夕雖藏，明朝或已易人、斯四者之編排分類，皆有窮涯之時，固未能兼容並蓄，各得其所也。唯依器用性質而分，宋人已用其法，董理群器，而未能盡善，今人因仍傳承者，尚見於鄒安之「周金文存」、吳闓生之「吉金文錄」、劉體智之「小校經閣金文拓本」及羅振玉之「三代吉金文存」諸書，然劉書兼收秦權量與漢以後器，體例駁雜；羅書則毀、簋二分，復誤盨為簋，命名偽謬。于省吾商周金文錄遺一書亦循其器用性質，以器類聚，因字之多寡為先後，銘文之短長由一二字以達二百餘字，篡相排比，因器分門，固前修未密，後出轉精，其分類較諸前人，實嚴謹而精當，且涵蓋周全，鉅細靡遺，計錄鐘十三，鼎八十六，甗七，鬲六，毁五十五，敦一，簠六，盨六，尊二十六，壘九，壺十七，卣四十六，斝十，盉五，觚六十六，觶十五，爵一百又三，角一，盤二十，匜四，方彝八，雜器三十二，戈二十八，戟十四，矛一，劍十七，褋兵六，及不知名器八，凡二十九類，共六百一十六器，其次第井然，分類洽當，實非劉、羅二書所可比擬。

于書復於每器之下，注明字數，言其拓本之正背，與他書箸錄之情形，若子璋鐘於標目下注：「四十五字，正背，三代、一、三十模糊」，者沪編鐘二甲云：「三鐘共六十八字，正背，與三代、一、四一編一合成全文」，迭鼎云：「三代、三、五、六不同范」，亞中奧𠔌室鼎云：「八字，前後銘文不同，鄴三上十二」，像佩母壺注：「十四字，器蓋對銘，三代·十二、十二、四無器」，偶明其銘文鐫鑄處，他書偽刻、及器之陽識錯金、出土之狀，若盨客簠二下注云：「十字，底有八字」，盨客罍云：「九字，二紙，一在蓋，一在口緣」，邙其卣二云：「三紙，四十字，器蓋外底均有字」，三云：「三紙，四十五字，器蓋外底均有字」，卅年釜云：「十三字，二紙，一在器唇，一在器身」者，明其銘文鑄處也；若乃子克鼎下注云：「存二十三字，癡三末兩行有偽刻」者，明他書之偽刻也；若𠂤作父丁觶注云：「六字，陽識」，車方彝云：「器蓋對銘，蓋陽識，巖上二十」，書名鋌云：「三紙，器四十字，錯金，附摹本」，右較車器云：「二字錯金」及看沪編三下注：「二十字，正背，以上三種編鐘一坑出土」，蓋明其器之陽識，錯金及出土情形。悉以字數居前，箸錄狀況居後，素而不亂，若畫龍點睛，彌足珍貴。而每器銘拓之下，必標明編號，既便於索驥，復分別劃然，視諸羅書，亦已過矣。

于書編排之善，已如上述，而其審辨之嚴，橅拓之精，更其餘事矣。

※註：

1. 按：宋人董理群器，已知用此法，若考古圖、博古圖錄者是。

2. 若李棪之金文選讀第一輯分祭祀典禮，征伐紀功，賞賜錫命，書約盟誓，訓誥臣下，稱揚先祖等六類者是。

3. 若郭鼎堂、兩周金文辭大系考釋以西周列王為次，自武成以至幽厲，凡一六二器；而陳夢家以西周銅器斷代(一)－(六)由武成以至懿孝，凡九八器者是。

4. 若續考古圖五卷，蓋以藏家為先後，而不以器類為次第。

5. 若郭鼎堂．兩周金文辭大系考釋下編由吳越至虞秦，凡三十二國，共一六一器者是。

## 第四節　版本

商周金文錄遺序言中嘗言其書乃編者多年來對墨本（墨本者，蓋其拓雕由墨印成之謂）之愛好與搜尋，集纂而成，書成於民國四十五年五月，民國四十六年八月由科學出版社據墨拓本影印出版（考古學專刊乙種第六號，專號0865，圖版721幅開本：610×914字典紙，印張7 1/2，（京）1-1.590冊），其後有藝文印書館於民國五十七年所編三代吉金叢書初編第十冊出版，迨民國六十年六月明倫出版社復據以影印出版。然藝文本與明倫本俱蒐羅不全，闕九九號「禹鼎」一器，殆偶漏之耳。

## 第五節　價值

夫金文之研究，首重其真。唯其為真古器，斯可窺制作之原，始；唯其為真古銘，斯可究古史之真象，以明典章之遞嬗，進而補經傳之闕亡，正諸儒之謬誤焉。

然宋人箸錄彝器之書，每真偽雜糅（註1），清人蒐集力作，亦且偽器纍纍（註2），即以與商周金文錄遺鼎足而三之小校經閣金文拓本而言，雖稱巨觀，網羅繁富，亦收偽器凡一百四十三器（註3），其不足據以為金文之研究，可不辨而明。唯商周金文錄遺一書，貴編者數十年訪求之功，博搜遠紹，細大不捐，厥克其成，其墨本多拓自近二三十年出土之銅器，少則隻字，多則百言，皆信實確鑿，靡有疑議，此可資以為金文研究之津逮者一也。

三代吉金文存之作，乃羅氏積四十年蒐集所得拓本影印而成，宏裁偉構，博搜廣被，洵集金文之大成。唯所錄諸器，固多已見於舊錄，其未經箸錄者，亦不過百居一、二耳（註4）。況滄海杳冥，容有遺珠，和璧雖瑜，間有微瑕，羅書撫拓雖豐，殆已備載舊錄，而其未及見者，或寄寓他邦，或祕懷中土，其已箸錄者，或銘文漫滅，迷其豕亥，或有同銘異笵，可互校參，商周金文錄遺一書，既取前人未曾箸錄，復傾海內藏家之得，凡六一六器，視諸羅書，亦已多矣。固可以補苴三代吉金文存之未善，釐清羅書之掩晦，此其為金文研究之津梁者二也。

夫器不在多，要在精真，銘不待長，重在內容。商周金文錄遺之取器既信實確鑿，銘文內容，復博賅富洽，若禹鼎之記伐噩，陳侯午敦之言時代，其勘經定篇，流通文字，彰明典制誥命，尊崇敬祖祭先，觀其闡幽發微，補闕正訛，固足以頡頏尚書，可作許書之權輿；而追本溯源，審本知末，亦在三禮春秋之上，是片銅之殘銘，罔不可寶，零文隻字，足徵大道，商周金文錄遺箸錄之器雖未若劉、羅二書之富，而其器真銘善，陳義豐饒，則遠在二書之前。況體大製宏，難以為功；數百之器，較易導竅，苟致力於斯，必有積焉，斯其為金文研究之舟揖者三也。

他若銘拓之精，鑑別之嚴，分類之正確，取題之恰當，彌足為金文銘拓者所式法；而為開啓金文研究之鎖鑰也。

※註：

1. 按：彝器之書，始于皇祐三館古器圖，其書已收偽器，薛尚功之彝器款識及王俅嘯堂集古錄收封比干墓銅盤，王厚之鐘鼎款識所收之師旦鼎，亦為偽器，是宋人箸錄，真偽雜糅。
2. 參見容庚通考第十二章辨偽一九三—二二六頁。
3. 按：容庚列舉九十器，又王永誠．辨五十三器，參見先考．四九九—五一〇頁。
4. 按：三代吉金文存凡收四千八百三十五器，其舊錄未箸錄者六十四器，居百分之一、二。

## 第三章　本文綱要

### 第一節　解題

古人製器鑄銘，祀祖旌功，其銘多至數百，少僅一二，非徒用以自名，而「論譔其先祖之有德善、功烈、勳勞、慶賀、聲名列於天下而酌之祭器，自成其銘焉，以祀其先祖者也」(註一)，兼載祭祀典禮、征伐紀功、賞賜錫命、書約盟誓、訓誥臣下(註二)，諸種事端，或可證經傳之譌誤，或能補史乘之闕亡；況商周距今二三千年，文物屢變，典籍俄空，欲攷究商周史制之真象，莫若彝銘載錄之信實，洵為珍貴之第一手資料。

箸錄彝銘之書，宋代已然，或無片言隻字之疏瀹；或導通關節，擇肯綮而解析；或擇篇選器，為愛惡之言。鮮有涵容並蓄、扶諸家之精華，以為斷語之礎石者。今以「商周金文錄遺」一書，既纂輯流宕他邦之器銘，復網羅國內墨拓之珍品，其用以補苴商周禮制之罅隙，張皇上古史料之幽邈，實為研究金文之津梁，唯欲補闕正譌，闡發幽微，必自文字始，苟文字之未明，則史實禮制，何能究詰？故雖斷文廢款，焉能或棄，而其銘文之考釋，字義之探索，益形重要，値千里跬步，江海小流(註三)，何能捨諸？于氏既采其銘文，略其圖象，而未著一語，詁家未能通其句讀，千古史料亦壅字塞文，終隔耳目。今既感其古史堂奧之無由窺，先民結晶之晦湮難曉，羗不惴愚昧，采是書以為考釋云。

唯茲書體大，非一人之力所能成就，浸淫摩挲，既恐患獨斷之塞目；而徵引稽古，復懼墮附會之筌蹄，韓非子顯學篇嘗云：「無參驗而必之者，愚也；弗能必而據之者，誣也。」故本諸史傳經籍，以推溯其時代，考證其典章制度；據諸詩書詁訓，以綜納其文章義例；傍諸出土文物，以明文字遞嬗假借之真迹，故彌綸群言，論備眾說以取中；研精宜理，定非一己而不決，然後闕其不知者，傳其可疑者，蘄其不愚不誣而後已，故一字之微，必臚列眾說，考覈辨證，以定得失；一義之釋，必詮析解明，導通脈絡，欲其通達不滯而後可，顏曰：「商周金文錄遺考釋」。

※註：

1. 參見禮記祭統篇
2. 參見李棪．金文選讀第一輯序論
3. 參見荀子勸學篇第一云：「不積蹞步，無以至千里；不積小流，無以成江海。」

## 第二節　分類

本書既采于書所箸錄之銘拓而詳加考釋，其別門類聚，則受于書分類之拘繫，恐遭斷鶴續鳧之譏，故悉依原書之次第，曲盡本意，以維繫原書之原貌，由其大別以游刃，精分以填隙，以括其大要，合其類別，凡七類四十六子目，茲條列如次：

(一)樂器類：鐘。

(二)食器類：(1)鼎，(2)甗，(3)鬲，(4)段，(5)敦，(6)簠，(7)盨。

(三)酒器類：(1)尊，(2)罍，(3)壺，(4)卣，(5)斝，(6)盉，(7)觚，(8)觶，(9)爵，(10)角。

(四)水器類：(1)盤，(2)匜。

(五)雜器類：(1)方彝，(2)盂，(3)錠，(4)鐈，(5)鑑，(6)釜，(7)勺，(8)杯，(9)槃，(10)車飾，(11)車器，(12)箭器，(13)三桶器，(14)節，(15)鍰，(16)權，(17)鍵，(18)鐶。

(六)兵器類：(1)戈，(2)戟，(3)矛，(4)劍，(5)斧，(6)干，(7)鏃，(8)鐏。

(七)不知名器：

器類之下，各有總說，用述其形制器用，及銘文刻鑴之處。唯「方彝」之歸從，考諸禮經，殆無以「方彝」名之者，箸錄諸家或以方彝為酒器，或言為器物之共名而非專稱，復以其器用未明，今以于書列於盤匜之後，盂銼之前，審其義似以水器待之，然其用既幽晦難曉，諸家猶聚訟紛紜，而後鄰之「盂」，可盛水及漿湯，又據五一一及五一三知其亦可為「餴（飯）器」，是盂之器用繁雜，二者皆委曲置之「雜器類」下，而與其他雜器廁焉。

## 第三節 方法

研究金文，非僅重視取材，復需講求方法。時推境移，去古愈渺，夫以資料之殘闕斷爛，典章制度之隔絕異新，欲推究商周史實之全貌，明其風俗民情之好尚，豈易為哉？金文既信實可信，假此以往，當可登階入室，一窺商周史之幽奧，而其運用金文之方法愈縝密周全，愈能貫串斷簡殘編，發文沒款之蛛絲馬迹，苟無方法為之津楫，則雖孜孜鑽研，亦不過炊沙成飯，徒勞罔功耳。是方法之重要，可不待言。

方法需疏通融會，堅實穩固，斯敲金扣石，克得迴響。固非材料之呈現漫無整紀，即可事實自然顯明。然方法之運用妙諦，殆存乎一心，其可括而言者，則有時而窮。今本書之考釋，乃抉其一二，以為應用之資，其目為：以歸納法求義例，以綜合法提綱領，以分析法闡精微，以比較法別同異，以歷史法明因果，以系聯法知關屬，以實物法究真諦。其方法或單獨應用，或互補互助，冀有功於考釋，而為啟金文之鎖鑰矣。

然方法貴在應用通變，非枯守蹈襲，扣槃捫燭之用，無異於閉門造車，故或一篇之中，衆法俱聚，短論之下，二三轉軸，蘄其不必不固，網羅周全，裨助考釋，復有益於撥散商周史實之雲霧耳。

本文所用方法，綜而言之，厥有七端，茲條述於后：

甲、以歸納法求義例

蓋事有定則，字存其理，由其種種特例事例中，以歸納個中義例，考索其原理者，若本書一六器囝鼎，銘著「囝」一字，諸家釋「囚」或「囝」而未知其所以然？雖唐宋人皆以囝為子，顧況哀子詩：「郎罷別囝，吾悔生汝」自注及集韻皆謂閩俗呼子為囝，何故？蓋以口者，皆有範圍環繞之義，故凡从口之字，若囿、圈、圜、圃、囹、圄、囚、固、困、圍、囷、國者，皆涉圍意，此銘作「囝」，從口有圍守之義，於此當若門之四方，上楣下閾，左右為棖之形，子象小兒襁褓之形，故「囝」者，象子不出梱門之外，示其小也。此歸納其義例，以考釋其文字者也。

乙、以綜合法提綱領

夫複雜之事物要素或概念內容，於旁雜紛歧當中，湊集整理，必能推知其單純而統一之方法，用以提綱挈領者，若本書六六器田農鼎，農字甲文作从林从辰，或从森从辰，金文或增田作□，或从田从辰，或从田从辰从又，或从止、或从廾，或从艸，說文則从囟，其構形繁複，參差不齊，唯其从田（从囟乃从田之譌）从辰以會農意，則朔古而不易，是其繁文从林、森、又、止、廾、艸諸形，正見其披荊斬林，以闢田園之意，蓋初民耕耘，必先啟森林，故可从林作，亦可从森作，或闢草莽，是亦可从艸作矣，且所耕者為田畝，故或从田，而不混其視聽，別為一體，此以綜合法提綱領也。

丙、以分析法闡精微

文字之構成，由文而字，分析其偏旁，明示其內容，亦可究文字之真諦，宋人已知其法，若博古圖錄秉中鼎云：「按王安石字說秉作□，从又从禾，此上一字作□，以象禾，□以為又，乃秉字也。」其後用者日多，本書用此法者，若五八器角鼎銘有「□」字，从□从子，从□與契文宰𡨦二字所从相同，當為宀之異構，故為「字」字，可無疑議。此以分析法闡其精微者也。

丁、以比較法別同異

比較之法，乃取二器以上之事物，比較推量，以別其同異也，若本書一四器口鼎，首與城子崖圖版拾陸之陶文「口」字相擬，知「口」乃「方」之初文，復與甲文之衛字作□（藏・一・三三・二）形，金文則作□（弓衛且己爵 三代・十六・二七）、□（康侯簋 錄遺一五七）形，中間形構或作「口」猶「方」，方之形四偶方正有角，又與○（圓）之形邊角迴圓者有別，故禮記儒行云：「毀方而瓦合」，疏云：「方謂物之方正有圭角鋒鍔也。」此比較其形，判其同異，進而確定其形體者也。

戊、以歷史法明因果

夫文字各有其歷史變異，若以分析、比較之方法尚不得其解者，則觀其歷史流變、譌舛遞嬗之迹，若本書四○八器「夳爵」銘作「夳」一字，甲骨文有作夳（乙．六八一九）形者，金文作夳（矢尊 三代．十一．三八）形，古鈢作夳，古匋作夳，周封泥作夳，漢金文作太（天梁宮高燈 金續．十一．四）、石刻作夳（楊震碑頌 石刻．十二．五下）。古文四聲韻引華獄碑作夳，引古老子作夳，說文十一上水部泰字古文作夳，泰乃後起形聲字。太、大（夳 甲．二九）古本一字，大字本象四肢修張形，引申而有太誼，復引申之即有泰（太）誼，然太大二誼既分，字形無別，每易生溷擾，是於大字下加橫畫以別之，若甲文、金文者是，唯一橫可曲折作乀猶夳，石刻作二，楷書則以點識之作太（石門銘），其一或二或乀或夳猶丶者，悉為指事符號也，若此之屬，以字之源流明其因果者，是以歷史法明因果也。

乙、以系聯法知關屬

夫事物之形成，非個體獨可造就，必有層重因素互相關屬，故說文通訓定聲載：「垂統於上而連屬於下，謂之系，猶聯綴也。經傳多以繫為之。」以層重事因，相互系聯，以窺其關屬者，此之謂也，若本書九九器禹鼎「穆公」於金文中可資系聯者，若：

盠尊　穆公　盠

盠駒尊　盠　師遽

師遽方尊　師遽　宰利

利鼎　利　井伯

長甶盉　井伯　穆王

趙曹鼎（一、二）　井伯　龔王

則可推知「穆公」可能為穆王、恭王時人，而穆公或為井伯，此法雖必未憭然清楚，唯可借此明其關屬，以為研究之輔也。是以系聯法知關屬。

## 庚、以實物法究真諦

出土實物愈豐，古史之真象愈明，而以之證經史，考文字，由實物與典籍相結合，克能窺其真諦，若本書三一器葡鼎，銘作「㽙」字，李象矢箙之形，中或盛一矢、二矢、三矢，今江陵沙塚一號墓及長沙左家公山一五號墓出土之箙，可資佐證；四五器戈且己鼎銘「戈」字，可與出土銅戈參校，是以實物法究其真諦也。

然方法之應用，非僅上列數端，若以經傳明其詁訓，古音知其假借……其應用滋繁無窮，焉能殫舉，但明表一二，以見其大端耳，儻欲究詁，則中編考釋中，俯拾即得矣。

本編蓋依據商周金文錄遺所著錄六一六器之銘文次第，並視其器用性質，括其大要，類分為七，蘄收尺樞寸轄之效。其一曰樂器，其二曰食器，其三曰酒器，其四曰水器，其五曰雜器，其六曰兵器，其七曰不知名器。依次加以考釋。

## 第一章　樂器

商周之世，禮樂是尚，所謂「揖讓而治天下者，禮樂之謂也。」(註1)故彝器亦以禮樂之用為主，而樂之八音，金居其首，傳世之器，種類不多，曰鐘，曰鐘鉤，曰錞于，曰鉦，曰句鑃，曰鐸，曰鈴，曰鼓。然本書所著錄者，唯鐘耳。凡十三器。

### 鐘

鐘之形制，蓋從商鉦（鉦似鈴而無舌，柄居中，半在上，半在下，稍寬其孔為之抵拒，執柄搖之，使與體相擊為聲）衍變而來。初則手持而擊，故柄在下而口在上；繼則懸之於簴，故甬在上而口在下。今所見之鐘，始於西周。西周前期，有紐作環狀，舞上蹲兩鳥，兩欒有棱而于平者，或兩欒作四虎形，若雙鳥饕餮紋鐘、四虎饕餮紋鐘是也。西周後期以後，其狀可分側縣、直縣兩類：側縣者上為甬，甬旁有幹，枚長而于曲，甬旁設旋環，如紀侯鐘；直縣者無甬，屈柄為鈕，其上無旋環，如者沪編鐘是也。然鐘之名稱制度，考工記所紀鳧氏為鐘特詳，程氏瑤田作鳧氏為鐘章句圖說（註二），則「銑間」、「鼓間」、「鉦間」之解始定，其說云：

古鐘羨而不圜，有兩邊為兩欒謂之銑。兩銑之間謂之于。于上擊處謂之鼓。鼓上正體謂之鉦。鉦上鐘頂謂之舞。舞上出於頂為甬謂之甬。甬上平處對于言之謂之衡。鐘縣與甬相含謂之旋。含旋之物在甬上者為旋蟲以管之謂之幹。鐘帶設於鉦者謂之篆。篆間為乳謂之枚。枚上隆起有光又謂之景。于上之攠弊處謂之隧。（附圖一、二）

鐘有特鐘與編鐘之別：大者為特鐘，獨垂一簴者也；小者為編鐘，十六枚同在一簴者也。然編鐘之數不盡為八鐘一堵，十六鐘為一肆。如余購𬳽兒編鐘、子璋鐘、克鐘、邢人鐘皆合兩鐘而成全文，則以兩鐘為一肆。者沪編鐘、虢叔鐘則合四鐘而成全文，則以四鐘為一肆。尸編鐘第一組合七鐘而成全文。是周禮、小胥：「凡縣鐘磬，半為堵，全為肆。」審諸傳世之器，容有參差。大抵特鐘多直縣，編鐘多側縣。特鐘多載全銘，編鐘則銘之首尾多不完具。蓋編鐘以十六枚為肆，編縣於一簴，其銘當依其次第分載各鐘，合之乃全也。唯邵編鐘是載全銘。而刻銘之處，有在兩面者，有僅刻於鉦之一面，或鼓之左右者。唯楚公鐘刻於腹　奴鐘　戲編鐘刻於甬，則不多覯。

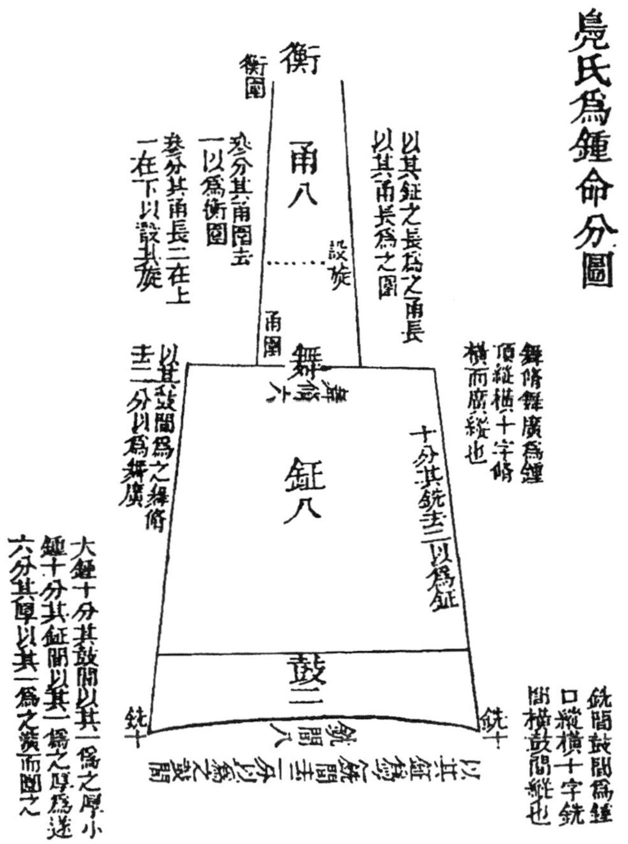


（附圖一）

鳧氏爲鍾銑間鼓間鉦間圖三間並具鍾體中兩段分圖之乃見橢圜之形亦見

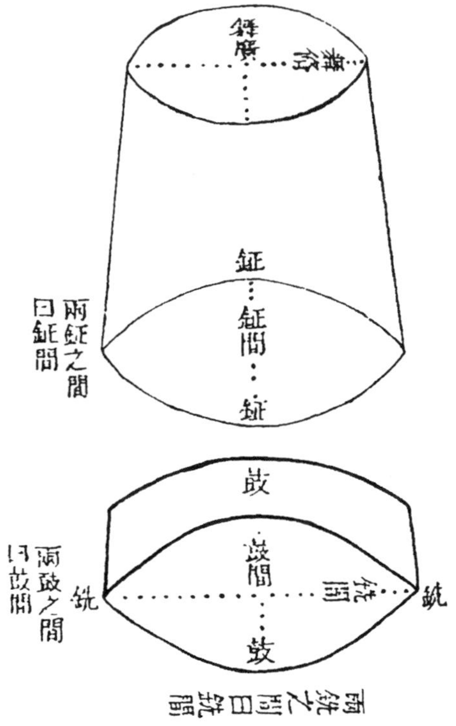


（附圖二）

作鐘之故，有為自作者，如紀侯鐘。有為他人作者，如留鐘。有享孝祖考而作者，如邵鐘。有以樂嘉賓父兄而作者，如子璋鐘。有享孝祖考以及嘉賓父兄而作者，如僕兒鐘。有為媵婦而作者，如楚王鐘。有錫金而作者，如咢鐘。有錫佃車馬而作者，如克鐘。有為紀戰功而作者，如驫羌鐘。有為紀事而作者，如㝬鐘。

博古圖卷二十二載編鐘小者一斤，大者三四十斤。特鐘則重達一百廿八斤。而周末，特鐘有重達千石者，戰國策、齊策：「大王據千乘之地，而建千石鐘，萬石虡。」是也。

## 一、銘文：

001 余贎逨兒編鐘

1.1

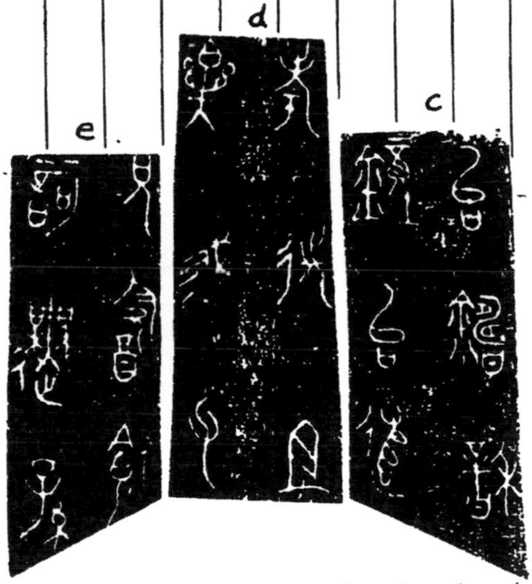

1.2

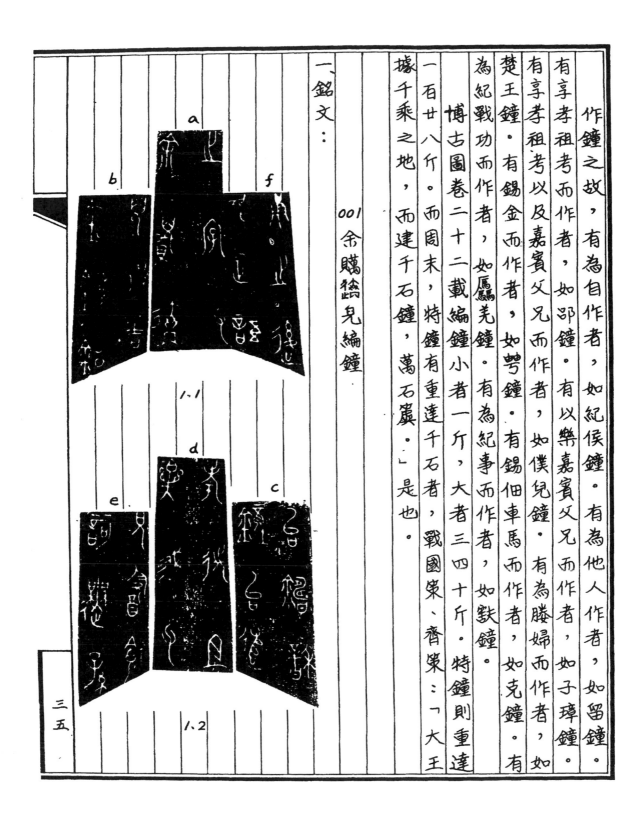

二、隸定：

（隹正九月初吉丁亥，曾孫儠兒余迭斯于之孫，余幾路之元子，曰：於嘑，敬哉！余義鄴之良臣，而徺）（註3）（附圖三）之字父，余贎逐兒得吉金鎛鋁，台鑄龢鐘，台追孝侁且，樂我父兄。歙飤訶遄，孫孫用之，後民是語。

三、考釋：

此鐘傳世者三器〈三代、一、五十〉為編鐘，全器銘文凡七十四字，此止存三十七字耳。器名參差，或作「楚良臣余義鐘」（註4），或作「余義楚鐘」（註5），或作「儠兒鐘」（註6），或作「儌兒鐘」（註7），或作「僕兒鐘」（註8），或作「儔兒鐘」（註9），或作「周鄦倪編鐘」（註10）。為春秋末年徐國之器。銘文云「余義鄴」，即左昭六年傳：「徐儀楚聘于楚」之徐王義楚也。而鐘乃「余贎逐兒」所鑄，是以當作「余（徐）贎逐兒編鐘」為然也。

凡鐘、鎛、句鑃之樂器，鑄日率以「丁亥」，如：

(1)虘鐘：「隹正月初吉丁亥。」〈三代、一、十七〉

(2)齊𩫏氏鐘：「隹正月初吉丁亥。」〈三代、一、四二〉

(3)諸𥂴鐘：「隹正月初吉丁亥。」〈三代、一、四六〉

(4)沇兒鐘：「隹正月初吉丁亥。」〈三代、一、五三〉

(5)邵鐘：「隹王正月初吉丁亥。」〈三代、一、五四〉

(6)王孫遺者鐘：「隹正月初吉丁亥。」〈三代、一、六三〉

(7)楚王鐘：「隹正月初吉丁亥。」（考古圖、七、十二）

(8)諸召鐘：「隹正月王耆吉日丁亥既望。」（博古圖、廿二、十七）

(9)子璋鐘：「隹正十月初吉丁亥。」（西清續甲、十七、廿六）

(10)鄦子𥂴師鐘：「隹正月初吉丁亥。」（款識、六、六六）

(11)楚王領鐘：「隹王正月初吉丁亥。」（貞松、上、二）

(12)紷鎛：「隹王五月初吉丁亥。」（三代、一、六六）

(13)公孫班鎛：「隹王正月辰在丁亥。」（寧壽、上、三）

(14)其次句鑃：「隹正初吉丁亥。」（「正下脫月一文」）（三代、十八、一）

(15)姑馮句鑃：「隹王正月初吉丁亥。」（三代、十八、三）

以上皆為周器，蓋周人以丁亥為吉日，故儀禮．少牢饋食禮．筮祭白章：「孝孫某，來日丁亥，用薦歲事，于皇祖伯某。」大戴禮．夏小正：「丁亥者，吉日也。」由此知無論經籍或銘文，皆以丁亥為祭祀鑄器之吉日，故本銘亦用丁亥為鑄日也。且大抵於「正月初吉」行之。

字父者，慈父也。說文十四下子部：「字，乳也。从子在宀下，子亦聲。」字本訓乳，引伸有愛撫義（詳段注），詩大雅生民：「牛羊腓字之」，毛傳：「字，愛也。」故銘云字父者，為慈愛之父也。

賁，或釋作「萬」（註11），或主「萬兄」之合篆（註12），或釋作「捝」（註13），郭沫若云：「當是動詞，殆俾使等字之義。」（註14）說皆未允。考「𧷸」字當隸作「𧷸」，从兒从又从貝。𧷸，徐同柏作鄦(註15)，阮元釋迹(註16)，劉心源釋絛(註17)，說悉未允。郭氏以為說文椉(一乘)之䌛文(註18)，高田忠周說同(註19)。李孝定云：「此从𠓷，蓋𠓷之譌變，說文乘古文下从几，而此从冂，蓋乘石之屬，與小篆象人乘樹，其事類亦近。」(註20)今從之。余𧷸逨兒者，余，徐也，𧷸逨兒，人名，謂徐國之𧷸逨兒也。

「得吉金鎛鋁」者，𢔶，得也，擇也。或作敀(註21)，未允。古以吉金稱銅，說文二上口部云：「吉，善也。」國語越語下：「越王命金工以良金寫范蠡之狀而朝禮之。」又齊語：「美金以鑄劍戟，試諸狗馬。」吉、善、良、美意同，皆用以修飾銅質之美，故曰吉金。鎛鋁或作鋪呂，若少虡劍：「玄鏐鋪呂」〈錄遺六〇一〉；或作鑪鋁，若郘鐘：「玄鏐鑪鋁」〈愙齋一·七〉；或作膚呂，若鼄公華鐘：「玄鏐膚呂」〈三代一·四八〉，鎛、鋪、鑪、膚俱為華之假借，古韻同為段氏第五部。古聲不同(註22)。禮記玉藻：「大夫玄華」，鄭注：「華，黃色也。」鋁者，即說文之鑢，玉篇云：「鋁與鑢同」，古韻同為段氏第五部。說文云：「鑢，厝銅鐵也。」鎛鋁為經冶鍊後之黃色精銅也。

「台鑄龢鐘」者，台者，以也。台从吕聲，乃吕之假借。彝銘「鑄」字形構繁多，或作芮公壺〈三代十二·九〉、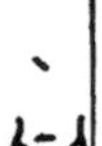郭孝子鼎〈三代三·三六〉、榮伯鬲〈三代五·二八〉、大保鼎〈三代二·三三〉、余卑盤〈三代十七·十七〉、取膚匜〈三代十七·三四〉、奢虎簠〈三代十·九〉、鑄公簠〈三代十·十七〉、

逨耒簋〈三代、十、二〉、邾始鬲〈三代、五、二三〉、余義鐘〈三代、一、五十〉、王人甗〈三代、五、十〉、居簋〈攈古二之三、八五〉、諸形。字或从㪅从皿，或从㪅省从金，或增㠯或㠯聲。或从鬲从火从皿，蓋以鬲鎔金作皿也。或从㪅羔聲。急就篇顏注：「凡金鐵銷冶而成者謂之鑄。」龢者，又作「龢」師兌簋〈三代、九、三十〉。經傳通作「和」。說文二下龠部云：「龢，調也。从龠、禾聲。讀與和同。」龢、龢均从禾聲，是以二字可以互假。言既得吉金鏞鋁，用以鑄作和律之鐘也。

「侁且」者，集韻侁或作侁，說文八上人部云：「侁，行皃。从人先聲。」借作「先」〔註九〕。且本象俎豆之「俎」形，此借為「祖」之初文。侁且即先祖也。

「歓飤訶遯」者，歓本作㱃，从倒口（从今聲乃會意字聲化）在酉上，後更增从欠作歓；歓者，飲也。飤，說文云：「飤，糧也。从人食。」在彝銘中，則食、飤義同，若鄦孝子鼎器銘作「飤鼎」，蓋銘則作「食鼎」〈三代、三、三六、四－五〉，是「歓飤」者，即飲食也。訶从言从可。說文云：「訶，大言而怒也。从言可聲。」彝銘則假為歌，若蔡侯鐘：「自乍訶鐘」〈金文編拓本〉、朝訶右庫戈：「朝訶」〈三代、十九、四六〉，此皆假訶為歌也。遯从辵从無。說文云：「舞，樂也。用足相背，从舛無聲。」則遯、舞均為形聲字，而其所从之形符一作「辵」，一作「舛」，辵與舛同意。是訶遯者，即歌舞也。「歓飤訶遯」乃狀其宴饗時，歌舞皆具，其樂可知。

「後民是語」，此辭未見他器。郭沫若言「語」假為「敔」，謂斁敔也（註24）。考敔本樂器，椌楬也（註25）。又稱木虎（註26）。尚書、益稷：「合止柷敔」，釋文云敔所以止樂，故引申有禁也、終也之義。然於此則不詞。竊謂語者，喜也，廣雅、釋訓：「語語、喜也」可證。後民是語者，言其後代子子孫孫，以有是編鐘為祭享先祖宴樂父兄，為㱃飲訶遞之樂器，可喜樂為常也。

是銘於「父」、「銘」、「且」、「遞」、「語」處押韻，魚部。

四、補述：

1. 徐之世系表：

徐偃王（史記）　徐儀楚（左傳）　徐君（新序）　徐子章羽（春秋）

徐駒王（禮記）

徐王義楚（徐王鍴）

徐王庚沇兒（沇兒鐘）

徐王戉父（徐王鍴）

徐王季量（郤王擾鼎）　宜桐（宜桐盂）季量孫

徐王利（徐王子郤王之子戈）

2. 徐國之器：

郤王擾鼎（三代、四、九）　宜桐盂（周金四、九）　沇兒鐘（三代、一、五三）

王孫遺者鐘〈三代・一・六三〉 邾王義楚鍴〈三代・十四・五五〉 邾諮尹鉦〈三代十八・三〉

邾王子旃鐘〈錄遺四〉 余贎逨編鐘〈錄遺一〉

五註：

1. 參見禮記樂記第十九之一，集解卷三十七。
2. 參見通藝錄考工創物小記五，安徽叢書第二期。
3. 以上三十七字闕，今據兩攷一六三頁補。
4. 參見積古三十條第二。
5. 參見韡華十五卷五頁。
6. 參見兩攷一六三頁。
7. 參見上海附冊七八頁。
8. 參見愙齋卷二、一二頁。
9. 參見奇觚卷九、一七頁。
10. 參見从古卷十三、五頁。
11. 參見積古卷三、五頁。
12. 參見奇觚卷九、一七頁。
13. 參見从古卷十三、五頁。
14. 參見兩攷一六三頁。
15. 參見从古卷十三、五頁。
16. 參見積古卷三、五頁
17. 參見奇觚卷九、一五頁。

18. 參見兩攷一六三頁。

19. 參見古籀篇六十三第四一｜四二頁。

20. 參見金詁附錄(三)一三五一頁。

21. 參見兩攷一六三頁，言攷字假為擇。

22. 廣韻鋪有「普故」、「芳無」、「普胡」三切；膚則切「甫無」、「甫于」二音；華切「戶化」、「戶花」、「呼瓜」三音。幫、滂、並、明自周秦至切韻時均讀重脣，自唐以後乃分化為輕脣音，故鋪屬滂母，膚屬幫母，與華讀曉、匣二母聲母不同。凡古音歸屬問題，采用左列諸書之說：

(1) 林師景伊．中國聲韻學通論；

(2) 謝師一民．蘄春黃氏古音說；

(3) 陳師伯元．古音學發微；

(4) 周師一田．訓詁學講義。

以下同此，不另作注。

23. 按：漢書武帝紀第六云：「氐羌徠服」，師古曰：「徠，古往來之字也。」則先亦可作[彳先]。

24. 參見兩攷一六三頁；

25. 參見說文三下攴部。

26. 參見周禮、小師、司農注。

七十九·𠭯兒鐘

（附圖一）

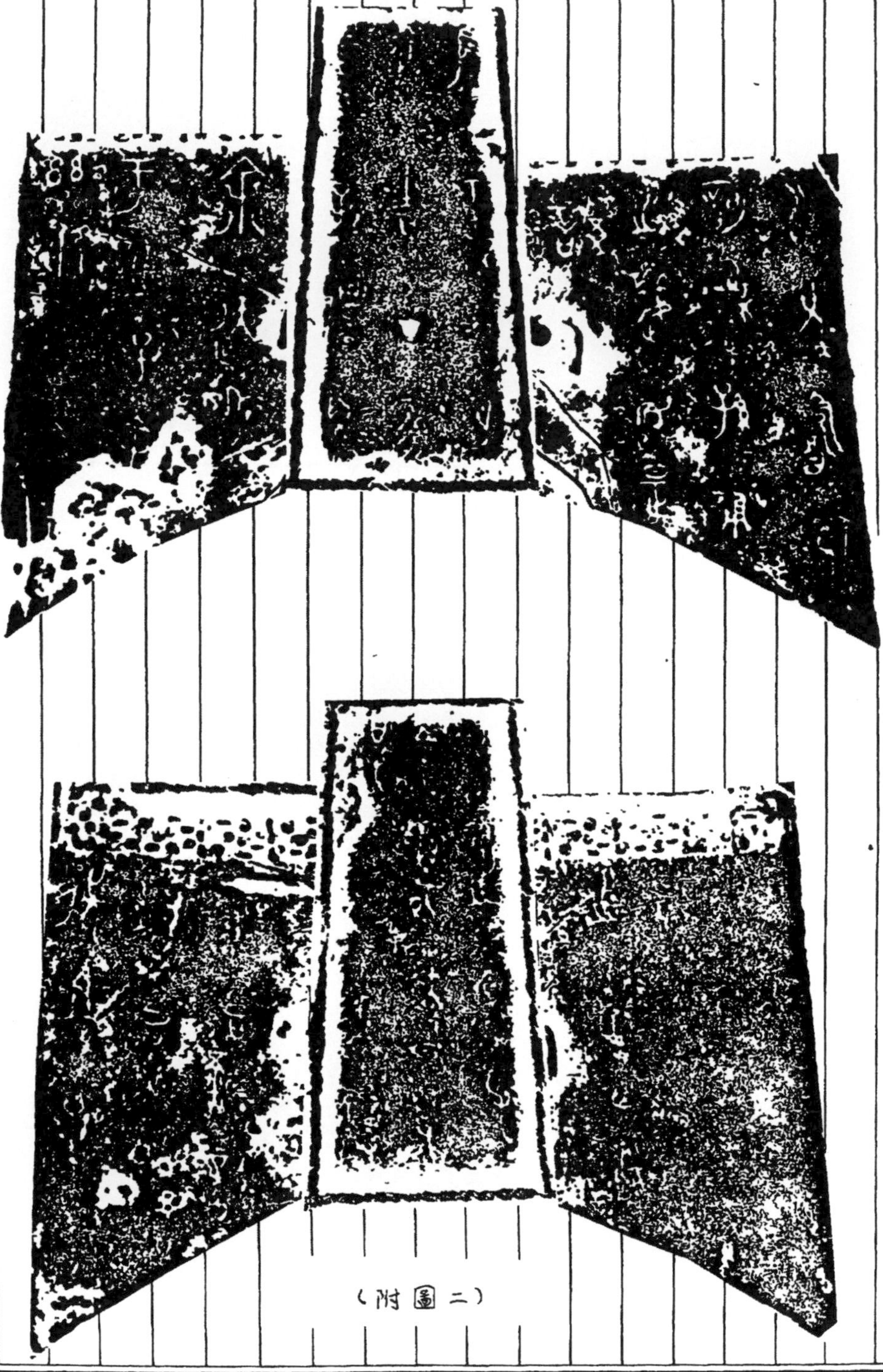

（附圖二）

三代吉金文存卷一·五十·五十一

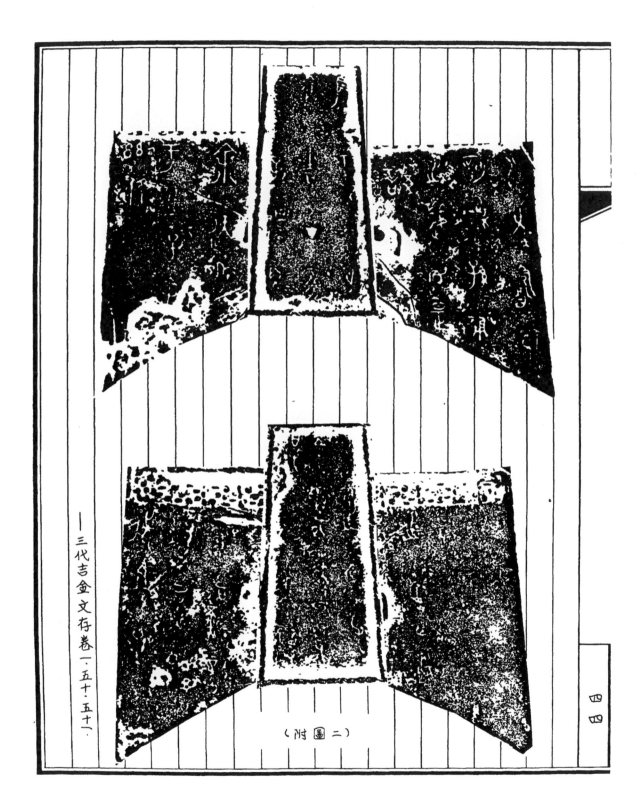

一、銘文：

002 子璋鐘

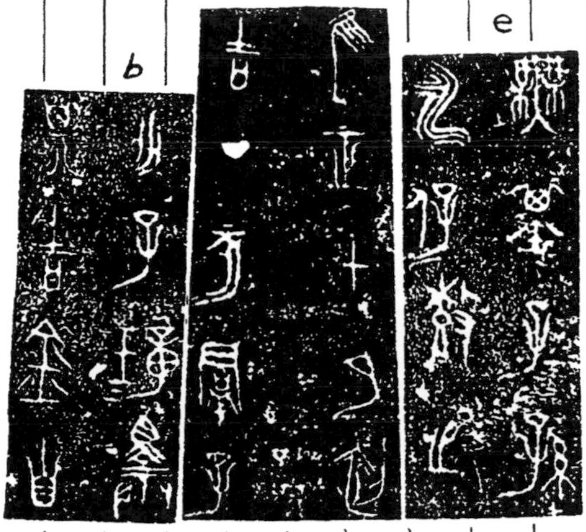


2.1

2.2

二、隸定：

隹正十月初吉丁亥，群子斨子子璋，子璋羼其吉金，自乍龢鐘。用匽吕喜，用樂父𠒭者士。其釁壽無基，子子孫孫，永保鼓之。

三、考釋：

子璋鐘為編鐘，傳世者共七器（註一）。

隹，發語詞，無義。正十月者，東周銘文有於月名之前冠以「正」字之例，而於西周各器則未嘗見之。如：

(1) 陳侯因資錞：「隹正六月癸未。」（三代.九.十七）

(2)儠兒鐘：「隹正九月初吉丁亥。」〈三代、一、五十〉

(3)白晨鼎：「隹正八月。」〈三代、四、八六〉

(4)鄀公毁：「隹鄀正二月初吉乙丑。」〈三代、八、四七〉

「正」某月之說，陳夢家考釋歌鐘「隹正五月初吉孟庚」云：「正五月可能是王正五月之省，即周正五月。春秋鄀公敄人毁有『鄀正二月』，所以別于『王正』、『周正』。春秋之鄀公華鐘、弔尸鎛、齊大宰盤、晉姜鼎等有『王某月』……正某月可能是王某月。」(註2)以正某月即王某月，乃為「周正」、所以別於「鄀正」也。又新城新藏．春秋長曆研究，主張春秋前期（文、宣為界）年終置閏，後期年中置閏，凡稱「正某月」之銅器皆在春秋文、宣之後(註3)．故以正某月以別於同年所閏之月也。高鴻縉云：「正者，頂也，首也，頭也。正某月者，頭某月也。故正九月之後必有閏九月……。」(註4)說同。黃然偉則謂「正」有善義，儀禮士喪禮：「決用正」，注云：「正猶善也。」故銘文之「隹正六月」即「吉善之六月」也。亦猶儀禮、士冠禮「始加祝曰令月吉日」之「令月」也(註5)。觀金文之例，既稱「正某月」，又稱「鄀正某月」，是「正」乃周正，有別於「鄀正」，黃氏之說恐非。

初吉者，初旬之吉日也。初吉之詞，首見詩．小雅．小明：「二月初吉」，毛傳：「初吉，朔日也。」說似欠允。按春秋昭公廿五年、禮記月令、穀梁哀元年傳，皆分一月為上、仲、季三旬，上旬又稱初旬，故玉臺新詠載焦仲卿詩云：「初七及下九，嬉戲莫相忘。」乃襲商周以旬紀日之習也。觀諸銘文記月相者凡四：初吉、既望、既生霸、既死霸。自俞樾撰生霸死霸考（註6）以來，有黃以周（註7）、劉師培（註8）、王國維（註9）、趙曾儔（註10）、岑仲勉（註11）、橋本增吉（註12）、飯島忠夫（註13）、董作賓（註14）等諸家之釋說，其中以王說為近是，其言云：「余覽古器物銘，而得古之所以名日者凡四：曰初吉，曰既生霸，曰既望，曰既死霸。因悟古者蓋分一月之日為四分，一曰初吉，謂自一日至七八日也；二曰既生霸，謂自八九日以降至十四五日也；三曰既望，謂十五六日以後至二十二三日；四曰既死霸，謂自二十三日以後，至于晦也。」（註15）董彥堂先生則以「一月四分」說並無確鑿，謂「初吉者，當為初旬之吉日。既望當為望日以後之通名。自望日以至晦日，月光漸趨虧損，故曰死霸。自朔日以後，月漸萌光，故曰生霸。」（註16）霸者，月之始生而明也。說文七上月部云：「霸，月始生，魄然也。承大月二日，承小月三日。从月䨣聲。周書曰：哉生霸。」蓋月之生明，承朔之後，故說文有「承大月二日，承小月三日」之語。故此初吉，乃指初旬之吉日也。

群子斨子璋者，三代所著錄子璋鐘各器均作「群孫」（一·廿七·二——卅一·三），故群子之「子」乃「孫」之譌。辭猶儠兒鐘：「余迖斯于之孫，余幽路之元子。」（三代·一·五十）群、斨皆人名，子璋乃群之孫斨之子也。或疑斨即許子妝若𤮊𠯑，蓋以其字體類許子簋，文辭近許子鐘故也（註17）。或以斨為析（註18）。或以斨為姓氏（註19）。或言斨當讀藏（註20）。然以字當人名，从爿與从木可通，若版亦作板，牓本作榜，而爿、片說文皆訓為判木也，唯左為爿，右為片，故斨、析同。

自乍龢鐘者，自作和律之鐘也。「自」本「鼻」之初文，用以自稱。乍字甲文、金文不勝枚舉，大抵作乍〈藏八·一·三〉、乍〈前一·廿七·四〉、乍〈甲二·七·八〉、乍〈前八·一·四〉、乍伯盂〈三代十八·十一〉、乍遽伯簋〈三代六·四六〉、乍姑口句鑃〈三代十八·二〉、乍齊陳曼簠〈三代十·十九〉、迷量侯簋〈三代六·四六〉形，林義光以「乍」為「作」字，即「作」之古文，象興構之形（註21）。郭沫若以金文乍不从亡一，乃象人伸腳而坐，有所操作之形，即「作」之初字（註22）。高鴻縉以乍本為乍見孺子之乍，从卜匕聲。商、周借為制作之意，周末加又為意符，秦漢則假作起之作以代制𣪘之𣪘（註23）。說文十二下亡部云：「乍，止也，一曰亡也。从亡从一。有所礙也。」與甲、金文形義俱異。闕。彝銘率皆用為「作」字，爾雅釋言：「作，為也。」周禮典同「以為樂器」注云：「為，作也。」乍、作，作為古今字。

用匽呂喜者，匽，經傳作燕，匽、喜、樂三字同義，言「娛樂」也。用匽呂喜即用呂匽喜，以鑄此鐘，用來娛樂也。

父𨿸者士者，父字甲文作□〈藏一·一·四〉、□〈藏一〇五·四〉、□〈甲編二九〇三〉、□〈乙四八一〇〉形，金文則厚筆瘦尾作□父癸鼎〈三代二·十一〉形，說文三下又部云：「

父，矩也。家長率教者，从又舉杖。」羅振玉疑為持矩形（註24）。郭沫若謂乃斧之初字，石器時代，男子持石斧（即象石斧之形）以事操作，故孳乳為父母之父（註25）。高鴻縉則以為把之初文，从又有所把也。其字當與尹字同構（註26）。以甲、金文觀之，斧字無作此形者，甲文亦不似主火之形，而以杖形近似，然从又所持何物？待考。甲、金文皆用作父母之父。𠒇，兄之繁體，从生聲，為形聲字。

者，諸之初文。者士者，庶士、眾士也。

釁壽者，義同「永壽」（趩亥鼎三代三四）。釁乃沬之古文，說文十一上水部云：「沬，洒面也。从水未聲。頮，从廾水，从頁，古文沬。」（註27）沬从未聲，無所取義，故當以頮為其本字。須乃頮之省體，釁蓋从釁省須省聲。國語齊語云：「管仲至齊，三釁三浴之。」韋昭注：「以香塗身曰釁。」釁本釁祭時以血塗物，引申為塗香膏也。然釁者，為镾之假也。詩、禮皆有「眉壽」之名。镾、釁同屬段氏十五部，乃疊韻假借；眉、镾同屬微紐，為雙聲假借；而釁、眉則古韻旁轉相通。說文九下長部云：「镾，久長也。」又八上老部：「壽，久也。」故釁壽者，喻歷時久長也，為同義複詞（註28）。

無基者，無期也。基、期並从其聲，古同音可以假借。無期言時間之無窮無盡也。

此器銘於「喜」、「士」、「基」、「之」處押韻，之部（註29）。

四、箸錄：

1.三代箸錄五器，同文異笵，卷一、廿七銘文清楚，餘皆模糊。
頁三十所箸錄者，即錄遺此器也。

2.筠清廿二條周鐘（子璋鐘）。

3.上海附册八六頁84子璋鐘。
高二一、三，舞縱九、六，舞橫一三，于縱一〇、六，于橫一四、三
厘米。重一公斤九〇〇克。枚間作三角形蟠龍紋，鉦部飾四龍
紋，甚工細。銘文四十五字。

五、註：

1.參見上海附册八六頁。
2.參見壽縣蔡侯墓銅器三三一頁。
3.參見註2。
4.參見頌鼎考，載師大學報第四期。
5.參見賞賜四一—四二頁。
6.參見曲園襍纂第十，春在堂全書。
7.參見經說略。
8.參見讀書續筆。
9.參見觀堂集林卷一生霸死霸考，
10.參見月霸論，言王說本於顧彪，載史學雜誌二、二、一四頁。
11.參見西周文史論叢一二一頁。殆以王說本於秦淵。

12 參見兩周金文曆法。

13 參見支那古曆與曆日記事及續橋本氏十干十二支考。

14 參見金文中生霸死霸考，論著下九八五－九九八頁；又四分一月說辨正，載華西大學中國文化研究所輯刊。

15. 參見觀堂集林生霸死霸考。

16. 參見四分一月說辨正商榷。

17. 參見兩攷一七九頁子璋鐘。

18. 參見攈古卷三之一、二十八頁子璋鐘；从古卷六、八頁周子璋鐘。

19 參見韡華十三頁子璋鐘。

20. 參見雙選下一第三頁子璋鐘。

21. 參見文源。

22 參見金攷二〇三頁金文餘釋釋亡乍。

23 參見頌器考釋二一頁。

24 參見增考中二十二頁上；又奇觚卷一、三頁。

25. 參見甲骨文中所見之殷代社會。

26. 參見字例三篇一三－一四頁。

27. 參見說文解字注，十一上頁三十六－七。

28. 參見周金文釋例七〇－七一頁。

29. 參見兩周金石文韻讀五。

一、銘文：

003 汈其鐘

b

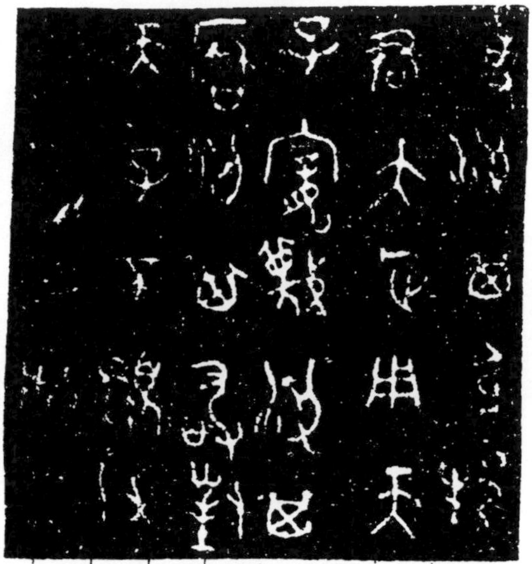

3 2

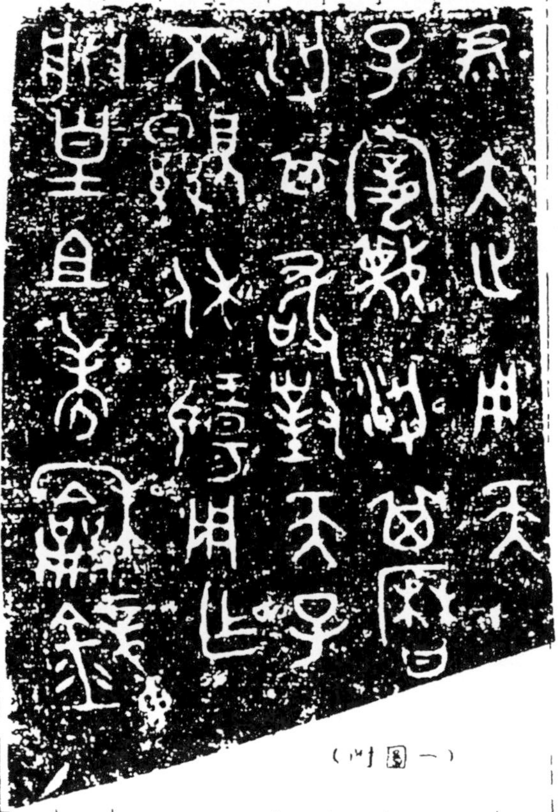

a

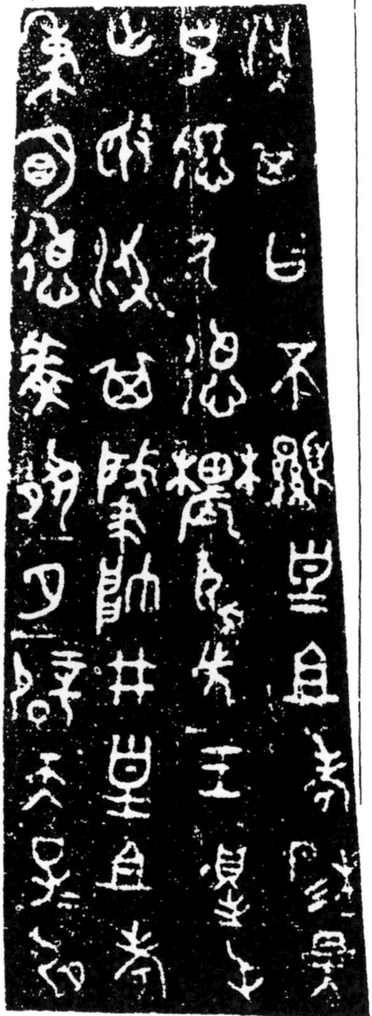

3.1

（附圖一）

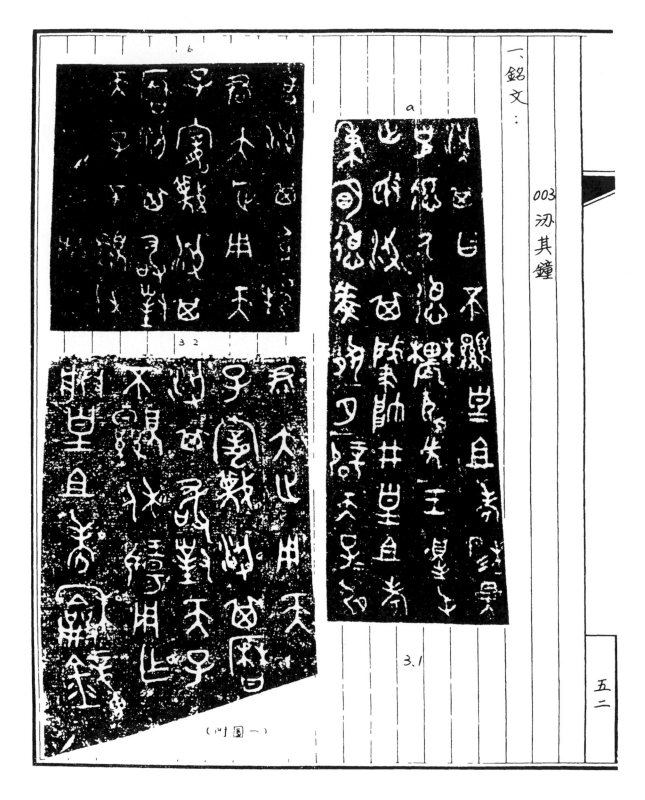

二、隸定：

汈其曰：不顯皇且考，穆穆異異，克悊氒德。農臣先王，㝵屯亡敃。汈其肈帥井皇且考，秉明德，虔夙夕，辟天子，天子肩事。汈其身邦君大正，用天子寵，蔑汈其曆。汈其敢對天子不顯休揚，用乍朕皇（且考龢鐘）（註1）（附圖一）。

三、考釋：

汈、梁也。汈其，人名。又見汈其盨（錄遺一八○）、汈其壺（註2）、善夫汈其毀（錄遺一六四）諸器，或言汈其之其，當是基字（註3）。然於經傳無徵，未敢遽定。

不顯皇且考者，不乃丕之初文，說文一上一部：「丕，大也。」爾雅、釋詁：「顯，光也。」詩、抑篇箋：「顯，明也。」不顯有偉大光明之義。周人始以不顯稱祖先，見於彝銘如：

(1). 盂鼎：「不顯玟王」（三代四四二）。
(2). 毛公鼎：「不顯文武」（三代四、四六）。
(3). 虢叔旅鐘：「不顯皇考惠叔」（三代一、五七）.
(4). 大豐毀：「不顯考文王」（周金三、卅）.
(5). 秦公鐘：「不顯朕皇祖」（款識七、七二）.
(6). 𤼈白毀：「不顯祖玟珷」（周金三、十一）。
(7). 叔公鎛：「不顯穆公之孫」（博古廿二、五）.

見於經傳如：尚書康誥：「惟乃丕顯考文王」，詩周頌、維天之命

：「不顯文王之德之純」，執競：「不顯成康」。而殷商卜辭、彝器、商書及商頌皆無「不顯」之稱，是可窺商人尚質，周人尚文之一斑。皇祖考乃亡祖父之敬稱，禮．曲禮：「祭王父曰皇祖考。」不顯皇且考者，稱頌其祖父之偉大光明也。

穆穆一詞，金文多見，如克鼎：「穆穆朕文且師華父」〈三代．四．四十〉，師望鼎：「穆穆克盟氒心」〈三代．四．三五〉，虢叔鐘：「穆穆秉元明德」〈三代．一．五七〉，秦公簋：「穆穆帥秉明德」〈三代．九．三三〉，蔡侯盤：「穆穆亹亹」〈蔡三八〉；典籍亦有之，若論語八佾：「天子穆穆」，皇疏、爾雅釋詁並云：「穆穆，敬也。」詩大雅．文王：「穆穆文王」，又商頌．那：「穆穆厥聲」。荀子大略：「言語之美，穆穆皇皇」，皆敬肅和美之義。異、翼也，翼之為言敬也，詩大雅．常武：「緜緜翼翼」，又文王：「厥猶翼翼」，又大明：「小心翼翼」，廣雅釋訓云：「翼翼，敬也。」故穆穆異異為同義複詞，俱言其恭慎敬肅之貌。

克悊氒德者，又見井人鐘〈三代．一．二四〉、番生簋〈三代．九．三七〉。說文二上口部言悊為哲之重文，十下心部訓悊為敬。此言能敬順其德也。

𨟻臣先王者，𨟻為農之古文，或以「畯力」釋之〈註4〉，非允。左襄十三年傳：「小人農力以事其上」，廣雅釋詁三：「農，勉也。」故農臣先王，謂能勉力臣事先王，與左傳義同。

㝵屯亡敃者，又見師望鼎〈三代．四．三五〉、虢叔鐘〈三代．一．五七〉、克鼎〈三代、四、四十）諸器。容庚釋為「渾沌亡彊」（註5）。郭沫若言「𣬉屯亡敃」乃稱頌祖考之辭，井人鐘作「賁屯用魯」，是「𣬉」即「賁」字也，𣬉屯乃疊韻聯綿字，當即渾沌之古語，故「賁屯亡敃」猶言「渾沌无悶」，謂渾厚敦篤，無憂無慮也（註6）。按擧當从手从貝，非从毛，乃得之古文。得與德通，禮記樂記云：「德者，得也。」鄉飲酒義：「德也者，得於身也。」屯，純之初文。得屯即禮記孔子閒居之「純德」也。敃，說文三下口部言「彊也」，借為愍，爾雅釋詁：「愍，亂也。」𣬉屯亡敃，蓋謂道德之純美無所悖亂。

肇帥井皇且考者，肇，發語詞，無義。帥井之辭，彝銘屢見，若叔向簋：「肇帥井先文祖」（三代、九、十三），虢叔鐘：「啓帥井皇考威義」（三代、一、五七），番生簋：「番生不敢弗帥井皇且考不杯元德」（三代、九、三七），師望鼎：「望肇帥井皇考」（三代、四、三五），單伯編鐘：「余小子肇帥井朕皇且考懿德」（三代、一、十六），彔伯簋：「子子孫孫其帥井受茲休」（三代、九、二七），師虎簋：「佳帥井先王令」（三代、九、二九），晉公𥂴：「敢帥井先王」（三代、十八、十三）。說文七下巾部云：「帥，佩巾也。从巾𠂤聲。」然金文不从𠂤而作帥，高田忠周疑𠂤即申之省，乃紳之假借（註7）。高鴻縉言字从兩手（𠬞）从巾（丨），本義為拭巾（註8）。單文孤證，似未允當。龍宇純謂金文之帥，从巾在門右會意。經傳借為衛或達，有將帥或帥導之義（註9）。說或可从。說文五下井部謂井本象井上構韓形。借為型。肇帥井皇且考，謂以皇且考為表率法式之對象，言效法先祖之德行。

秉明德，虔夙夕者，爾雅釋詁：「秉，執也。」秉明德，即詩大雅·烝民：「民之秉彝，好是懿德。」大學：「大學之道，在明明德。」謂執持光明之德也。虔，說文訓虎行貌，引申有敬義。左成十六年傳：「虔卜於先君也」，杜注：「虔，敬也。」夙，早也。詩·召南·采蘩：「被之僮僮，夙夜在公。」傳：「夙，早也。」詩小雅·頍弁：「樂酒今夕」，夕，夜也。虔夙夕與書舜典：「夙夜惟寅」意同，謂早晚敬謹也。

辟天子，天子肩事者，辟，法也。書、金縢：「我之弗辟」，孔傳：「辟，法也。」辟天子者，以天子為法也。弘字高田忠周釋从尸从月，為「昵」之異文，近也（註10）。郭沫若釋為夗之異文，言古月、夕無別，尸已同意，讀為爰（註11）。審諸文義，以高說近是。天子肩事者，言天子不置身事外，時昵職事，敬謹可法也。

身邦君大正者，身，說文八上身部云：「身，躬也。」此當動詞，躬親也。大正，官名也。正乃官之長，左隱六年傳：「翼九宗五正。」注：「五正，五官之長。」大為尊詞，說文通訓定聲：「凡大人、大夫，皆尊詞。」邦君，國君也。身邦君大正，即言沕其身為國君屬下大正之官長也。

蔑沕其曆者，乃嘉許沕其，勉其勤力敬事。「蔑曆」一詞，為彝銘之習語，其使用時代，可上溯于殷（僅畬卣一器〈三代、十三、四二〉），下逮西周中葉。然以經典文獻不足徵，遂致本義幽晦難曉。有清以來，諸家說解，聚訟紛紜，莫衷一是。考彝銘蔑曆之用有三：

1. 連用者：若師艅毀：「艅其蔑曆」〈三代、九、十九〉，師望鼎：「多蔑曆錫休」〈三代、四、三五〉是也。

2. 間用者：於蔑與曆之間，置所蔑曆者之名，若𡨦鼎：「其父蔑𡨦曆」〈三代、四、十三〉，沕其鐘：「蔑沕其曆」是也。或於二字之前後置人名并官名，若競毀：「白犀父蔑卸史競曆」〈三代、八、三六〉。或用代名詞置於其間，若畬卣：「唯蔑女曆」〈三代、十三、四二〉。

3. 僅用「蔑」字者：若免盤：「免蔑靜女王休」〈三代、九、十二〉是也。

考其內容則有記事、軍事、冊命、祭祀、饗禮及其他諸端。蓋「蔑曆」一詞，蘊存「有功」、「嘉許」、與「自勉」之義。然釋其義者雜陳，理其提要，附諸補述，以供參考。

對天子不顯休揚者，對，答也。揚，金文作[illegible]，乃說文揚之古文〈十二上手部〉。於形聲字偏旁中，从丮猶从手，表揄揚之義。从日示顯揚光明，或从昜。王為聲符，亦表大義。故禮記祭統：「夫鼎有銘，顯揚先祖，所以崇孝也。」詩大雅、江漢：「對揚王休」，書顧命：「答揚文武之光訓」，對即答也。對揚者，報答顯揚。不顯者，頌揚天子之偉大光明也。休，猶師艅尊〈三代、九、十九〉「對揚氒德」

之「德」，小子眚卣（三代・十三・三八）「眚揚君商」之「商」。韓非子二柄：「慶賞之謂德」，故德有賞義。而商為賞之初文。小臣毀：「趞叔休于小臣貝二朋」（三代・六・五一）之「休」亦有賞賜之義，而寓嘉勉之意。對天子不顯休揚，言報答顯揚天子偉大光明之賞賜嘉勉也。

汈其諸器，傳民國廿九年在陝西扶風縣法門寺任村出土。于氏所采拓本，乃據照片，用網版複印，不似原拓上石之清晰，故兼附摹本於後。唯于氏所得照片尚缺末一行「且考龢鐘」四字，茲據上海博物館所藏青銅器附冊五九頁拓本補入。且于氏照片，左鼓銘文止有六行，行五字，唯另有七行之器（註12）。

四著錄：

1.文物一九六九、五，七三頁。

吳樸云：「汈其鐘重二五、五公斤，甬長一八厘米，欒長三六厘米。舞上雷紋，篆間兩頭獸紋，鼓上象首紋，右鼓鸞紋。在鉦間和左鼓有銘文，和商周金文錄遺所收的一種相同，但多『祖考龢鐘』四字，」

2.上海附冊五八頁。

器高五三、五，舞縱二七、一，舞橫一九、三，于縱三一、八，于橫二一、七厘米。重二五公斤四六〇克。

3.通釋二六，一五七，三八八。

五、補述：

※各家蔑曆釋義提要：

1.阮元：蔑曆皆勉力之義，即爾雅所謂蠠沒，後轉為密勿，又轉為黽勉。（積古、五卷三頁敔尊）

2.許瀚：諸言蔑曆者，皆言美和也。（攈古卷三之一，釋趩尊）

3.翁祖庚：蔑曆二字，歷訓歷試，亦訓功績。蔑歷者，謂懋勉其功績也。（攈古卷三之二第十六頁）

4.徐同柏：厤，古歷字；蔑音近明，當為明之反訓。揚歷乃明試之謂，穠厤又揚試之謂。（从古卷十二、七頁周爯彝）

5.吳雲：蔑曆，調和膳食之宜也。（兩罍六卷庚嬴卣釋文）

6.柯昌濟：蔑曆疑猶堯典之考績。（韡華上卷一第九頁）

7.孫詒讓：蔑勞，曆即歷之藉字，歷、行也。凡云「某蔑曆」者，猶言某勞於行也。云「王蔑某曆」者，猶言王勞某之行也。（拾遺中、十四、敔尊）

8.吳式芬：蓋書舜典「明試」之謂。（攈古卷二之三、七〇頁伯椎父敦）

9.劉心源：蔑曆者，言分其甘也。蔑某曆者，言分某以甘也。（古文審卷一、八頁）

10.劉師培：蔑與茂同，歷即所行之事，蔑歷者，猶言嘉勞其所歷試也。（左盦集古器、蔑歷釋）

11.于省吾：蔑係勉勵之意，曆即歷，謂經歷試驗之意。又讀「蔑

歷」為「厲翼」，厲訓為勉勵，翼訓為輔佐。〈東北大學人文科學學報一九五六、二〉

12. 郭沫若：蔑曆二字蓋帶軍事性質，蔑若穫，當讀為免，曆當即讀為函甲之函，免函猶言解甲，引申之則為免除征役。〈金考小臣謎考釋〉 又曆為壓之古文，假為厭，蔑曆者，即不厭或無斁，蔑某曆者，不某厭也。蔑曆于某者，不見厭於某也。〈考古學報一九五八、一〉

13. 戴君仁：曆當為秝之孳乳字，曆訓和，蔑曆猶言無過。〈輔仁學報九、二、蔑曆解〉

14. 陳小松：蔑字應讀如伐，字亦作閥，小爾雅：「伐，美也。」曆即歷字，可訓為經歷，亦可訓為治績。蔑曆連用，施諸稱人，則為敘功。施諸敘己，則為敘績。其間字用者，則為敘某之功績，若美某人之功歷也。〈中和月刊三、十二、釋古銘辭蔑曆為敘勳之專用辭〉

15. 劉節：蔑曆、揚曆同為國歷之一，引申作動詞用，就是說免去勞苦的歷程，可以安享榮樂。蔑曆一語函有二義，其反面即今日退休之意。〈古史考存．古代成語分析舉例三七頁〉

16. 白川靜：蔑曆之義為伐旌功歷。〈甲骨金文學論叢十集蔑曆解〉

17. 李亞農：蔑為䍜之借字，曆為焉之借字，蔑歷在此是命令、指使、強制、勉強、勉勵、勸勉、勸喻一類之意。〈考古學報九、長白盉銘文注解〉

18. 趙光賢：蔑字應讀為「美」之借字，曆即解為「勞績」或事業之歷，某蔑某曆，即某人讚美或嘉獎某人勞績之意。某蔑曆，即某人以其勞績事業自勉之意。某蔑，即某人勉

勵之意。〈歷史研究一九五六·二·釋蔑曆〉

19.嚴一萍：金文之蔑曆，即尚書盤庚之暘歷，亦即後世之伐閱若閥閱。〈中國文字十冊·蔑曆古義〉

20.陳仁濤：「蔑」可訓「不」，「歷」可訓「次」，「次」即左傳襄公二十三年「恪居官次」之「次」。所謂「蔑曆」，猶言「不次」，不次者，不問官次之謂也。〈金匱論古初集釋蔑曆〉

21.魯實先：蔑有勉力之義，曆為謙之假借。彝銘云蔑曆者，謂勉於敬事。其云某蔑某曆者，謂某人嘉勉某人能敬事也。〈周金文釋例一二七頁〉

## 六、註：

1.以上四字據上海附冊三九頁補入。

2.參見董作賓、梁其壺一一三頁，中國文字第一冊

3.參見陝西青銅器圖釋、圖六九汈其鼎。

4.參見上海附冊五八頁。

5.參見金詁卷二·一〇·〇七頁引。

6.參見兩攷八一頁師望鼎。

7.參見古籀篇十七第二〇頁。

8.參見字例二篇二四四頁；又頌器考釋二〇頁。

9.參見說帥，集刊三十本下冊五九七—六〇二頁。

10.參見古籀篇二十三第三二頁。

11. 參見兩攷六十頁遹甗。

12. 參見廢銅堆中近年發現殷周彝銘集錄五七頁汈其鐘。

一、銘文：

004 郐王子旃鐘

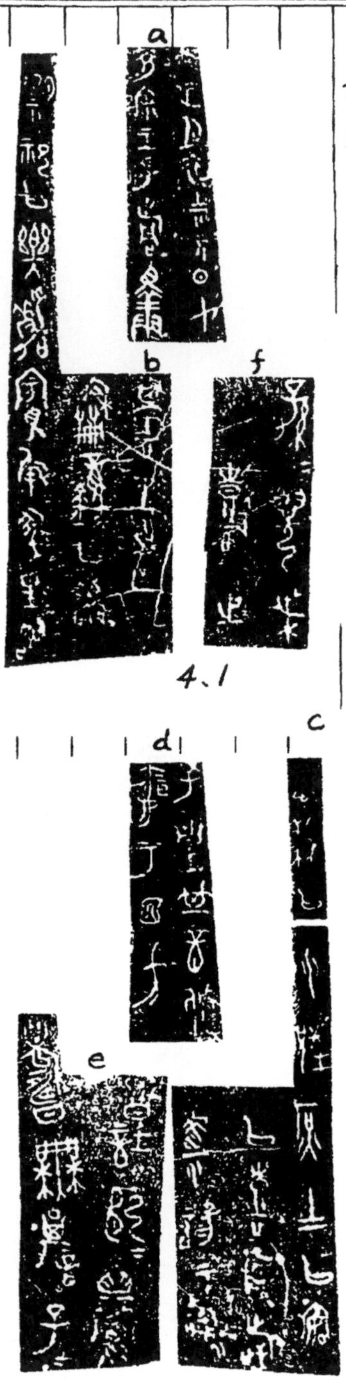

4.1

4.2

二、隸定：

隹正月初吉元日癸亥。郐王子旃羿其吉金，自乍龢鐘。吕追祭祀，吕樂嘉賓，及我生晉，[囗]兼吕父兄庶士。吕宴吕喜，中韓歔踼。元鳴孔皇，其音警警，聞于四方。韹韹熙熙，釁壽無諆。子子孫孫，萬枼鼓之。

三、考釋：

此銘金石索一、四八錄作徐王子旃鐘，郭沫若言其偽刻（註1）。

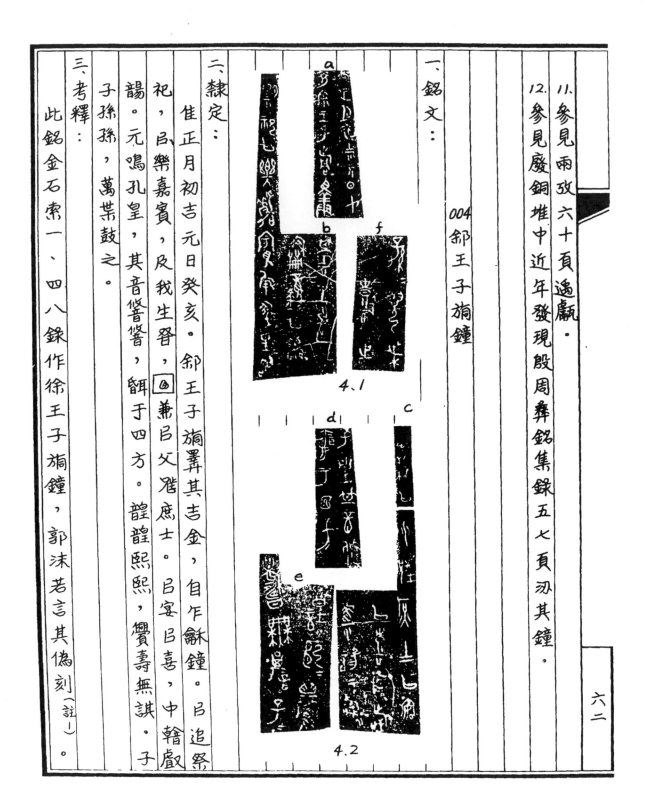

原書摹刻不精，頗多外誤，如「䣜」作「徐」。又有誤「癸亥」為「丁亥」者(註2)。皆以篆形相似而致譌。或謂銘為偽製，殆非。于省吾斷其為真品也(註3)。

元日者，廣雅釋詁：「元，善也。」與吉日同，言吉善吉利之日也。凡鑄鐘、鎛、句鑃、鉦等，率以丁亥為吉日也。而唯鼄公牼鐘〈三代·一·四八〉、鼄公華鐘〈三代·一·六二〉日辰用「乙亥」，克鐘〈三代·一·二十〉用「庚寅」，柞鐘〈扶風·三九圖〉用「甲寅」，叔弓鎛〈博古·二二·五〉用「戊寅」，䣜諧尹鉦〈三代·十八·三〉用「日在庚」，本銘之元日則在「癸亥」也。

䣜王子旃者，金文䣜，經典通作徐，故周禮雍氏注：「伯禽以出師征徐戎。」釋文劉本作䣜。「旃」字說文所無，疑為宜桐盂〈周金·四·三九〉銘之「宜桐」，乃「䣜王季稟之孫」，季稟為徐王擅，或即「宮蕎」也(註4)。

吕追祭祀者，以，用也。追者，上遡已往也。周禮：春官·司尊彝：「四時之間祀，追享朝享。」孫詒讓正義引任啓運云：「以追所自出，故曰追享。」又春官·大司樂：「以祭以享以祀」，禮記祭義：「死則敬享」注：「享猶祭也。」吕追祭祀乃謂用以祭祀其祖之所自出也。唯彝銘概用「追孝」、「追考」、「追高孝」，若：

(1). 頌鼎：「用追孝，旂匄康。」〈三代·四·三九〉

(2). 兮仲鐘：「其用追孝于皇考己伯。」〈三代·一·十二〉

(3). 郭遣簋：「用追孝于其父母。」〈三代、八、二一〉
(4). 余義鐘：「台追孝𠂤且。」〈三代、一、五十。又錄遺一〉
(5). 鄀公簠：「用追孝于皇𥃝皇考。」〈三代、十、二一〉
(6). 𧇊鐘：「用追孝于己伯。」〈三代、一、十七〉
(7). 買簋：「其用追孝于朕皇且啻考。」〈三代、八、三九〉
(8). 鄀公鼎：「用追孝于𠂤皇且晨公。」〈三代、四、二二〉
(9). 陳𡖉簋：「用追孝於我皇𣪕。」〈三代、八、四六〉
(10). 井人鐘：「用追孝侃前文人。」〈三代、一、二四〉
(11). 師𡘇父鼎：「用追考于剌仲。」〈三代、四、三四〉
(12). 伯椃簋：「用追考于厥皇考，」〈三代、六、五二〉
(13). 沕其簋：「用追高孝。」〈錄遺一六四〉
(14). 鄀公諴鼎：「用追高丂。」〈兩攷、一七六〉

僅此銘用「追祭祀」，其意悉同。

「用樂嘉賓」一詞，鐘銘習見，若齊鮑氏鐘：「用樂嘉賓」〈三代、一、四二〉，王孫鐘：「用樂嘉賓父甠」〈三代、一、六三〉，𨞚公鈺鐘：「用樂我嘉客」〈三代、一、十九〉，嘉賓鐘：「用樂嘉賓父甠、大夫朋友」〈三代、一、八〉，許子鐘：「用樂嘉賓大夫」〈兩攷、一七八〉，沇兒鐘〈三代、一、五三〉及此銘作「呂樂嘉賓」。呂，用也。嘉，說文〈五上壴部〉訓美，詩小雅鹿鳴：「我有嘉賓，鼓瑟吹笙。」此則鑄鐘以追享先祖外，且用以娛樂美客也。

「及我生晉」者，我，自稱之辭。生，說文六下生部云：「生，進也。象艸木生出土上。」生本象艸生地上之形，此銘則與上文之「嘉賓」對詞，亦為稱頌之美辭，蓋謂知學之士也（註5）。「⿱羽甘」者，友之古文。說文三下又部以⿱羽甘為古文友。羅振玉云：「从⿰又又乃从羽傳寫之譌，从甘又為甘之譌也。」（註6）蓋⿰又又〈麥鼎〉〈錄遺九一〉作直書則可作羽，再直線化即成羽，與羽形近而譌作羽若羽矣。而容庚以⿱羽甘所从之口為甘字（註7）。口為象形，甘為指事，依六書次弟，是先象形而後指事，故古人造友字，必先取口以造⿱羽口〈召卣〉〈三代、十三、四二〉字。以古文字口、甘互通，口受甘之同化，由⿱羽口作⿱羽甘〈友簋〉〈三代、八、五二〉。而金文作口者，往往尖其端作凵，若⿱羽口〈井人鐘〉〈三代、一、二四〉作⿱羽甘〈魯侯壺〉〈三代、十二、八〉即其例。因尖其端，而於其中容或增點作甘，點橫書之則成甘，猶丨作十作十，ㄋ作子作子之例，故擬其變化表如左：

（註8）

說文訓同志為友。「生友」者，謂知學之同志也。

中韐䖒諹者，又見王孫遺者鐘〈三代、一、六三〉，許子鐘〈兩攷一七八〉及沇兒鐘〈三代、一、五三〉等銘。韐或作韐作鶾，說文四上鳥部云：「鶾，雞肥翰音者也。从鳥軓聲。魯郊以丹雞祝曰：呂斯翰音赤羽，去魯侯之咎。」故韐、韐悉从軓聲，乃鶾之異文，翰、韐、鶾本為一物。徐中舒以此語與詩之「終風且暴」、「終溫且惠」、「終窶且貧」、「終和且平」、「終善且有」語法全同（註9）。中段作終，既也。䖒，說文三下又部云：「䖒，又卑也。从又虘聲。」此假作且。鍚者，揚也，均从昜聲，為同音假借。本銘「中輪戲鍚」(註10)者，即「終翰且揚」，謂「既高且揚」也。

元鳴孔皇者，又見王孫遺者鐘〈三代一、六三〉，沇兒鐘〈三代一、五三〉銘。元者，大也。孔，甚也。詩小雅鹿鳴：「德音孔昭」，大雅抑：「昊天孔昭」，箋云：「孔，甚也。」「皇」與「鳴」對文，「皇」即「鍠」之省。說文十四上金部云：「鍠，鐘聲也。从金皇聲。」詩周頌執競：「鐘鼓鍠鍠」是也。元鳴孔皇，言鐘聲之至宏且大。

其音⿱攸音⿱攸音者，⿱攸音字說文無，蓋从音攸聲，假為悠。詩鄘風載馳：「驅馬悠悠」，又王風黍離：「悠悠蒼天」，又邶風雄雉：「悠悠我思」，鄭風子衿：「悠悠我思」；傳皆云：「悠悠，遠兒。」其音⿱攸音⿱攸音者，言鐘聲之悠揚遙遠。

「䎽」字从耳昏聲，聞之本字。說文十二上耳部云：「聞，知音也。从耳門聲。䎽，古文从昏。」此字蓋與說文古文合。䎽于四方者，四方皆得遍聞鐘聲。

韹韹熙熙者，爾雅釋訓：「韹韹，樂也。」注云：「韹韹，鐘鼓音。」釋文作喤喤，又作鍠。是韹、喤、鍠均从皇聲，古通，蓋言鐘鼓聲之和樂也。熙，說文十上火部訓燥也。熙熙者，言其盛也(註11)，和樂聲也(註12)。是以知韹韹、熙熙，乃同義複詞，言鐘聲之和樂盛大。

釁壽無諆者，釁為镾之假，長久也。「諆」，期也。悉从其聲，同音假借，釁壽無諆言時間之長遠而無期限也。

萬葉鼓之者，枼从木世聲(註11)，與「世」古音同，此借作「世」，故「萬枼」即「萬世」。之，代名詞，此言鐘也。萬枼鼓之謂子子孫孫，世世代代，悉鼓此鐘，以追祭祀，以樂嘉賓也。

四、註：

1. 參見兩攷一六〇頁。
2. 參見周金文釋例一六七頁。
3. 參見雙選上一、十四𨙶王子旃鐘。
4. 參見兩攷一五九頁。
5. 參見管子君臣篇：「而官諸生之職者也」注。
6. 參見殷考中二一頁下。
7. 參見金文編三、二六。
8. 參見說文解字古文釋形考述三六四—三七五頁。
9. 參見驫氏編鐘攷釋三頁。
10. 參見郭沫若．金文餘釋一八七頁釋中鶾獻揚當讀為「樅翰虡揚」，形容鐘之外貌，謂栒端崇牙高飛，植虡高舉飛揚之狀。說備一參。
11. 參見後漢書竇武傳注。
12. 參見左襄廿九年傳：「廣哉熙熙乎」注。

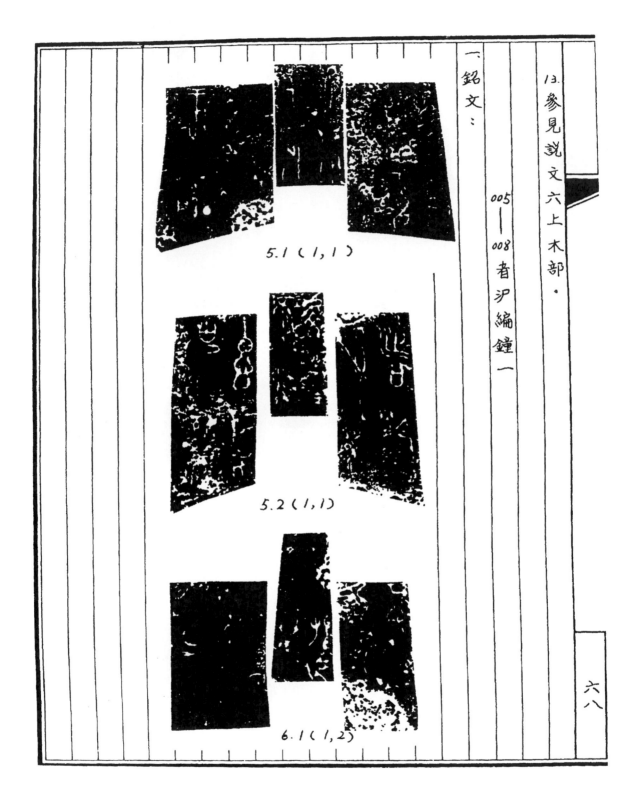

13. 參見說文六上木部。

005—008 者沪編鐘一

一、銘文：

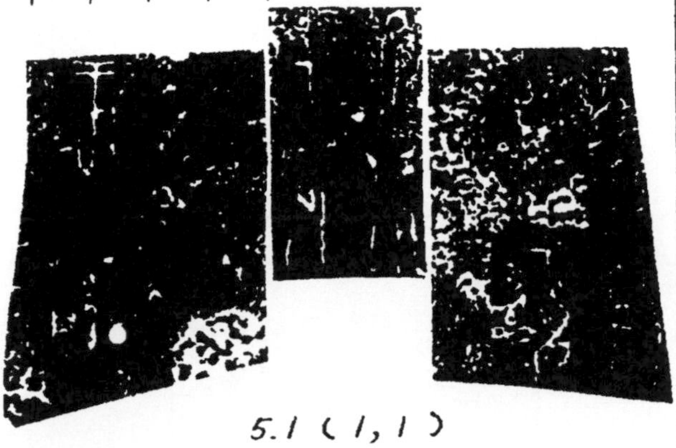

5.1 (1, 1)

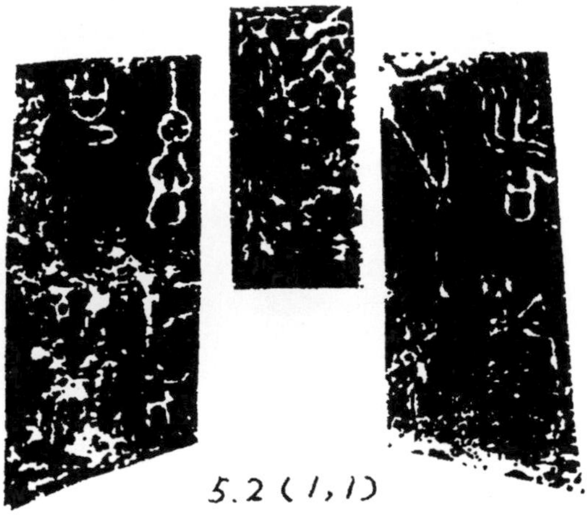

5.2 (1, 1)

6.1 (1, 2)

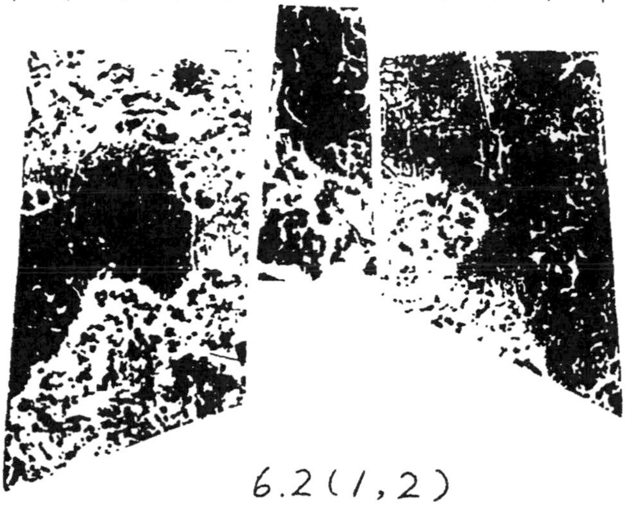

6.2(1,2)

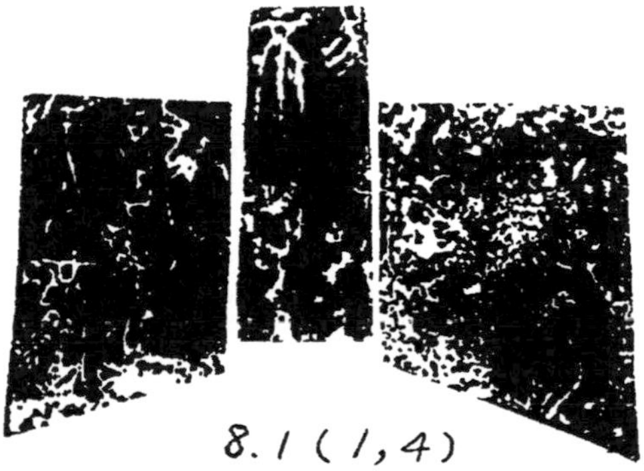

8.1(1,4)

7.1(1,3)

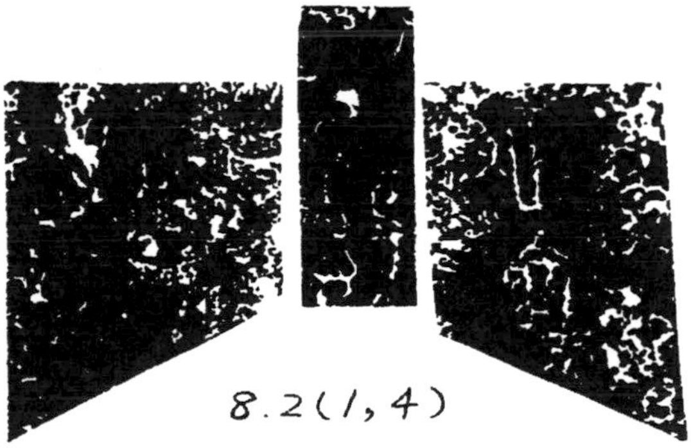

8.2(1,4)

7.2(1,3)

二、隸定：

隹戉十有九年，王曰：者沪，女亦虔秉不涇悳，台克纘光朕卲，于之悉學，桓桓哉彌王毖。室攼厥戲，台祇光朕立。今余其念諉，乃有齊休祝成，用爯剌壯，光之於聿。女其用丝，女忠乃壽，由□康樂，勿有不義訧，之于不商，隹王命。元頸乃悳，子孫永保。

三、考釋：

此為戰國時越國之編鐘，已知者凡十二器（註1），而名稱異數，舊有五說，茲列如下：

1. 鄒安、周金文存殆以未能通讀全文，因題作「秉虔鐘」。
2. 郭沫若、兩周金文辭大系攷釋初版讀沵為泓之省，定名「者沵鐘」（註2）；羅振玉、三代吉金文存同。
3. 劉體智、善齋吉金錄則逕題作「者泓鐘」。
4. 容庚、海外吉金圖錄考釋、商周彝器通考及殷周青銅器通論則題為「者沪鐘」；郭沫若、大系考釋新版及上海博物館藏青銅器；饒宗頤、者沪編鐘銘釋（註3）；李棪、越鐘吳鐘校讀（註4）及于省吾、錄遺均同。
5. 郭沫若於民國四十七年撰「者汈鐘銘考釋」，改題為「者汈鐘」（註5）。

而以字形觀之，當以「者沪鐘」近實（註6），故從之。

者汈編鐘之銘，殆每組四器而成全文。銘文鑄於鉦間及鼓左右，正背面均同。文長凡九十三字（內「趄」字重文）。傳世者汈編鐘共六組，然拓本均隱約殘泐，字跡難辨。茲據前人銘釋（註7）補闕明晦，尋其縣解，以求諦義。

隹戉十有九年者，隹，發語詞，無義。戉字，方濬益、綴遺齋彝器考釋卷二、三二頁引潘祖蔭釋為越，謂即春秋時於越之器。世多從之。戉即越之古文，甲文作（藏.一九九.二）、（拾.四.十四）形，金文作戉父癸甗（三代.五.四）、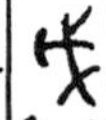虢季子白盤（三代.十七.十九）、越王矛（鳥書考補正圖十）諸形，本象斧戉之形，後以其用為方國之名，故又增「邑」為偏旁，若錄遺五九四之越王劍，一九五三年長沙仰天湖出土竹簡第十簡之「戉」是也。此銘記其年為「十有九年」，饒氏以為勾踐立十九年，正當周敬王四十二年（公元前478年），魯哀公十七年，亦即吳王夫差十八年（註8）。郭氏以為當即勾踐後第五世之翳王十九年（公元前371年）（註9）。然文獻不足徵，闕。唯記時冠以國稱，則諸侯國器習見，如鄀公敄人毀：「隹鄀正二月初吉乙丑」（三代.八.四七），鄀公平侯鼎：「隹鄀八月初吉癸未」（三代.四.二二），鄀伯氏鼎：「隹鄀八月初吉」（三代.三.四七），鄧公毀：「隹鄧九月初吉」（三代.八.十六），他如國差𦉜之「國差立事歲」（三代.十八.十七），陳猶釜之「陳猶立事歲」（三代.十八.二三）是也，蓋不奉周王正朔，而奉該國之正朔也。

者汈，人名，郭鼎堂謂「古器銘凡諸字均作者。汈即泓字之異」；者汋即大子諸咎（註10）。新版大系攷釋書眉標出容庚云：「者汋當作者沪，即越王勾踐之子王鼫與」（註11）饒宗頤言者沪即越大夫柘稽（史記越世家），諸稽郢（吳語、吳越春秋）、庸稽（韓詩外傳）、諸發（說苑奉使）、諸稽到（漢書古今人表），皆屬異文，實為一人（註12）。郭氏又謂者沪應作「者沏」，必是諸咎無疑（註13）。諸說悉乏有力證據，待考。

女亦虔秉不墜悳者，女，汝也。孝經：「女知之乎」，釋文本作汝。爾也。虔秉，饒氏引詩商頌長發：「有虔秉鉞」，謂「虔秉」乃古成語，而從鄭箋釋為「固持」。強運開則以「虔秉」為「恭敬秉持」；以「墜」為汭，引左閔二年傳：「敗犬戎于渭隊」，杜預本作「渭汭」，知汭、隊古通（註14）。郭氏大系本以「虔秉不淫」為句，釋「悳」為「息」，未確。後讀不為丕，讀墜為經，「女亦虔秉不墜悳」者，言「父有大恒德，子亦能謹承其德」，於文義較長，故從之。

台克繟光朕邵者，台，以之假借。光字凡三見，作[illegible]或[illegible]；與吳王光鑑（叢三九）之[illegible]，攻敔王光戈（三代十九·四三）之[illegible]，形構略同。光上一字从糸从單，隸定作「繟」，字書無此字，不得其解。「邵」字从邑，乃據上海拓本右旁作邑，形尚可辨；左从召，乃依郭氏所擬从㕣測之。唯郭氏以邵為辟，釋為法，而以「台克繟光朕邵于之」為斷，解為「父子共同努力，用能共使法制光明以迄于今。」然繟、邵既不得確解，妄自斷句，究屬難行。強行解之，竊以說文十三上糸部「紹」古文作「綤」，則弨用與紹同，繼也．應以「台克纘光朕弨」為斷，言「以能光揚寡人繼起之業」。

于之愻學者，愻、遜古今字。遜學，饒氏謂即書說命：「惟學遜志務時敏」之義；郭氏訓為謙遜。一切經音義廿二引字林：「愻，順也。謙也。恭也。」「于之愻學」乃承上繼業之言，欲其發揚光大，必于予恭順學習也。

趄趄哉㢸王宛者，書牧誓：「尚桓桓」，詩魯頌泮水：「桓桓于征」，爾雅：「桓桓，威也。」毛傳：「桓桓，威武貌。」趄、桓古韻同屬段氏第十四部；趄，雨元切，為紐；桓，胡官切，匣紐；為紐古歸匣（註15）。趄、桓同音假借，是趄趄者，狀其威武之貌。哉，語詞。㢸，同弻。爾雅：「弻，俌也。」說文八上人部：「俌，輔也。从人甫聲，讀若撫。」孝經：「左輔右弻」，故㢸者，輔佐也。宛，郭氏以為宛即宅之緐文，蓋未見上海拓本上有〻形。宛或可訓宅，字書無徵，未敢遽定。此句言威武勇猛以輔佐王（一之所居）也。

宔攴厎戥者，宔，字从宀从生，讀作往。攴，拓本作㩗，郭云同幹，即易：「貞固足以幹事」之幹。饒氏以為即毛公鼎（三代·四·四六）「攴敔王身」之攴（註16）。以文義觀之，殆以郭說較長。厎即庶字，與伯庶父毁（愙·十二·四）作厎形近。戥字饒疑為戒字繁體，讀為戛，即書康誥：「刑茲無赦，不率大戛」之大戛，庶戥即庶常。而郭氏云：「以意揣之當是庶績或庶職，猶言百事」，室㺇庹戱乃謂「往幹庶職」，往做百事也。

台祇光朕立者，魏正始三體石經君奭篇「祇若茲」之古文祇與此「[illegible]」相近，故隸作「祇」，敬也。立，金文習用為位字，如頌鼎：「王各大室即立」（三代.四.三九），番生簋：「粤王立」（三代.九.三七），毛公鼎：「粤朕立」、「余一人才立」（三代.四.四六），克鼎：「卽立」（三代.四.四十）即其例，古文春秋經「公即位」為「公即立」。「台祇光朕立」言「以崇敬光揚王位」也。

今余其念讟者，念字形作[illegible]，與三體石經古文[illegible]同，從容氏釋「念」。讟字未識，上海拓本雖極清晰，仍無法辨揣其義。郭隸作「讖」，與幾同，察問也，在此與診字同義。饒氏謂乃誦字殘形，詩崧高及烝民俱言「吉甫作誦」。晉語范文子言「使工誦諫于朝」，楚語記倚相云：「倚几有誦訓之諫」，誦即誦訓。然字从言，疑指先人或王所垂示之言語，則以饒說近是。

乃有齊休祝成者，此句郭氏、饒氏、李氏三家說解相去甚遠。郭釋乃為氒（厥）；饒言即乃字；李氏以「乃」即第二人稱代辭之領格「汝」字，與古文接屬辭作「迺」者有別。乃下之「有」，郭謂必為名詞，證以下文，當定為痡字；痡與痘音相近，下文言「烈疾」，則痡疑是天花（痘）。竊以郭氏之說未免突兀，且稍嫌穿鑿。李氏又強作解人。雖書盤庚：「古我先王暨乃祖乃父，胥及逸勤」，乃用為爾汝之稱，然以本銘文觀之，其第二人稱代詞之領格「汝」字，悉用「女」字，即「女」亦虔秉不淫悳；「女」其用丝；「女」忠乃壽，此句何不用「女」而用「乃」？且「乃」釋「女」，以受「有」訓「痡」之影響；而「有」之訓「痡」，又因「烈疾」被及。審彝銘以「有」為「痡」，僅此一見，經傳俱無徵。本銘之「乃有」、「勿有」訓有無之「有」，於文義皆能通暢無滯，何取其難而汰其易耶？致詰屈逶迤，崢嶸突兀，茲不取。齊休者，爾雅釋言：「齊，壯也。」壯有盛義。又爾雅釋言：「休，慶也。」郭氏則以齊為齋，言「齊戒祝禱，均獲神麻」，因而「𤔲癒剌疾」，頗能自圓其說。而饒氏則在「齊休」斷句，而以「咊伐用𤔲剌疾」為句。今從郭氏「齋戒祝禱」之說。「乃有齊休祝成」者，蓋以其能念念不忘祖先（或王）垂訓之語，是以在齋戒祝禱之時，能獲祖先（或王）之庇蔭，得成休慶之景象也。

用𤔲剌𤸫者，𤔲即亂，治也。剌字與屭羌鐘（三代一·三二）：「武文□剌」之剌形同，在彝銘中，「剌」假為「列」或「烈」。𤸫，貞松遺文一·六釋為疾字，可从。管子小問：「凡牧民者，必知其疾」，注：「謂患苦也。」是「用𤔲列疾」者，蓋謂「用以治理眾民之所患苦，（使之共享休慶之福蔭也）。」

光之于聿，女其用丝者，經典均以肆為聿，甲骨金文則以丝為茲・周禮小胥：「凡縣鐘磬，半為堵，全為肆。」鄭注：「鐘磬編縣之，二八十六枚而在一簴，謂之堵。鐘一堵，磬一堵，謂之肆。」又左襄十一年傳：「歌鐘二肆及其鎛磬」，杜注：「縣鐘十六為一肆。」觀齇公牼鐘：「龢鐘二鍺」（三代一・四九），洹子孟姜壺：「鼓鐘一銉」（三代・十二・卅三・四）知杜注較確。唯鐘不必定為十六枚為一肆，蓋歷來出土及近代地下發見之樂器，均與十六枚為一肆之說不符（註18）。「光之于聿，女其用茲」者，猶言作鐘若干枚以光紀其事，汝及後人將永保用之也。

女𢘓乃壽，由𦙶康樂者，𢘓字為安之省文。國差𦉜安字作㑞（三代十八・十七），陳猷釜安字作㑞（三代・十八・二三），此省偏旁宀或广也。由，饒言即惟字，李氏訓由讀為惠，順也。𦙶字右半殘泐過甚，郭疑為「逸」字。竊以𦙶之偏旁與前文「用𦙶列疾」之𦙶形同，或即「疾」字。爾雅釋詁：「康，安也。」又云：「康，樂也。」女安乃壽，由（疾）康樂者，言女安和長壽，苦患亦治理成安康陶樂也。

勿有不義訨，之于不啻。隹王命者，義，字形與沇兒鐘（三代一・五三），郐王義楚耑（三代・十四・五五）同。訨，玉篇：「訨，安也，謀也。」之，郭解為至；啻，解為適，猶言「至于不適」。饒釋不啻為不止。金文編二・二一以為適字古不从辵，故以郭說較切。「隹王命」總結「王曰」之文，猶「惟遵王命」之意。

元頌乃𢡟，子孫永保者，說文：「頌，內頭水中，从頁𠬝。」

頌當是沒之異體。爾雅釋詁：「蠠沒，勉也。」郭氏言「元頌」即蠠沒，猶言黽勉。言勉勵汝之品德，使子孫永保勿墜也。

者沪編鐘，體近鳥書，直畫又每每增點，其細柔秀美之處，較諸鳥書，各有擅長，蓋戰國南方越國之器(註19)。

四、著錄：

1.金匱論古複製照片，饒著所定第一組拓本（1、2、3、4、5、6、7、8）同。

五、註：

1.者沪鐘見于著錄者凡四器，俱載大系圖錄越器項內，即圖247至249，錄編159至164。

(甲)見周金一、四五；貞松一，六；善齋樂器錄一、一六；小校一、四七；三代一、四二上。歸黃縣丁氏、廬江劉氏。

(乙)見愙齋二，一五；周金一，四二；小校一，四六；三代一，三九下，四十上；書道第一卷，一〇二；劉燕庭舊藏。

(丙)見貞松補上，一；泉屋清賞圖一二二，又刪訂本一五〇，圖版三七；海外一三七；三代一，四〇下；現藏日本住友氏。

(丁)見攈古二之三，二五；從古一三，六；奇觚九，九；愙齋二，十六；綴遺二，三〇；周金一，四四；泉屋別圖八解一二；海外一三八；小校四，七八；三代一、四一上下；現歸日本住友氏。

餘八器為日人日比毅舊藏，後歸東畑謙三；水野清一教授手拓，遺陳仁濤者，故凡十二器。

2. 吳大澂、古籀補六十三頁已疑沔即泓之省，言者沔鐘為晚周之器。

3. 參見金匱論古綜合刊第一期七三—九三頁；本銘攷釋凡饒氏所說者悉出自此，不另作註。

4. 參見香港聯合書院學報一九七一年第九期五—三六頁；本銘攷釋凡李氏所言俱引自此，不另作註。

5. 參見考古學報一九五八年第一期。

6. 詳見越鐘吳鐘校讀五—六頁及八—九頁辨正。

7. 據饒氏、者沪編鐘銘釋；郭氏、兩攷及者汈鐘銘考釋；李氏、越鐘吳鐘校讀諸說。

8. 參見者沪編鐘銘釋七五頁。

9. 參見兩攷一五八頁。

10. 參見兩攷一五八頁。

11. 參見兩攷一五七頁。上海附冊七六頁及李氏均同。

12. 參見者沪編鐘銘釋七四—七五頁。

13. 參見者汈鐘銘考釋。

14. 參見古籀三補卷十一，三頁。

15. 詳見古音學發微六四九—七〇三頁；又一二一一二頁，黃侃、曾運乾、黃焯、葛毅卿、羅常培諸說。

16. 余化龍謂「孜」乃「戟」之初文，經典作干，乃捍之假借字，今作扞。書文侯之命：「扞我于艱」可證。見毛公鼎銘文通釋，遠東工專叢書之二。

17. 平心：者汈鐘銘考釋讀後記以「有讀痏，至碻。痏即爾雅釋詁訓病之痏。」；中華三輯九四頁。

18. 參見(1)鐘之述說。

19. 茲附者汈鐘上海拓本及郭氏、李氏摹本，以見其詳：

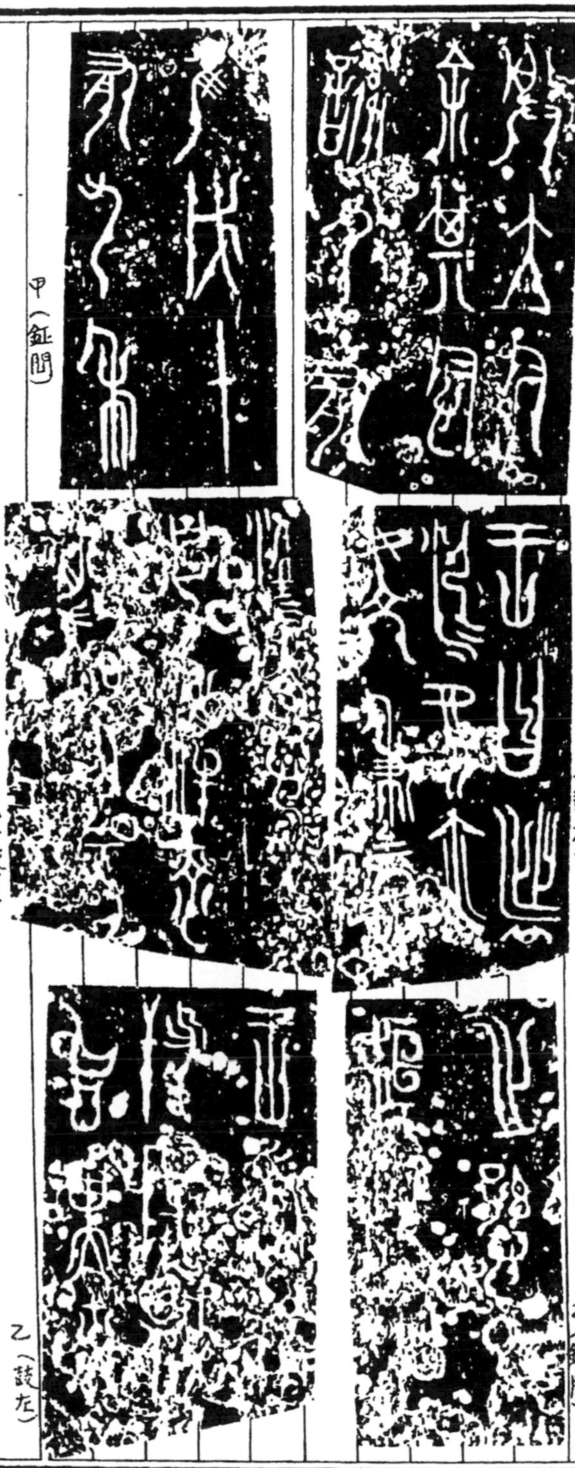
甲（鼓右）　甲（鉦間）　甲（鼓左）　乙（鼓右）　乙（鉦間）　乙（鼓左）

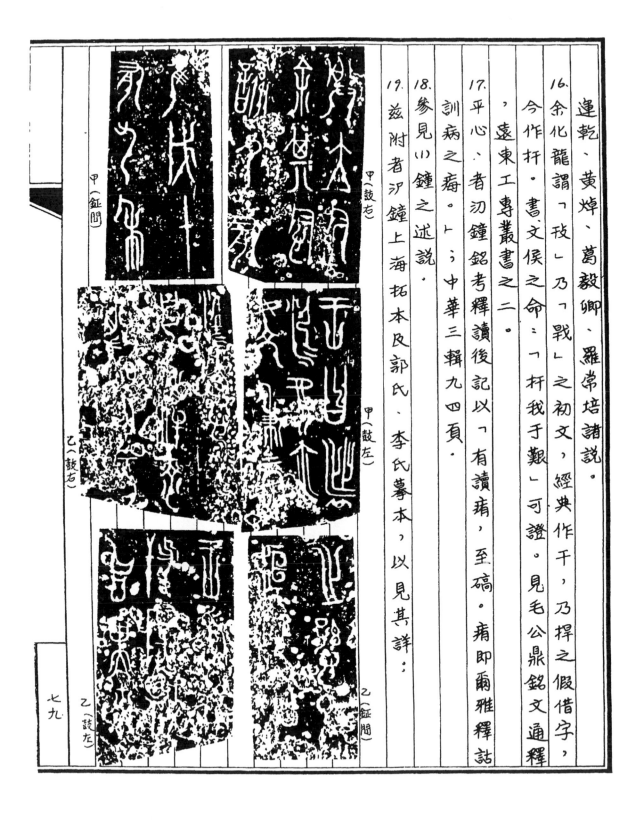

# 郭沫若摹：者汈鐘銘文

見考古學報一九五八年第一期。郭氏自云集十三鐘之殘文而成；今觀其作法，知略受饒氏摹本之影響。如第三行之泮字，沿饒說而以爲總字；第四行之[illegible]字，亦沿饒摹作[illegible]是也。一九七一年秋，校齋記。

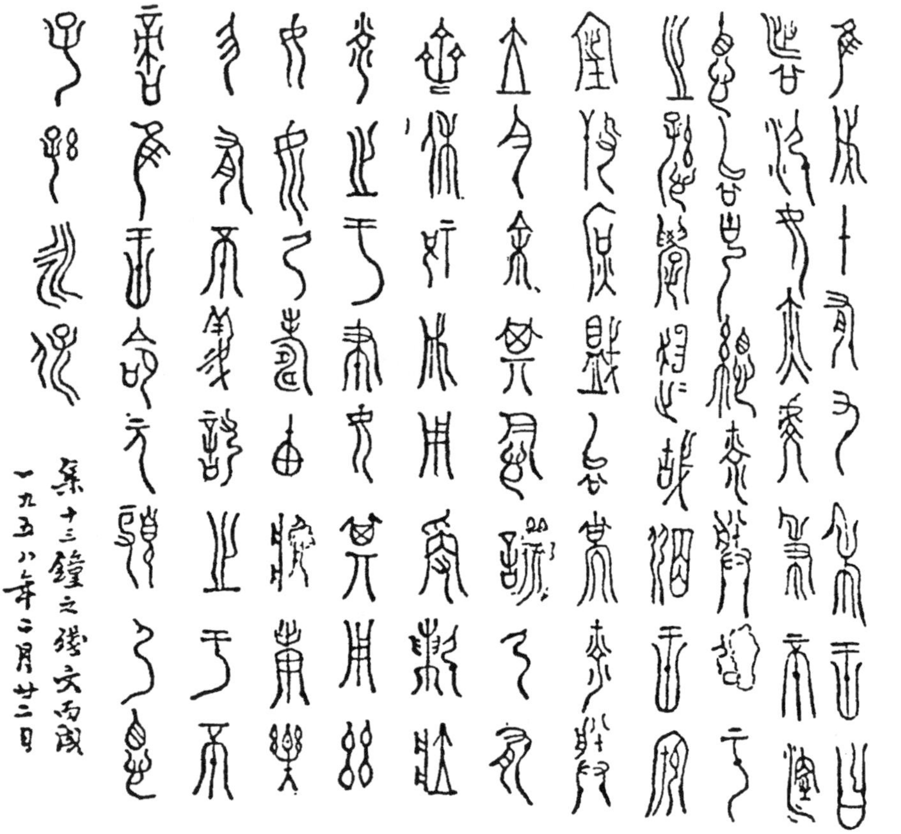

# 李棪摹：者沪鐘銘文

上海博物館藏青銅器（附册頁76）所載者沪鐘銘拓本，極精。鐘之正面四十九字（內重文一），除兩三字稍泐外，均筆畫玲瓏；予因據之摹錄。鐘之反面，殘泐；故予參集傳世各器，湊合而成，殊非原式矣。　按上海拓本，字體毀整；又往往於畫中增加小點，作裝飾用；雖較之越國他器作鳥書者爲簡化，當亦同出一源。一九七一年秋，棪齋記。

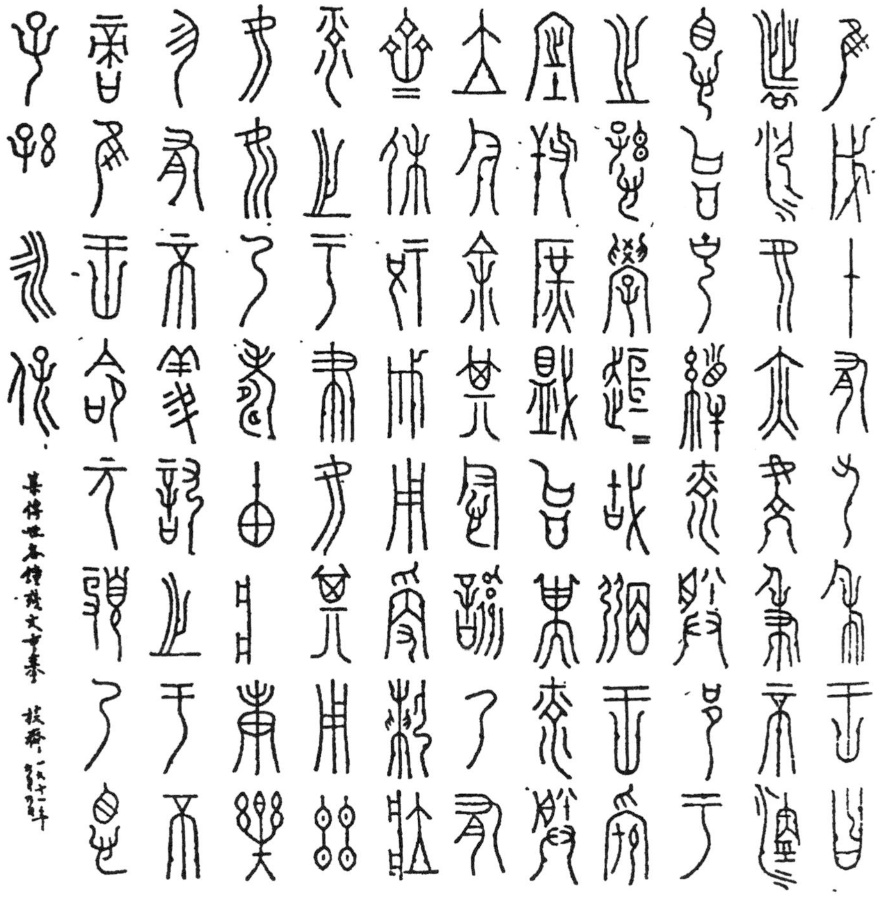

一、銘文：

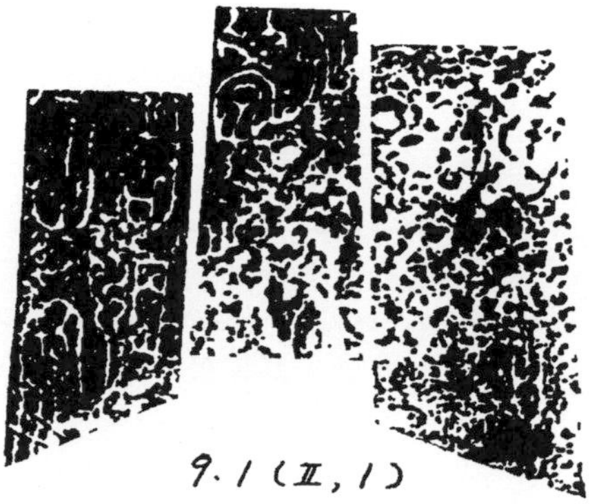

9.1 (Ⅱ, 1)

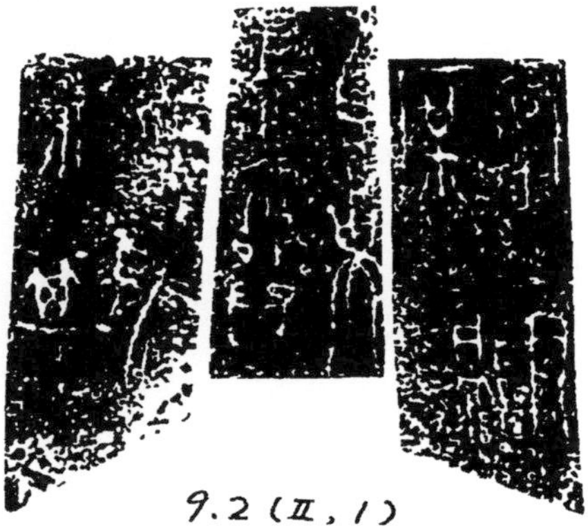

9.2 (Ⅱ, 1)

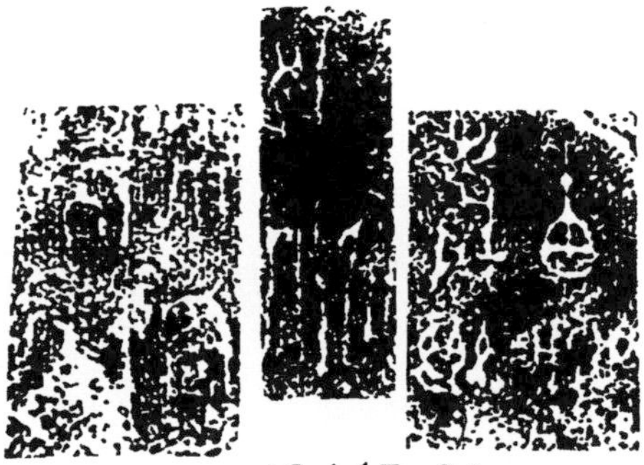

10.1 (Ⅱ, 2)

10.2 (Ⅱ, 2)

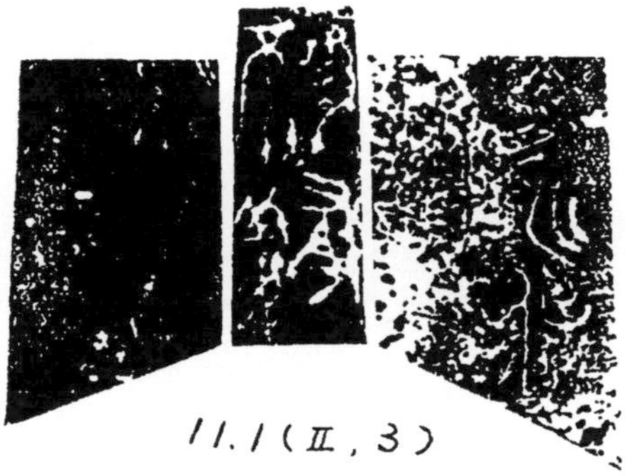

11.1 (Ⅱ, 3)

11.2 (Ⅱ, 3)

二、隸定：

之憼學，趄趄哉，弜王釶。室攼屖戲，台祇光朕立。今余其念諆，乃有齊休祝成，用爵剌疾，光之於聿。女其用茲，女忠乃壽，由䀛康樂，勿有不義訧，之于不啇，隹王命。元頌乃惪，子孫永保。

三、考釋：

此三鐘共六十八字，與三代一、四一編鐘合成全文。銘之考釋，詳見前005—008者沪編鐘，此略。

四、著錄：

1.金匱論古複製照片，饒著所定第二組拓本（1，2，3，4，5，6，7，8）同。

012 者沪編鐘三

一、銘文：

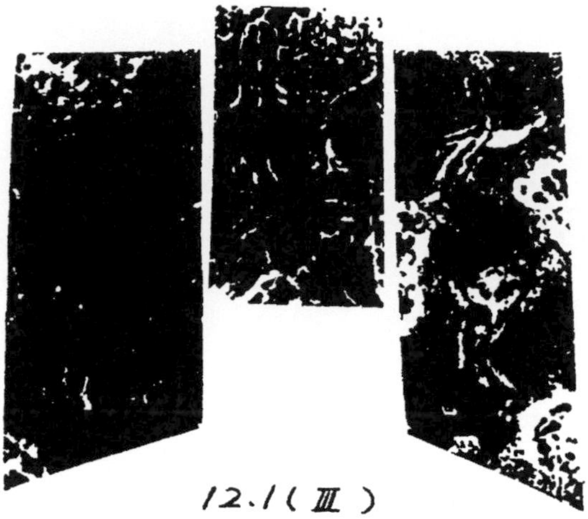

12.1（Ⅲ）

12.2（Ⅲ）

二、隸定：

勿有不義訧，之于不啇，隹王命。元頣乃恵，子孫永保。

三、考釋：

此編鐘與前二種編鐘傳同為昔年洛陽金村古墓出土。此器銘鉦間兩行，行二字；左右鼓各二行或一行，行均二字。可與金匱論古之複製照片相互參之，各有優劣。凡二十字。

一、銘文：

013 者沪編鐘

13.1（IV）

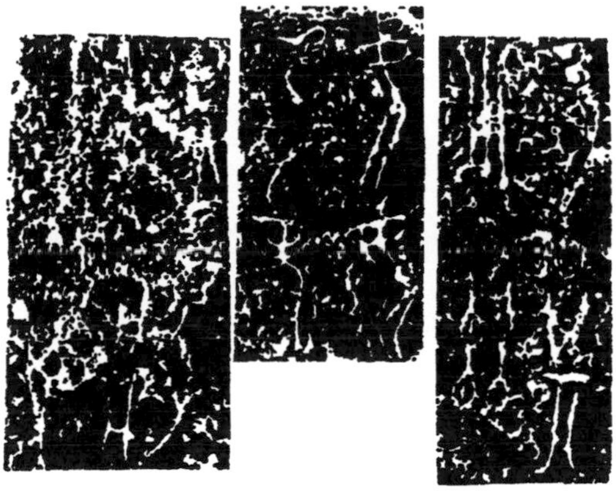


13.2（IV）

二、隸定：

用旨刺疾，光之于聿。女其用丝，女宋乃壽，叀[illegible]康樂，不義訊，之。

三、考釋：

此器鉦間兩行，行兩字；左右鼓各二行，行亦二字，共二十四字。唯鼓右兩行四字脫漏「勿有」二字。金匱論古綜合刊第一期載容庚所藏者沪鐘拓本殘頁，即此也。

第二章　食器

漢書酈食其傳云：「王者以民為天，民以食為天。」食本天性，洪範八政，食居其首。飲食祭祀，必有彝器，食器於焉產生。曰鼎，曰甗，曰鬲，用以烹飪；曰簋，曰敦，曰簠，曰盨，曰豆，曰盧，用以盛食；曰俎，以之切肉載牲；曰匕，用以取肉。今本書所著錄者，鼎八十六，甗七，鬲六；簋（一作毀）五十五，敦一，簠六，盨六；凡食器一六七器。

## 第一節　鼎

夫鼎之形制，鼓腹、兩耳，三足，其方者兩耳四足。銅鼎源自陶鼎（註一），殷商初期銅鼎迄今尚無所見，至中期而後始有，其名稱蓋據其自名而獲悉。唯鼎之名又有「鼎」、「鑊」、「饈」三類：

甲、鼎，正鼎也。亦曰䵼鼎、𪔁鼎。其用以升牲體入俎也。

乙、鑊，鑊鼎也。亦曰鬺鼎、䵹鼎。其用以烹煮牲體也。

丙、饈，饈鼎也。亦曰陪鼎、羞鼎、鉶鼎。其用以盛鉶芼也。

故鼓其腹以受物，虛其下以待爨，兩耳則貫鉉以舉之也。

鼎銘告在腹內近口處。唯楚王酓忎鼎（三代、四、十七）則蓋內蓋外，器外之口緣及腹帶均有銘。商鼎銘或僅一、二圖畫文字（有曰圖騰或族徽），或僅三、四字，至多不踰五十言(註2)；周之毛公鼎〈三代.四.四六〉則多至四九七字。

作鼎之故，有為己而作者，如趠亥鼎〈三代.三.四四〉。有為他人而作者，如考鼎〈三代.二.四二〉。有為祖而作者，如且己鼎〈三代.三.二一〉。有為父而作者，如趠父辛鼎〈三代.四.十六〉。有為祖與父作者，如閉碩鼎〈小校.二.七〇.四〉。有為母而作者，如田告方鼎〈三代.三.三〉。有為父母者，如白頵父鼎〈三代.四.二一〉。有為兄者，如季兄己鼎〈三代.三.九〉。有為媵婦者，如朋中鼎〈三代.三.二三〉。有用享考宗室而作者，如師器父鼎〈小校.三.八.三〉。有為饗王者，如衛鼎〈小校.三.八二〉。有為饗朋友者，如辛鼎〈錄遺.八九〉。有為饗賓客者，如郘王糧鼎〈小校.二.九八.二〉。有俘貝而作者，如穷鼎〈三代.四.一八〉。有俘金而作者，如師寏毀〈三代.九.二八—二九〉。有戰獲兵銅而作者，如禽志鼎〈三代.四.十七〉。有俘人而作者，如小盂鼎〈大系.三五〉。有錫貝而作者，如德鼎〈上海附冊.十九〉。有錫馬而作者，作冊大方鼎〈三代.四.二〇〉。有錫貝馬而作者，如麥鼎〈通考.上.二八四〉。有錫賓馬金而作者，如史頌鼎〈三代.四.二六〉。有錫帛金者，如禽鼎〈三代.四.二〉。有錫邑貝而作者，如呂鼎〈三代.四.二二〉。有錫魚而作者，如井鼎〈三代.四.十三〉。有錫臣而作者，如令鼎〈三代.四.二七〉。有錫邦司、夷司、人鬲、庶人而作者，如盂鼎〈上海附冊.二四〉。有錫鼎爵而作者，如史獸鼎〈故宮下下.六九〉。有錫弓矢者，如師湯父鼎〈故宮下下.七八〉。有錫玉馬矢者，如噩侯鼎〈三代.四.三二〉。有錫衣旂而作者，如康鼎〈三代.四.二五〉，善鼎〈三代.四.三六〉。有賞錫至多而作者，如師奎父鼎〈三代、四、三四〉，毛公鼎〈三代、四、四六〉。有為冊命而錫以作者，如此鼎〈陝西、一八〇－一八一，一九六〉。有為蔑曆而錫以作者，如鎗鼎〈三代、四、二三〉〈註3〉。鼎之大小，以六寸至八寸為多。有高至三尺餘者，如大克鼎〈上海附冊三八〉有小至口徑二寸五分，通耳高不及四寸者，如嬴霝德鼎〈三代、三、六〉。概無定制也。

014 口鼎

一、銘文：

14

二、隸定：

方

三、考釋：

口字又見於口己甗〈三代、五、二十〉、口亣且己觶〈三代、十四、五十〉、及口簋〈續殷上三四〉諸銘。方濬益釋為囿垣形〈註4〉。柯昌濟謂或古回字〈註5〉。然二氏之說並無塙徵。于氏於錄遺序言曾云：「本書第十四號是口鼎……楊樹達先生初釋金文韋字所從之口為城（金文說二、四六韋父丁鼎跋），又釋契文田字所從之口為方（甲文說上二六釋田匚丙匸），釋方是對的。城子崖圖版拾陸，陶文口字兩見，是夏代後期的文字。說文謂匸讀若方，又「口，回也」，段注：「圍行而口廢矣。」口即方之初文。」(註6)口為方之初文，與〇（圓）相對。墨子經上：「方，柱隅四讙也。」(註7)又：「圜，一中同長也。」禮記投壺備列〇口之形，鄭注：「圜者擊鼙，方者擊鼓」，釋文：「〇，圜鼙；口，方鼓。」故于氏釋「方」甚的。考衛字甲文作衛（藏一三三.二）、衛（後下二三.十六）、衛（戩四十.一）；金文作衛弓衛且乙爵（三代十六.二七）、衛衛爵（三代十五.九）、衛賢簋（愙齋九.七）諸形，中間形構或作「口」、「口」，或作「方」、「方」，「口」之四隅方正有角而「〇」迴圓無鋒，二字有別。故禮記儒行：「毀方而瓦合」，疏云：「方謂物之方正有圭角鋒鋩也。」廣雅釋詁一：「方，正也。」又考詩小雅出車：「王命南仲，往城于方。」傳云：「方，朔方，近玁狁之國也。」此或方族所作之禮器。

四 註：

1. 參見商周禮制中鼎之研究一頁。
2. 如安陽、戍嗣子鼎為廿八字；我方鼎為四十有二文是也。
3. 參見商周彝器通考下編二八三－三一〇頁；商周禮制中鼎之研究一書。
4. 參見綴遺卷二十三、二十二頁周垣重屋祖己觶。
5. 參見韡華三一五頁祖己觶。

6.參見錄遺序言一頁。

7.讙應讀作觀，或改為雒為雜並誤，說詳墨子新證。

一、銘文：

015 ○鼎

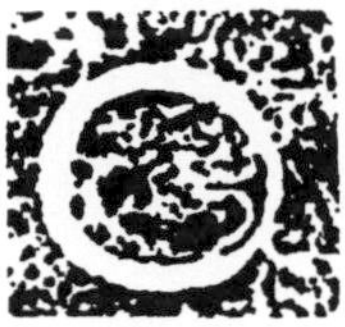

15

二、隸定：

圓

三、考釋：

高鴻縉曰：「○為意象字，本即方圓之初文，見商周金文錄遺第十五號鼎文。狀詞。後加鼎為意符，作鼎，言鼎之口正為圓形也。後又省從貝作。說文：『員，物數也。從貝○聲。鼎，籀文從鼎。王權切』足見方員之員，又借用為物數名詞。於是後人加口為形符，作圓以還其原。說文：『圓，圜全也。從口員聲，讀若員，王問切』字雖不見經傳，而文字偏旁有之，如園、圓等字從之得意；韋、袁等字從之得音。○字又借用為圍繞之意，動詞。說文『圍，守也。從○韋聲。羽非切』非是。○又用借意以造字也。」(註1)

高田忠周(註2)、于省吾(註3)說皆同。

按甲文日字有作正圓之形者，若□(前一.五.六)、◇(戩.四七.五)(註4)之例。然「先哲以口○製造在前，恐日作圓形與○相混，故改作正方形，又於形內注一小橫直之符號者，乃求別於口。」(註5)故金文日作⊙日癸簋(錄遺一四三)者，圖其共相；作⊖旅鼎(三代四.三)、日作冊魖卣(錄遺二七八)、⊙縣妃簋(三代六.五五)、⊖樂書缶(錄遺五四)、⊖吉日壬午劍(錄遺六○一)者，畫其殊相，而○、⊙本是有別。或以為丁之初文(註6)，然丁於甲文作□(拾三.二)、○(前一.三三.四)、○(後上.一九.六)、○(前六.八.七)、●(後下.六.二)；金文作●虢季子白盤(三代.十七.十九)、●我鼎(三代四.二一.十四.三)、●國差鑰(三代十八.十七)、▼邾鐘(三代一.五四)、◉冉且丁尊(三代十一.六)、○盂卣(三代十三.三三)、日者減鐘(三代一.四五)諸形，既非「渾圓之物」(註7)，率皆填實，是以于氏云：「第十五號○鼎，○字形較大，或非丁字。」又云：「金文辟、璧二字以○為形符，金文員、睘、寰三字以○為聲符，○即圓之初文。」(註8)說殆可從。此或圓族所作之禮器。

四、註：

1. 參見字例三篇六四頁。
2. 參見古籀篇二十三第一頁；又九十九第四二頁。
3. 參見錄遺序言一頁。
4. 羅振玉曰：「日體正圓，卜辭中諸形或多角形、或正方形者，非日象如此，由刀筆能為方不能為圓故也。」參見增考中、五頁上。
5. 參見葉玉森、說契一頁上。

6.葉玉森云：「口、○並契文丁字初文。或以為方圓，契文亦假口為日，但辭中罕見。」見說契一頁。亦可知圓、日、丁三字易混也。

7.參見說文六下口部圓字段氏注。

8.參見錄遺序言一頁。

016 囝鼎

一、銘文：

16

二、隸定：

囝

三、考釋：

銘又見囝父辛簋〈三代六、二七〉、囝父辛爵〈三代十六、十七〉、囝爵〈三代十五、一〉諸器。吳式芬（註1）、吳大澂（註2）、劉心源（註3）、馬叙倫（註4）諸家皆釋「囝」字。高田忠周疑為囚字（註5），非允。唐、顧況、哀子詩云：「郎罷別囝，吾悔生汝。」自注：「閩俗呼子為囝。」集韻說同（註6）。李孝定以圍、圃、囚、困、圂諸字皆有範圍環繞意（註7）。竊以此銘从口从子。子象小兒襁褓之形；从口，象門之四方，上楣下閾，左右為棖之形。象子不出梱門之外，示其小也。義與子同，今子行而囝廢，唯閩俗尚存古風，及唐武后以囝為月（註8），則字又別為二義。此乃囝族所作之禮器。

四、註：

1. 參見攈古卷一之一、十一頁子爵。
2. 參見愙齋二十二冊十二頁囝字爵。
3. 參見奇觚卷七、五頁囝爵。
4. 參見刻詞十三頁子爵。
5. 參見古籀篇十九第二五頁。
6. 集韻亦言閩人呼兒曰囝，音蹇。
7. 參見甲文集釋第六，二一一三－二一二六頁。
8. 參見通志六書略。

## 017 可鼎

一、銘文：

17

二、隸定：

耴（聝）

三、考釋：

是銘，李孝定言字从戈从[illegible]，殆不可識(註1)。周法高釋為聝，从戈从耳(註2)。柯昌濟亦疑即「馘」之省文，言所俘獲者，如他器所云俘金之類(註3)。案說文十二上耳部云：「聝，軍戰斷耳也。春秋傳曰：㠯為俘聝。从耳或聲。馘，聝或从首。」段注云：「大雅：攸馘安安。傳曰：馘，獲也。不服者殺，而獻其左耳，曰馘。魯頌：在泮獻聝。箋云：馘，所格者之左耳。」(註4)是銘从耳从戈，以會軍戰用戈斷耳之義，當如周氏所釋，即「聝」之初文。此銘殆為聝族所作之禮器。

四、註：

1. 參見金詁附錄(二)一一二二頁。
2. 參見金詁附錄(二)一一二二頁。
3. 參見韡華七七五頁仲兒盤。
4. 參見說文十二上耳部聝字段注。

## 018—019 鼎

一、銘文：

18

19

二、隸定：

圍

三、考釋：

銘單文隻字，李孝定疑為「圍」之古文(註1)，是也。考甲文韋作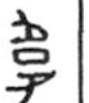〈藏一六九．三〉、〈藏二三四〉、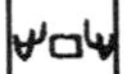〈前五．四七．一〉、〈後下．十八．二〉、〈戩四十．四〉諸形；金文作黃韋俞父盤〈三代十七．十三〉、韋鼎〈三代三．二〉，圍則作庚壺〈錄遺二三二〉，乃从口从二止相背之形。口者，為象俯視初民穴居之穴形(註2)。止者；足跡也。足跡相背而馳，有違逆之義。故說文五下韋部云：「韋，相背也。从舛口聲。」按：舛小篆象一人之兩足；甲、金文則象二人或多人。字之二止隔口而上下，左右相距，而與本銘之二止比併之形有別，復考說文六下口部云：「圍，守也。从口韋聲。」是銘作口內併二止之形，蓋示其守穴而不出。易略例云：「是故範圍天

地之化而不過。」㗊字从口，內併二止，殆即此義也，乃「圍」之初文。此用為作器人名或氏族之稱。

四、註：

1、參見金詁附錄(二)九〇四頁。

2、參見半坡遺址綜述圖版叁、肆、伍；又七一—二一頁。

020 品鼎

一、銘文：

20

二、隸定：

正

三、考釋：

正字於甲文作品〈藏三·三〉、品〈藏一〇三·二〉形，彝銘若正父癸尊〈三代十一·十五〉、正龍母尊〈三代十一·十九〉之正，皆與甲文同。羅振玉以卜辭文例：「貞我弗獲正邑囨」，「昔甲辰方正于蚊」，「告曰土方正我東啚」，而釋為正字〈註1〉。金祥恆先生然其說」云：「口者，即城郭所从之墻圍；而品正象人足巡行攻城之形。」〈註2〉說並是也。阮元則以兩手奉器，所以承祭說之〈註3〉。嚴氏一萍言釋圍釋征均無不可，而品乃圍之本字，而非借字。綜合卜辭用品之辭，未見有違背之義，蓋與韋絕然兩字也(註4)。周法高則自語法，詞性，並據陳夢家說，以品乃撥亂之撥(註5)，謂即說文之址，而非正字(註6)。說並非是。字从兩止以征行方邑，或省作品。是鼎殆正族或名正者所作之器。

四、註：

1. 參見增考中六十三頁下。
2. 參見釋又吕出吕，載中國文字七冊一頁。
3. 參見積古卷五、二十五頁田彝。
4. 參見釋品組，載中國文字十五冊
5. 參見綜述六〇〇頁。
6. 參見零釋七十七頁師旂鼎。

一、銘文：

021 品鼎

21

二、隸定：

正

三、考釋：

正字於甲文作[glyph]〈甲編六三八〉、[glyph]〈摭續四五一〉形，彝銘或作[glyph]〈三代十九、七〉形。屈翼鵬隸作[glyph]，疑即[glyph]之繁文〈註1〉，是也。嚴一萍釋為圍，言武乙時品增二止作[glyph]〈註2〉，恐非。楊樹達謂字从二止向之而進，二止入其方邑〈註3〉。故字有征伐、征服之義。說文二下辵部云：「延，正行也。从辵正聲。征，延或从彳。」正即征之初文，段注：「引申為征伐。」是銘殆為作器者之名或氏族之稱。

四、註：

1. 參見甲釋一〇一頁六三八片釋文
2. 參見釋[glyph]，載中國文字十五冊一八頁。
3. 參見小學四九—五〇頁釋正章。

一、銘文：

022—023 [glyph]鼎

22

23

二、隸定：

[glyph]

三、考釋：

⿴凵田字又見且己父辛卣（三代十三．九）、⿴凵田父癸鼎（三代二．三十）及⿴凵田鼎（三代二．七）諸器銘中，而諸家說解紛歧，徐同柏言為「幎」字，謂㠯巾覆物曰幎（註1）。方濬益釋作皿，謂字似器之有會者（註2）。劉心源謂為「卣」字（註3）。高田忠周隸作「彝」字，謂象盛器中內細切肉也（註4）。馬叙倫解為「盟」字（註5）。林義光謂所从之⿴凵田，乃「周」之變（註6）。羅振玉言其象器（註7）。朱芳圃言象甑（註8）。顧鐵符言其可能為食器之會（鐺）（註9）。張日昇以會由毀蓋衍化而成，遂以「鐺」名。若鑄子叔黑臣簠之器蓋相同者是也（註10）。李孝定則據金文「會」作㑹（趩亥鼎三代三四四），所从之⿴凵田乃象器蓋相合之形，後以象形之意不顯，乃增「合」為偏旁（註11）。說並非是。魯實先先生以為囱之古文，謂字上為網格之物，下為直立之幹，象煙囱之形，當以煙囱為本義（註12）。審其形構，先生之說是也。「囱」乃「曾」之初文，今據是銘，知其為「曾」名者或「曾」族所作之禮器。

四、註：

1. 參見从古卷十三、二十四頁。
2. 參見綴遺卷十、三頁。又吳大澂、古籀補附錄十九頁說同。
3. 參見奇觚卷六、七頁祖己卣。
4. 參見古籀篇四十一第二九頁。又商承祚、古考四九－五〇頁；高鴻縉、字例五篇一五七頁說悉同。

5. 參見刻詞九〇頁盄卣。

6. 參見文源。

7. 參見丁戊稿二一頁辠氏詹作善會跋。

8. 參見釋叢一〇四丨一〇五頁會。

9. 參見有關信陽楚墓銅器的幾個問題。載文參一九五八年第一期六頁。

10. 參見金詁卷八、三四一一二頁。

11. 參見金詁附錄(二)七五一頁。

12. 參見殷契新詮釋囟；又王讚源、周金文釋例、曾季鼎五五丨六〇頁。

一、銘文：

024 宁鼎

24

二、隸定：

宁

三、考釋：

宁字甲文作□〈藏六二·一〉、□〈甲一·十四·二〉、□〈戩二三·三〉諸形，羅振玉說解為「象形，上下及兩旁有楮柱，中空可貯物。」〈註1〉考說文十四下宁部云：「宁，辨積物也。象形。」小篆作□形，與甲、金文宁字形相類，以金文「宁」字正象器中有分隔，內有貯物之形，外加附耳，以便提挈。郭沫若釋作干鹵字，象圖楯之形而上有文飾也〈註2〉。恐非。宁在此與錄遺五〇三、五一五兩器銘俱用為人名或氏族之稱。

四、註：

1. 參見增考中十二頁下。
2. 參見金攷一九八頁釋干鹵。

一、銘文：

025 倉鼎

25

二、隸定：

考甲文有□〈藏一〇〇·四〉、□〈前四·四四·六〉、□〈前七·三一·四〉、□〈卜通別二·八·八〉諸形，彝銘作□〈弔倉父盨 三代十·二七〉、□〈歔鐘 三代一·六五〉，古鉨作倉□〈註1〉形，而釋解多家異說紛陳。孫詒讓釋為庸(註2)。王國維初釋鄘(註3)，後改釋作「舍」(註4)。丁山言象帷幕交覆中施皇邸之形，㫃正象後版屏風之形，⊟則象帷幕在地施展於上之形，當即「冢」之初文(註5)。郭沫若言字作䈪，象下器上蓋，中从五聲，亦名匡(即㝉之古文)，是鋁即「匡」之古文，象下器上蓋而從爿聲也(註6)。唐蘭言㝉象爿在⊟中，⊟為合字，象盒之形，ㅂ是筥盧之形，爿者，俎案之屬，與會、倉同意。說文牄為其䕽乳字也(註7)。而吳式芬則以為即「命」字(註8)。林義光釋倉，从亼ㅂ象有重垣，日象中有列室形(註9)。馬敘倫言其象漢陶明器之囷(註10)。朱芳圃謂為匼之本字(註11)。說並非是。李孝定據西安徐家灣漢墓出土陶器中之綠釉陶倉(註12)作𠓛，言倉本一小型容器，引申為貯物建築之「倉」也(註13)。其說近之。魯實先先生言其上體之亼，象其覆蓋，日日回象藏穀之容，下體之ㅂㅁ象其下基。構形與舍、亯同意(註14)。其說甚確。說文五下倉部云：「倉，穀藏也。蒼黃取而藏之，故謂之倉。从食省，口象倉形。仺，奇字倉。」許氏說解純據篆文而言，殆非。字於卜辭或用為侯國之名，若「貞今口口从倉侯虎伐𢦏方受㞢又」〈前四.四四.四〉，「口貞令旃从倉侯寶口」〈前七.三.一〉，「貞令倉侯歸」〈徵.人名四九及五○〉，「辛巳卜㱿貞，王甶倉伐口受口」〈戩.十三.五〉。左哀四年傳：「蠻子赤奔晉陰地，司馬起豐析與狄戎，以臨上雒，左師軍于菟和，右師軍于倉野。」倉野在今陝西南境，去殷都不遠，卜辭之「倉」，或即倉野。此或為倉族所作之禮器。

四、註：

1. 參見說文古籀補卷五。
2. 參見舉例下三六頁。
3. 參見戳考廿六－廿七頁。
4. 參見毛公鼎釋文三頁下。
5. 參見釋叵，載集刊一本二分二四七－二四九頁。
6. 參見卜通一一三頁下。
7. 參見天壤文釋六十二頁。
8. 參見攈古卷一之三，六十四頁叔倉父盨。
9. 參見文源。
10. 參見六書疏證一〇四八頁。
11. 參見釋叢一〇五頁、倉。
12. 參見文參一九五六年第九期封底裡頁。
13. 參見甲文集釋第五、一七九二頁。
14. 參見說文正補釋倉。八頁。

026 [?]鼎

一、銘文：

26

二、隸定：

貭

三、考釋：

此銘金文僅一見，所从之「⿴」或疑為貝（註1）。考甲文「斤」作㇆（前八、七、一）形，字之所从，與之相近，是字形構當从貝斤作「貭」，疑為「質」之初文，本从一「斤」，其後至侯馬盟書作質，詛楚文作𧸖，精白鏡作質，昭明鏡作質，說文小篆作質形，則从二斤作「質」；說文六下貝部云：「質，以物相贅，从貝从所聲（註2）。」字从重斤，又疊畾於貝上，自有「以物相贅」之義在焉。或釋為嬰字（註3）。考嬰本象人頸飾串貝之形（註4）。其說疑非。斯銘乃作器人名或氏族之稱。

四、註：

1. 參見金詁附錄(二)一〇五一頁。
2. 此从韻會引說文。
3. 參見王永誠、先考五七六頁。

4參見本書三九、二三三、三一四、四○九、五六七諸器考釋。

## 027 羌鼎

一、銘文：

27

二、隸定：

羌

三、考釋：

是銘為他器所未見，字从大（人），頭上兩角飄搖，為「羌」之圖形文字，亦即羌族之圖騰，說文四上羊部云：「羌，西戎，牧羊人也。从人从羊，羊亦聲。」（註1）而本銘上象人首冠以羊角，下象人四肢侈張之形，與許書說解「羌」之形構相合，知其為「羌」之圖形文字。字殆作器人名或族稱。

四、註：

1.所引說解據宋本說文解字，段注改作「羌，西戎，羊種也。从羊儿，羊亦聲。」（一四上，頁三十五－六）茲不取焉。

# 028 守⿱冊寸鼎

一、銘文：

28

二、隸定：

守⿱冊寸

三、考釋：

是銘乃「守⿱冊寸」二字合文。「守」字於彝銘作（守觚〈三代·十四·十八〉）、（守婦觶〈三代·十四·三六〉）、（冊守父乙觚〈三代·十四·二八〉）、（守冊父乙爵〈三代·十六·三十〉）、（守宮卣〈三代·十三·十一〉）諸形，或从寸，或从又，古文字偏旁中，从又與寸可通。殆係國名或官稱。左昭二十年傳：「山林之木，衡鹿守之；澤之萑蒲，舟鮫守之。」守者，官守也。「⿱冊寸」字說詳本文第三一八器⿱冊寸觚考釋，殆係人名。徐同柏（註1），方濬益（註2）謂「主而不失謂之守」，似有未允。「守⿱冊寸」乃守族或守官名⿱冊寸者所作之禮器。

四、註：

1. 參見从古卷一、一〇頁。

2. 參見綴遺卷十六、二七頁守觚。

一、銘文：

029 ⊛鼎

29

二、隸定：

輪

三、考釋：

是銘錄遺凡收有二九、二九六、三七九、四七九、四器，蓋象車輪有輻之形，當即「輪」之古象形文。唐蘭言⊛為輪形，與甲、金文之車輪作⊞形者相近（註1）。說文十四上車部云：「輪，有輻曰輪，無輻曰輇。从車侖聲。」从車侖聲之「輪」乃後起形聲字。輪制輻為三十（註2），故老子十一章云：「三十輻共一轂，當其無，有車之用。」淮南子、說林篇：「轂立三十輻，各盡其力，不得相害。」金文之輪，或五輻，或六輻，或八輻，而車方彝（錄遺五〇五）之輪作⊕，買車卣（錄遺二四三）作⊗，買車觚（錄遺三三）作⊛（註3），亦未必為三十輻，或以書寫不便；或因製作日精，器用轉密，且象形文字取其簡省，未必與事實相符。戰國戰跡鑑所鐫之輪亦作⊛（註4）形。魯實先先生言此皆為輪氏所作之器，其先蓋因夏之綸邑而受氏(註5)。彝器別有綸白卣(三代、十三、十七)，當為⊗(輪)氏之後(註6)。

四、註：

1. ⊗字參見安特生、甘肅考古記、辛店期陶甕上，唯其誤作花紋。

2. 參見說文十四上車部輪字段注。

3. 參見日人坂津七三郎所著「埃漢文字同源考」中，著錄車形作⊗，其輪亦作⊗，可參見衛聚賢、文字學七七頁。

4. 參見中央研究院歷史語言研究所考古組藏器。

5 綸邑見左哀元年傳。

6. 參見假借遡原二三九頁。

030 叟鼎

一、銘文：

30

二、隸定：

叟

三、考釋：

甲文有作□〈拾八.五〉、□〈前二.二八.二〉、□〈後上九.三〉、□〈菁十一.十九〉形者，葉玉森謂即「擊」字，象兩手引臣俘虜也，即「牽」之本誼，擊、牽古今字（註1）。孫海波說同（註2）。高田忠周則據說文𠬪讀若詩摽有梅之摽，言為「瞟」之古文（註3）。說並非是。郭沫若又據曼龏父盨〈三代十.三九〉作□形，而主□為「曼」之初文，象以兩手張目形，楚辭哀郢：「曼余目以流觀兮」，殆用其本義（註4）。其說可从。說文三下又部：「曼，引也。从又冒聲。」此為引申義。卜辭或以「曼」為人名，若「曼入二」〈拾八.五〉，「丙戌卜爭貞，曼不作嬰古口事」〈前六.十八.二〉，「乙丑卜，王于曼告」〈後上九.三〉、「貞王夢隹曼」〈乙七三五七〉，即是其例。則此亦曼方或曼族所作之禮器。

四、註：

1. 參見前釋二卷五十一頁下。
2. 參見文錄九頁二六行。
3. 參見古籀篇四十七第七頁。
4. 參見卜通一五四頁下七二六片釋文。

## 031 葡鼎

一、銘文：

31

二、隸定：

箙

三、考釋：

甲骨卜辭有[illegible]〈藏二·四〉、[illegible]〈前五·九·六〉、[illegible]〈戩四·十三〉諸形，彝銘作[illegible]〈隹父乙簋 三代六·四〉、[illegible]〈且乙卣 三代十三·四六〉形。羅振玉言其字本象矢箙形，中或盛一矢、二矢、三矢〈註1〉。其說是也。考甲、金文之形構，悉象矢箙之形。說文五上竹部云：「箙，弩矢箙也。从竹服聲。」是乃後起形聲字。現存最古箙之遺物，為江陵沙塚一號墓所出土〈附圖一〉。而長沙左家公山一五號墓出土之箙，則可窺箙之全貌〈附圖二〉〈註2〉。然吳闓生以雙矢有架，蓋為栖矢器之族字〈註3〉。方濬益言為承笴齊矢之楯字〈註4〉。馬叙倫謂即說文之函字，亦即箙字〈註5〉。或言為「矢」之繁文，增其方郭〈註6〉。說皆恐非。是銘乃作器之人名或氏族之稱，柯昌濟言其「紀賞賜之事，其事如周代彝器銘所謂錫簟弼魚葡之事。」(註7)其說亦或未允。

圖四五四　木製の韘の下部　春秋後期後半　江陵沙塚一號墓

（附圖一）

圖四五五
韘　戰國中期後半　長沙左家公山十五號墓　約1/1

（附圖二）

四、註：

1、參見增考中四十五頁。

2、參見林巳奈夫、中国殷周時代の武器第九章三七六頁。

3、參見積古卷二、六頁子父己爵。

4、參見綴遺卷九、十八頁。

5、參見刻詞七八頁父己爵。

6參見說文正補五〇頁。

7.參見韓華九五頁。

一、銘文：

032 □鼎

32

二、隸定：

□

三、考釋：

此銘迄今僅一見，審其形構，為象戈形，其下有鐏座。此用為作器人名或氏族之稱。

一、銘文：

033 杒鼎

33

二、隸定：

杒

三、考釋：

銘又見杒盧（三代·六·四）作形，李孝定隸作「析」字，言「从木，右一文似刀，然與刀字微異，當為斤之初文，金文斤作，應即之省變。」（註1）然縱觀甲、金文，斤字未有作如是形者。于省吾云：「近年安陽出土商代之刀，刀背及刀之兩面，每有縱橫陽文線，其花紋成正方形或邪方形。……刀字父辛卣作，杒毁杒字从刀作，予所藏父己尊有字，左右均象刀形，父辛爵有字，正爵有字，均象以手持刀之形。」（註2）此銘所从刀，與于氏所舉之刀形相同，內廓作點狀者，乃其花文也（註3）。字當从木从刀，為會意字。於此為作器人名或氏族之稱。

四、註：

1、參見金詁附錄（二）一〇四九頁。

2、參見駢枝二〇—二一頁釋昱。

3、刀形可參見殷代刻字刀的推測，載聯合書院學報第六期。

034 鼎

一、銘文：

34

二、隸定：

須

三、考釋：

是銘甲文作〈摭續一九〇〉，李孝定言「象人頰上須髯之形，……疑亦須字。」(註1)是也。郭沫若謂乃「[illegible]」之初文象形，其人口鼻向上，古以為巫，是祝字从之(註2)。似欠允當。而四小橫點，其義晦如。字於此為人名或氏族之稱。或云象人首被髮之狀(註3)，未允。

四、註：

1. 參見金詁附錄(二)一六四頁。
2. 參見安陽新出土的牛胛骨及其刻辭，載考古一九七二年二期七頁。
3. 參見魯實先、假借遡原二三八頁；又殷契新詮、釋髮。

035 ⿰弓𦎧鼎

一、銘文：

35

二、隸定：

⿰弓𦎧

三、考釋：

本字契文未見，彝銘又見於⿰弓𦎧父丁鼎（三代二四七）、⿰弓𦎧父丁爵（三代十六二九）、⿰弓𦎧父己鼎（三代二四七）、作𠬝公鼎（三代三十）諸器。舊釋為弓形中屋形丫（註1）。馬敘倫隸定為「⿰弓𦎧」；言以丹青畫弓，丹青者，顏色之本字，古代庶人用弓，蓋皆不加丹青，故有功則賜彤弓、彤矢，此⿰弓𦎧。即彤弓，而作器者殆受彤弓之賜，或以畫弓為業者與（註2）。考說文十二下弓部云：「⿰弓𦎧，畫弓也。从弓𦎧聲。」馬氏釋為「⿰弓𦎧」字可从。字或作「弴」，或假「敦」為之。故詩大雅行葦：「敦弓既堅」，傳曰：「敦弓，畫弓。天子敦弓。」廣韻云：「弴，天子弓也。說文曰：畫弓也。詩又作敦。」（下平三蕭）又云：「天子弴弓」（上平廿三魂）馬氏以彤弓說之，似未允當。周法高先生又以「弓𦎧」二字視之，言為弓形中𦎧（註3），恐非。字殆用為人名或氏族之稱。

四、著錄：

1. 中國圖符六九。

2. 皮斯百 NO.2、pl 2、註3，藏皮斯百 37.431. BC. 1571。

五、註：

1 參見吳大澂、愙齋第三冊六頁。

2 參見刻詞七六－七七頁父丁鼎。

3. 參見三代吉金文存補卷一、四頁。

036 子戊鼎

一、銘文：

36

二、隸定：

子戊

三、考釋：

子象幼兒在襁褓之中（註1），兩手舞動，上象其頭之形（註2）。

戊於甲文作□〈藏.十七.四〉、□〈藏.二四五.一〉、□〈餘.八.二〉、□〈前.一.七.三〉、□〈前.一.三三.五〉、□〈前.三.十二〉、□〈甲.二.一七〉、□〈甲.一.十.五〉形；金文作□司母戊鼎〈錄遺五○〉、□戊寅鼎〈三代三.三七〉、□父戊盤〈三代.六.七〉、□且戊尊〈三代.十一.十四〉、□史樹壺〈三代.十二.三八〉、□鑄肯鼎〈三代.十.八〉形。吳其昌以戊為斧形（註3）。劉心源言戊即「戉」之古文（註4）。高田忠周以戊為古文「茂」（註5）。朱芳圃釋為「劉」之初文(註6)。陳邦福則株守陰陽五行成說(註7)。諸說恐非。郭沫若以戊象斧鉞之形，蓋即戚之古文(註8)。葉玉森則以左傳：「戚戊秬鬯，文公受之。」(昭十五年)言戚、戊為二物(註9)二者之別，張日昇嘗作解析，昭然若揭，其言：「劉心源謂戊即矛之古文，然矛為刺兵，與戊之橫刃不同，其說非是。朱芳圃謂字乃劉之初文，吳其昌謂戊義為斧，而高鴻縉則直謂為一字，金文及甲文中象兵器之文字而形易混者有四：戉、戊、戌、歲是也。

| | 戉 | 戊 | 戌 | 歲 |
|---|---|---|---|---|
| 甲骨文 |  | | | |
| 金文 |  | | | (成字所从) |

四字皆橫刃有柲，獨其刃之形制不同。戉刃呈圓形與柲密接。戊刃廣，兩端曲迴，似先繫於援端，然後接於柲，與勞榦所謂石鐮刃之所䈬略同。戌刃亦廣，有鋬納柲，與今之斧形似，戌之大於戊之，同為廣刃，故每易互混作，然兩者斷非一物，戉作月形，因以為聲。歲作半月形，與戉略似，然其兩端曲迴處彎度較大，且向內卷，而刃與柲間之距離較短，戉、戊、戌、歲亦非一物。」(註10)是「戊」為兵器有廣刃，字形正如其物形。此乃子方或子族名戊者所作之禮器。

四、註：

1.以其襁褓，故下但見一直畫或微曲不見兩脛。

2. 參見甲文集釋第十四、四三一二頁。
3. 參見金文名象疏證兵器篇；又高鴻縉字例二篇一五八頁說同。
4. 參見奇觚卷一、十六頁父戊鼎。
5. 參見古籀篇八十七第三頁。
6. 參見釋叢一七六—一七七頁戊。
7. 參見十幹形誼箋四頁下。
8. 參見甲研下冊釋干支十頁下。
9. 參見前釋一卷五十二頁下。
10. 參見金詁卷十四、八〇二二頁。

一、銘文：

37

38

037—038 子龏鼎一、二

二、隸定：

子龏

三、考釋：

契文「龏」字作□〈拾.六.四〉、□〈前.二.十三.六〉、□〈前.二.二五.六〉、□〈前.四.二九.三〉、□〈前.四.三十.二〉、□〈前.七.三一.四〉形，孫海波釋為龏（註1）。朱芳圃釋作龔（註之。李孝定則析表之，以韓、龏為古今字（註3）。李說是也。銘又作（子龏盉 錄遺三三）、（子龏鼎 錄遺三七）、（亞龏父辛尊 錄遺一九六）形，與甲文同。字於卜辭為地名，如：「辛未卜在龏，貞王今夕亡禍。」（前二、十三、六）「貞王于龏」（乙五四〇三）、「至龏」（佚、六七〇），然則於此銘乃子方或子族名龏者所作之禮器。

四、註：

1. 參見文編卷三、四頁上。

2. 參見文字編三卷四頁下。

3. 參見甲文集釋第三、七九七頁。

一、銘文：

39

039  鼎

二、隸定：

取倗

三、考釋：

銘之上字从二耳相背从又，即「取」之緐文。下象人頸飾貝朋成串之形，當為「倗」之圖形文字。李孝定以「取倗」釋之（註1）

，其說是也。

四、註：

1、參見金詁附錄(一)二二三頁。

040亞矣鼎

一、銘文：

40

二、隸定：

亞矣

三、考釋：

此鼎銘作「亞矣」二字。其形構或作亞矣，若亞矣鼎〈三代二.七〉、亞矣斝〈三代十三.四七〉、亞矣尊〈三代十一.三〉、亞矣觚〈三代十四.十九〉、亞矣簋〈三代六.五〉、亞矣盤〈三代十七.一〉諸器銘，或作矣亞，若矣亞作父乙爵〈三代十六.三三〉者是，而與本銘同者，又見於亞矣爵〈三代十五.十六〉、丁未角〈三代十六.四七〉二器。

夫亞字，說文十四下亞部云：「亞，醜也。象人局背之形。賈侍中說，以為次弟也。」溯宋以來，學者鮮用說文之釋形義，或釋亞為廟室(註1)；或謂亞乃古黻字，象兩己相背(註2)；或釋亞為輔庂二弓，象兩弓相背之形，乃古弼字(註3)。吳榮光則以亞為禮三年之喪：「盧巠室之中」之「巠」本字(註4)．林義光言亞當為「庌」之古文，廡也(註5)．馬叙倫謂亞為「家」之初文(註6)．丁山則謂亞固象區田一方，闕其四角之形，用以為內服之爵稱(註7)．高本漢言亞形乃「琮」形之圖繪(註8)．朱芳圃則釋亞為火塘之形(註9)．至若謂亞、押古通，亞如署名簽押之類(註10)；亞形不過如後人之刻印章加花邊(註11)；其族邦之名外之亞形匡郭，實為稱號之圖形化耳(註12)．唯王獻堂則以甲骨金文中，亞、行之別，僅口之開閉為異，又壼字从亞，爾雅釋宮云：「壼，宮中道．」亞音讀如「途」，古入魚部，故亞之初義乃象四出之道，殷代亦存亞形墓，內作四達之塗(註13)可證．而亞借為徒，訓為衆，其用於族徽者，或為一特殊身分之標記(註14)．漢斯福特(S. Howard Hansford)則謂亞形象殷代安陽陵墓之形，四面有墓道(註15)．周法高謂亞當讀為衢(隸舌根音群紐)，爾雅釋宮：「四達謂之衢．」亞字字形似之，並引說文六下口部訓壼為宮中道，象宮垣道上之形，以證亞為道塗之形不誣(註16)．是說文已不復明其本形初誼，釋解諸家亦聚論紛紜，莫衷一是．

細考亞形用法，或亞形與族徽合書，置於銘文之首或通篇之末；或二者分書；或僅作亞形，置諸銘文前後．若以署押、花邊、匡廓之說釋之，則釋解有時而窮，若：

## 貳　無亞形匡廓者(註17)

置於亞形中者（註18）

置於亞形下者（註19）

及亞且丁爵（三代十六．一）亞止雨鼎（錄遺五二）亞而丁鼎（錄遺五三）之「亞」，何以留白或為作器者之名，則滯礙而不得其解；若釋爵稱（註20），則下銘作

亞父乙盉（三代14、10下、3、4）

其医父己彝（三代6、27下、2）

乃無異屋上架屋，蓋異既為侯爵，是亞形非爵稱至顯；而釋轂、釋弻（註21）、釋匚田之形不方整者、釋琮之圖繪者，可無論矣。唯今殷墟尚未發現「亞」形之宗廟遺址，其西北岡王陵地區大墓中之亞形木室，雖係張顯貴族身分之表徵，其於亞字之初形本義，攸關若何，蓋難徵實，故置闕以俟考。

「医」字，西清古鑑釋「虔」；孫詒讓釋為「希」（註22）；吳榮光釋為「於」（註23）；潘祖蔭釋作「交甲」（註24）；吳大澂言象「燕」形（註25）；馬叙倫釋罘，為「伏」之本字（註26）；強運開以為古「矢」字（註27）；吳闓生以為「彘」字（註28）；柯昌濟則釋「疑」字（註29）；高田忠周進而謂為「擬」之古文(註30)。諸說恐非。方濬益云：「象人手有所執，疑大射儀司射搢扑之形也。」(註31)又云：「夨為人張口之形，與吳同意。」(註32)其說近之。王獻唐則言夨音讀疑，夨、吳本是一字，象人張口持棍之形(註33)；戴君仁則以吳象人正立之形，即儀禮、公食大夫禮：「賓立于階西，疑立」，注：「正立也，自定之皃。」之「疑」(註34)。竊謂王氏以夨為矣之古文，謂即唉之本字，其用為語已詞之「矣」，疑詞之「疑」，並假借也，說蓋可从。

「亞吳」者，蓋為亞方吳氏所作之禮器。

四、註：

1. 按：宋人若薛尚功．款識二六頁上云：「右鼎銘（虎父子）亞形內著虎象，凡如此者，皆為亞室。而亞室者，廟室也。廟之有室，如左氏所謂宗祏，而杜預以謂宗廟中藏主石室也。」殆以亞形為藏主之廟室；清人阮元．積古卷一、四頁下亞室父癸鼎則以廟室乃指宗廟；而以宗廟作「亞」形者，其說以王國維之明堂廟寢通考一文為代表，王氏據禮記月令、呂覽十二紀諸篇，並引西周金文為證，而推斷明堂作亞形，其宗廟制同明堂，其宗廟並有大室，大室四面，有廟之四宮，詳載觀堂集林卷三。唯宮、寢、室、家乃生人所居之地，而廟、宗、宗室蓋神主寄寓之所，於彝銘中，其動詞前者用「才」，後者則用「各」，故王氏所言，殆為宗室形制，而非廟制也。詳見丁彣．亞形銘文意義之推測，史繹第十期一〇二—一〇三頁．

2. 參見阮元．積古卷一．四頁下引錢獻之說．按：兩己相背之形即古雲紋之簡化，詳見屈萬里．釋黹屯一文，載集刊第三七本；又書傭論學集三三三—三五一頁．

3. 參見阮元．積古卷一、二頁上；又揅經室集卷一．釋黻．

4. 參見筠清卷二第五十二頁周父癸角．

5. 參見文源．

6. 參見刻詞十七頁亞叚解．

7. 參見氏族及制度四五及五一頁．

8. 參見 The Pillsbury Collection of Chinese Bronzes, PP 19-20.

9. 參見釋叢十六頁．亞．

10. 參見秦書八體原委．顧實說．

11. 參見青研．殷彝中圖形文字之一解一〇一—一一一頁．

12. 參見陳夢家．綜述五一〇—五一一頁．

13. 參見高去尋．殷代大墓的木室及其涵義之推測，載集刊第三十九本下；又石璋如編．小屯建築遺存，史語所中國考古報告集；又高去尋．安陽殷代皇室墓地，載台大考古人類學刊第十二、十三期合刊．

14. 參見黃縣㠱器八七頁．

15. 參見 The Seligman Collection of Oriental Art, Vol. I, 1957, PP. 45-48.

16. 參見金詁附錄(一)三一九｜三二○頁。

17. 參見古器物學研究專刊(一)圖版貳貳，貳參，殆侯家莊一○○一大墓出土之青銅盨，器上唯著「守」銘一字。

18. 參見中研院史語所．古器物學研究專刊(四)圖版柒，殆西北岡一一三三墓出土之銅鼎，銘「守」字在亞形內。

19. 參見阮元．積古卷一、四頁上。

20. 按：武英殿彝器圖錄引唐蘭說，據齇盨「諸侯大亞」，辛己彝之「王飲多亞」，鐵雲藏龜「多亞」，並引尚書牧誓、酒誥、立政及詩載芟之「亞」名，而釋「亞」與諸侯之稱相似，金文亞形，殆作器者自署爵稱。又于省吾．雙選下二、七頁下豐彝銘：「王飲多亞」釋文云：「多亞，亞次於侯，多亞猶侯之稱多侯。」

21. 阮氏引漢書韋賢傳．顏師古注：「朱紱，為朱裳畫為亞也。亞，古弗字也。」弗字从弓，故亞形為古「弻」字，亦即弗字。

22. 參見名原下、六頁，載孫籀廎先生集七五｜七八頁。

23. 參見筠清卷二第五十頁周於甗。

24. 參見攈古二冊三八頁於彝。

25. 參見愙齋七冊十四頁亞形燕字敢。

26. 參見刻詞十二頁哭爵。

27. 參見古籀三補卷五、第十頁。

28. 參見吉文卷四、第三〇頁风角。

29. 參見韡華二四五—二四六頁亞矣彝。

30. 參見古籀篇五十五第一二—一三頁。

31. 參見綴遺卷五、三十頁亞形執扑鼎。

32. 參見綴遺卷十六、九頁亞形持扑觚。

33. 參見黃縣㠱器八七—九五頁。

34. 參見跋秦權量銘，載中國文字第十四期；又梅園論學續集三五六—三五七頁。其言云：「殷契有𠤕，羅振玉考釋謂即疑字，象人仰首旁顧形，疑之象也。余意甲骨之𠤕，似即𠤕疑所从之𠤕，惟本義非疑惑，而當為儀禮疑立之疑。……此正象人正立之形，首不作正面形，嫌與天字重複耳。」

## 041 [冉][共]鼎

一、銘文：

41

二、隸定：

冉共

三、考釋：

「[冉]」字為殷代屢見之氏族名，周則尠有，殆為殷之大族。自宋人（註1）釋「舉」以來，清人因仍其舊，如阮元（註2）、曹奎（註3）是也。然錢獻之（註4）、劉心源（註5）則釋作「冓」。張廷濟言為「爯」字（註6）。吳大澂謂「同」為[冉]字之譌，蓋為酒器（註7）。高田忠周初釋為「𦥑」，後解為「冓」省（註8）。郭沫若言為「再」字，乃象器座之形（註9）。馬叙倫言為支物之架（註10）。李孝定則疑為「盧」之古文，即今之「鑪」字，上象器身，下象其足之形（註11）。諸說恐非。劉心源釋作「冉」字，說則近之（註12）。字蓋象稱錘之形，為「冉」之古文，「爯」之初文。於彝銘則有[冉]罍（三代.十一.四），[冉]簋（三代.六.四八），[冉]簋（三代.六.四五），皆為爯氏所作之器，从爪以示持權以衡（註13）。此「冉」用為方名或氏族之稱。

「[共]」字甲文作[共]（藏.二.二）、[共]（藏.九四.二）、[共]（拾.五.四）、[共]（前六.六六.二）、[共]

〈後下.三四.三〉、□〈後下三六.三〉、□〈戩.三七.二〉形；金文作□冉夫觶〈攈一之一.三六〉、□丁冉卣〈三代.十三.五六〉、□䡞卣〈三代.十三.三八〉、□冉命卣〈三代.十三.四四〉、□冉父丁觶〈三代.十四.五二〉、□冉父丙觶〈校五.九十〉、□作父乙簋〈三代.七.十五〉、□冉父丁鬲〈三代.五.十四〉形。孫詒讓釋「㚔」(註14)，又釋「羍」(註15)。葉玉森則釋為「昊」(註16)。吳榮光則解為「羨」(註17)。方濬益則以為蝙蝠之象形，釋「蝠」(註18)。郭沫若言□乃人名，酷肖魚脊骨之形，當是脊之初文(註19)。唐蘭則隸定作「屰」，蜥易形(註20)。李孝定言釋「屰」可从，字蓋象節足動物之形，故其足或六、或八、或十，可無定則(註21)。丁山謂「象昆蟲形，惟六足四翼之蜻蛉與此字最為形近……其音讀則若戚也。其地望當即春秋之戚。」(註22)審此字形體，蓋象頭、眼、足、軀、節肢、歧尾之昆蟲形，姑从李說，釋作「屰」。

四、註：

1. 參見薛尚功、薛氏卷五第五六頁父己舉
2. 參見積古卷一、三十頁舉己卣二器。
3. 參見懷米、商舉鼎。
4. 參見阮元、積古卷一、三十頁舉己卣及張廷濟、清儀一冊三頁商爵所引。
5. 參見奇觚卷七第十八頁。
6. 參見清儀一冊三頁商爵。
7. 參見字說十七頁舉字說。
8. 參見古籀篇八第三三一三四頁。

9. 參見金攷三六五頁。

10. 參見刻詞九頁冉鼎。

11. 參見金詁附錄七二四頁。

12. 參見奇觚卷十七、七頁冉婦彝。

13. 參見先考二二七又四八六頁。

14. 參見舉例上十七頁。

15. 參見名原下十一｜十三頁。

16. 參見前釋一卷六十二頁。

17. 參見寫清卷一第二十九頁。

18. 參見綴遺卷五、十一頁舉蝠鼎。

19. 參見粹考十頁三四片釋文。

20. 參見天壤文釋四十五頁。

21. 參見甲文集釋一九九｜二〇〇頁。

22. 參見氏族及其制一一一｜一一四頁。

一、銘文：

042 [illegible]鼎

42

二、隸定：

[羊先]

三、考釋：

是銘他器未見，審其形構，左从羊，乃「羊」之異構。甲文「先」字作[字形]（藏二·二八·一）、[字形]（前二·二八·二）、[字形]（拾六·五）形；彝銘則作[字形]（文癸臣辰盉 三代·十四·八）、[字形]（毛公鼎 三代四·四六）、[字形]（先壺 三代·十二·一）形，與此銘右體相近，殆為「先」字。全銘當从羊从先作「[羊先]」，字於經籍無徵，此用為作器者之人名或氏族之稱。

四、著錄：

1.鄴羽三上·七。

043 帰[女从]鼎

一、銘文：

43

二、隸定：

帰[女从]

三、考釋：

此銘李孝定以「婦旋」二字合文釋之，又云其偏旁位置最為奇詭（註1）。其說恐非。字當釋為「婦妫」，以于省吾所隸定者為然。

婦者，說文二上止部云：「歸，女嫁也。从止，婦省，𠂤聲。婦，籀文省。」此銘上一字正與說文籀文合。歸字於甲文作[字形]〈藏二三〉、[字形]〈前.五.十.七〉、[字形]〈後上三十五〉形，金文作[字形]矢尊〈三代.十一.三八〉、[字形]貉子卣〈三代.十三.四一〉、[字形]不嬰簋〈三代.九.四八〉形。或為方國之名，通志氏族略云：「左傳胡子國，姓歸，為楚所滅，後以為氏。」郭沫若以「歸當即後世之夔國，其故地在今湖北秭歸縣境。水經江水注于『又過秭歸縣之南』下云：『縣故歸鄉。地理志曰：歸，子國也。樂緯曰：昔歸典叶聲律。宋忠曰：歸即夔。古楚之嫡嗣有熊摯者，以廢疾不立，而居于夔，為楚附庸，後王命為夔子。春秋僖公二十六年，楚以其不祀滅之者也。』歸國實自殷代以來所舊有矣。」（註2）「妫」字从女从㫃，會意。義則無徵。此為歸方或歸氏名妫者所作之禮器。

四、註：

1. 參見金詁附錄(二)二一一九頁。

2. 參見粹考一五二頁一八〇片釋文。

## 一、銘文：

044 周登鼎

44

二、隸定：

周登

三、考釋：

此器漫漶不清，茲从于省吾所隸，釋為「周登」。「周」蓋國名或氏族之稱，「登」為人名。

045 戈且己鼎

一、銘文：

45

二、隸定：

戈、且己。

三、考釋：

戈者，甲文作□〈藏.四.三〉、□〈前.六.三八.三〉、□〈後上.十.十一〉、□〈後下.四二.四〉、□〈珠.四五八〉形；金文象戈之形益真作□戈罍〈三代.十一.三九〉、□戈簋〈三代.六.二〉、□戈觶〈三代.十四.三二〉、□家戈父庚卣〈三代.十三.四〉、□H戈爵〈三代.十五.三四〉、□宅簋〈三代.六.五四〉、□不易戈〈三代.十九.五二〉、□楚王戈〈劍古.四五〉、□陳□鈒戈〈三代.十九.三二〉形。其形「中豎象柲，中長橫畫，一端象刃，他端象內，直書下端或作□，象其鐏。橫畫一端或从□，象垂纓（註1）。」其形有二，一作□，間或內無垂飾，有援與內，柲身直，柲着曲與內同向，柲末作「Ⅲ」，所以植之於地也。此最古象形字。一作戈，柲身彎，柲首旁有斜枝，斜枝下有橫畫，象援與內，柲末橫畫，蓋「冂」之變。

且字，甲文作且（藏.二四.四）、且（甲.三.十二）、且（後上.二.十三）、且（後上.三.九）、且（菁.十.八）、且（前.一.十二）形；金文與契文形近，作且（乙且乙尊 三代.十一.六）、且（乃孫作且己鼎 三代.三.二一）、且（亞且乙父己卣 三代.十三.九）、且（且戊觚 三代.十四.二八）、且（乙且觚 三代.十四.二八）、且（且己角 三代.十六.四三）、且（乃衞且己爵 三代.十六.二七）；或从ナ，又作且（師虎簋 三代.九.二九）、且（伯家父簋 三代.八.四三）形，或从𠂆作且（𠰻公𠀃鐘 三代.一.三五）形，故李孝定云：「卜辭金文僅有一二从示作祖者（註2），餘但作且。」（註3）齊子仲姜鎛（三代一.六六）始作祖，則為小篆所本。汗簡作𥘵，與隸續卷第四所載殘石古文同（註4）。強運開謂：「祖字之最古者，蓋象木主形，从示乃後起字，且段助為祖（註5）。」高田忠周則分且（祖）、且（俎）為二，言始廟也者，實且字之義也。且从一，一者，地也。且以象廟最古屋宇之形（註6）。馬叙倫則以且（祖）為「帳」之初文（註7）。郭沫若則以祖妣為牡牝之初字，「且實牡器之象形」（註8）。陳仁濤則依郭氏之說，以「祖即且，且即男性生殖器之象形耳。且非直接象生殖器之形，而為間接象業已神主化之生殖器之形。」（註9）說文云：「祖，始廟也。从示且聲。」高田氏依說文立意，不脫其窠臼。郭、陳諸說，超越文字形構之藩籬，然終是荒誕不經。馬氏之說，更無論矣。愚以為且乃象俎形，故俎於甲文作俎（前.六.三七.五）、俎（戩.四六.四），正象肉在俎上之形。而作神主之且，乃假借義。然甲文、金文則大抵用為祖妣之祖。

己字，甲文形構作己（藏·三九四）、己（餘·五·一）、己（拾·十四·十五）、己（前·二·六·一）己（鐵·四十五）形，金文與甲文形同。然諸家釋說，爭論不一。朱駿聲謂己即「紀」之本字，古文象別絲之形；三橫二縱，絲相別也（註10）。高鴻縉推衍朱說曰：「己所以別絲縷之數，故為紀綱之紀，象縱橫絲縷有紀之形。」（註11）後戴君仁紹緒引發之，謂「己之初形，當作己（註12），象繭形而垂曳絲縷，絲別當為己之本義。」（註13）羅振玉釋弗，以己象隹射之形（註14）。郭氏引之而謂己者，隹之繳也（註15）。高田忠周據說文之成說，進而謂己象气之伏藏也，「己」為「气」之省（註16）。林義光謂己象詰詘成形，可記識之形（註17）。亦或有別具隻眼，言己象龍之形者（註18）。己者，跽之初文者（註19）。葉玉森謂其物當如綸索類，利約束耳（註20）。朱芳圃言己象繩索詰詘之形，弟从己作，是其證也（註21）。魯實先先生則謂「己於彝銘作己、己，象綰髮之先，而為笄之初文。」（註22）然綰髮之先，甲文有作𠀠（粹·二四七）形者，（註23）半坡遺址所出土之骨笄形作（註24）：

3

3. 骨笄

於己形不類；審甲、金文人跽之形悉作己，無有形晦如己形者；而龍形之說，僅存其屈曲之體，未見其首，焉能斷為龍蛇耶？气之伏藏，何可定形，而必作「己」之形構？「己」字蓋象物詰詘之形，以繩索之形近之。字於此殆用為干支人名也，此銘記戈方或戈氏為其「祖乙」所作之禮器。

四、註：

1. 參見甲文集釋第十二、三七五五頁。
2. 卜辭亦有从示作祖（藏四八、四）；金文若下引齊子仲姜鎛（三代一、六六）。
3. 參見甲文集釋第一、七二頁。
4. 參見呂振端、魏三體石經殘字集證卷一、七五頁。
5. 參見古籀三補卷一第二頁；又从古卷三、十八頁商孫祖乙觚言且，祖省。
6. 參見古籀篇一第六頁。
7. 參見刻詞一二〇頁父癸宗彝。
8. 參見甲研釋祖妣十頁。
9. 參見金匱論古初集八一九頁，男性生殖器石刻一文中，乃采郭氏及高本漢（Bernhard. Karlgen），中國古代之生殖器崇拜（Some Fecundity Symbols. in Ancient China）之說而成。
10. 參見說文通訓定聲。
11. 參見字例二篇一〇二一一〇三頁。
12. 按之不合甲文之形。
13. 參見釋夏釋紀釋己，載中國文字十三冊二一三頁。
14. 參見增考中四十四頁上。
15. 參見甲研下冊釋干支九頁下。

16. 參見古籀篇六第三五—三六頁。

17. 參見文源卷三、四頁。

18. 參見張與仁、已己文字與彝器畫紋考釋，載中國文字十九冊七頁。

19. 參見蔣禮鴻讀字肊記，載說文月刊第三卷十二期八六—八七頁。

20. 參見前釋一卷五十一頁上。

21. 參見釋叢八十一—八十二頁乙。

22. 參見轉注釋義十七頁。

23. 郭鼎堂言[illegible]當是先之異，象女頭著簪之形。參見粹考四十頁下。可从。

24. 參見林壽晉、半坡遺址綜述六三頁、圖三○、3。

一、銘文：

046 [illegible]父甲鼎

46

二、隸定：

[illegible]，父甲。

三、考釋：

□字又見於□父己卣〈三代、十三、五二〉、□爵〈三代、十五、十五〉、□父癸爵〈三代、十六、二二〉、□鼎〈三代、二、七〉、□父丁爵〈三代、十六、十〉諸銘，皆為作器者之名。吳大澂以象「匕鬯」形釋之（註1）。方濬益言為古文「角」字（註2）。或釋為「內」（註3），或誤析為「丙丁」二文（註4）。魯實先先生釋作「卬」，乃介之初文，借為語詞，故孳乳為壐（註5）。然匕鬯既於形不類；而甲文、金文、小篆之「角」悉作□；且「丙丁」二字各有形構，與□劃然二物；釋「卬」雖近，惜其無徵。諸說恐非。唯甲文「內」作內〈甲編、六九〉、內〈燕續、二四〇〉形；金文作宂〈楊簋〈三代、九、二四〉〉形。說文五下入部云：「內，入也。从冂入，自外而入也。」□則象一物鑲入一物之形，疑為內之初文。待考。

甲字契文作十〈藏、六二、三十〉、十〈餘、十二、二〉、田〈藏、九、四〉、⊞〈前、一、三一、一〉形；金文則作十〈且甲卣〈三代、十三、四五〉〉、十〈無叀鼎〈三代、四、三四〉〉、⊞〈穆作父甲簋〈三代、七、二二〉〉、⊞〈甲鼎〈三代、二、四三〉〉形。羅振玉言此字初以嫌於數名之十（古七字）而以⊞代十，即又嫌與田疇之田相混，而申長其直畫以示有別。既又變口為冂，更由冂譌宀，由十譌丁，而致初形遂晦矣（註6）。其釋字形之遞衍，實不可易。吳式芬以⊞乃「柙」之古文（註7）。林義光以甲者，皮開裂也。十象其裂文（註8）。高鴻縉以十為切之初文，一為物之通象，丨為切物之動象，（一言刀所以切也），作切（註9）。郭沫若則以甲、乙、丙、丁皆魚身之物，魚鱗為甲，乃其最古義（註10）。沈兼士曰：「甲為从木戴孚甲之象。釋名、釋天：甲，孚也。萬物解孚甲而生也。」案：易彖傳「甲坼」乃甲之本義。卜辭作田者，象甲；金文作十者，象坼。」(註11)李孝定云：「郭氏引爾雅釋魚謂甲象魚鱗，其意雖是，而失之於鑿。甲作十者，蓋象甲坼之形。林義光文源曰：『按古作十，不象人頭甲者，皮開裂也。十象其裂文。』其說是也。」(註12)審从甲得聲之字，如柙，檻也，以藏虎兕；閘，開閉門也；匣，匱也；⿱穴甲，入脈刺兵謂之⿱穴甲等，均有閉藏誼。然則與魚鱗、孚甲、甲坼之誼，皆不相涉也。由於時日曠邈，文獻不足，甲字之初形本誼為何，實難塙指(註13)。此銘則用為干支人名。

全銘乃亼或亼氏所作之禮器，用以祭祀「父甲」者也。

四、註：

1. 參見愙齋十八冊十頁父己卣。
2. 參見綴遺卷十、二十七頁覆冉父己卣。
3. 參見寧壽鑑古卷十、三頁亼父癸爵。
4. 參見續鑑甲編卷十一、十八頁丙丁觚。
5. 參見轉注釋義。
6. 參見觀堂集林卷九、一四頁，殷卜辭中所見先公先王考附羅叔言參事二書、雪堂金石文字跋尾。
7. 參見攈古卷二之一，六十三—六十四頁柙盉。
8. 參見文源。
9. 參見字例三篇七〇頁。

10. 參見甲研下冊釋干支八一九頁。

11. 參見右文說在訓詁學上之沿革及其推闡，載慶祝蔡元培先生六十五歲論文集，集刊外編第一種下冊、八二八頁。

12. 參見甲文集釋第十四，四二〇九頁。

13. 參見說文解字古文釋形考述一〇一〇頁。

一、銘文：

047 父乙□鼎

47

二、隸定：

## 父乙，驫光

### 三、考釋：

此鼎銘左右二馬形，乃「馬」之繁文。於此用為方名或氏族之稱。

乙字甲文作□〈藏二四四〉、□〈後上九三〉形，彝銘則以肥筆書之，若父乙鼎作□〈三代二四六〉、兄日戈作□〈三代十九二〉形。方濬益言乙為燕側面之形，象其集，仰首、奮腹、翹尾之形〈註1〉。郭氏言象魚腸〈註2〉。吳其昌既言乙乃刀形之省文；又謂乙，軋也〈刀刻其面為軋〉。再言類魚之鰓骨〈註3〉。高鴻縉謂乙本象小流水，借為天干第二名〈註4〉。魯實先先生云：「乙於彝銘作□、□，形象匈骨，而為肊之初文。」〈註5〉諸家之說可參，惟不得塙指耳。此「乙」用為天干人名。

光字甲文作□〈前三三三五〉、□〈前四四一六〉、□〈甲二二一五〉、□〈前五三三六〉形；金文作□〈三代二四 □鼎〉、□〈錄遺七三 亞□鼎〉、□〈三代六二四 □簋〉、□〈三代十五三七 □父爵〉形。容庚釋作「光」〈註6〉。唐蘭言：「光字本作□，或體作□，从丘可證。譌變成从火之允〈註7〉。」故後期金文如矢方彝「光」作□〈三代六五六〉，召尊作□〈錄遺二〇五〉，毛公鼎作□〈三代四四六〉形。高鴻縉言从火㠯聲〈註8〉。李孝定言「火在人上，取光明照耀之意。」〈註9〉高說似未允。屈翼鵬謂山、火本是易混，故於火上綴點以示火星之熛散也〈註10〉。說文十上火部云：「光，明也。从火，在儿上，光明意也。」李、屈二氏之說是也。字於此乃作器人名。

全銘乃馬方名光者，為祭祀其「父乙」所作之禮器。

四、註：

1. 參見綴遺卷二十三、二十三頁冊乙觶。唐蘭、天壤文釋二頁下說同。
2. 參見甲研下冊釋干支八一九頁。
3. 參文金文名象疏證，載武大文哲季刊五卷三期（後引同此，故略）五四三—五五五頁。
4. 參見字例二篇三六頁。
5. 參見轉注釋義十六頁。
6. 參見善圖一五九，考釋四二頁光父爵。
7. 參見導論下五七頁。
8. 參見字例五篇一九〇頁。
9. 參見甲文集釋第十、三一七九頁。
10. 參見岳義稽古，載清華學報二卷一期六二頁。

一、銘文：

048—049 父乙鼎一、二

48

49

二、隸定：

父乙𪔂

三、考釋：

𪔂，从臼从鼎，象兩手奉鼎之形，當係「鼎」字之繁文。全銘係為祭祀「父乙」而作之鼎。

一、銘文：

050司母戊鼎

50

二、隸定：

司，女戊．

三、考釋：

司字甲文作司〈前、二、十四、三〉、司〈後下四二、七〉、司〈菁二〉形；金文作司毛公鼎〈三代、四、四六〉、司弔向簋〈三代、九、十三〉、司大梁鼎〈三代、三、四三〉形。高田忠周以「司即古文詞字，故从人口會意。」〈註1〉張鳳亦主「司字从口，所以發號施令，其所从之ㄱ、象粘形也，象織機上放紗之叉形，象徵治理意義。」（註2）高鴻縉言「商時有司字，从口从叉省，會掌管意。周人加意符𤔔，故作嗣。」（註3）馬叙倫以為「ㄋ即匕箸之匕，從口到匕於口，即飼小兒飲之義。飼，伺之初文也。」（註4）朱芳圃以「ㄩ即甌，盛食之器。ㄋ為匕之倒文，扱食之具，二者皆所以設食，即司之本義，孳乳為祠。」（註5）金祥恆則以司、后乃正反書之，實為一字，為「石」之異文（註6）。諸說恐非。魯實先先生曰：「司於卜辭作司后，从口ㄋ聲。ㄋ者，枱之象形。借為有嗣，故孳乳為詞。」（註7）司於此銘則用為專名，或以為殷「文武丁之兄弟行」（註8）。

女字甲文作〈藏·九七·三〉、〈前·一·三九·十〉、〈餘·十·一〉、〈鐵·三四·十五〉形；金文作子卣〈三代·十三·三五〉、矢尊〈三代·十一·三八〉、女帚卣〈三代·十三·五七〉、者女觥〈三代·五·八〉、令鼎〈三代·四·二七〉、㠯壺〈三代·十二·二九〉、卯簋〈三代·九·三七〉、南疆鉦〈三代·十八·四〉、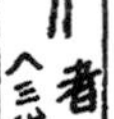者沪鐘〈三代·一·三九〉形。林義光言女「象頭身脛及兩臂之形，身夭矯，兩手交，此女之態。」（註9）田倩君以女乃席地而坐之自然之形（註10）。方濬益言「乃象女首衡笄之形」（註11）。馬叙倫以「女為奴之初文，與臣一字，皆從人而縛其身。古以所孚於被征服者之子女為奴，浸使執事也。」（註12）李孝定以女蓋象跽而兩手有所操作之形；男則以力田會意（註13）。說恐非是。考甲文、金文，女字悉象跽而兩手交斂之形，上「一」為象安髮之笄，方氏之說是也。古人以笄安髮固冠，溯自古始，半坡遺址已有笄七百餘件（註14），安陽之殷墟亦有大批之玉、骨、牙笄出土（註15）。古

文字中，女與母通，故羅振玉謂：「卜辭中母字亦通作女，諸婦方尊作妻與此同。」(註16)此器亦以女為母。卜辭習見母己、母庚、母辛之辭，與今人言母意同，乃父之配偶(註17)，唯商人為母作鼎，原極少見(註18)，故或以此為母戊作如許重大之器，必為王室之近支，母戊亦可能即為王后，而觀其書法草率，有模仿武丁時宏放恣肆之風而工力又不能及，庶近文武丁時器(註19)。

「司母戊」者，即「司為母戊作寶尊彝」之省文也。

四、著錄：

1. 大陸雜誌第二卷第五期封面．司母戊大鼎．平廬說明．

鼎長方形，兩耳四足，四角有稜，傳世古鼎，此為最大。抗戰中出土於河南安陽之武官村。鼎高：通耳一．三七公尺，通口一．○九公尺。上口長一．一○公尺，寬○．七六公尺，足高○．五一公尺。腹部，四面中間皆有長方形空白，圍以花紋，上下饕餮文，中皆有稜。左右夔龍及蠶文，四隅有稜，上為牛首，下為虎首文。足上端有饕餮文一，隅有稜，下有平行綫。兩耳方形一脫落，一闕，面作兩虎銜人頭形，肩作蟬文，耳附鼎口處，有兩小饕餮。銘三字曰「司母戊」，在器口內後壁中上部。初，土人欲鋸去四足，以便運售，試後左方一足，不能斷，乃已，今猶有鋸痕也。

2. 金文集(一)圖六三．十六頁；釋文六五頁．

器高一、三五米，為現存殷周方鼎中最大者。安陽武官村西北岡出土，南京博物館藏。

3原色世界の美術．15．中国，小學館，圖、七十七頁；釋文九十三頁

4中華歷史文物．上冊，七十四－七十五頁。

五註：

1.參見古籀篇三十六第二二－二三頁。

2.參見安陽武官村出土方鼎銘文考釋，載中央、九。

3.參見頌器考釋三九頁。

4.參見六書疏證十七、四九頁。

5.參見釋叢一〇一頁司。

6.參見釋后，載中國文字十冊四－六頁。

7.參見轉注釋義一四頁。

8.參見平盧．司母戊大鼎云：「司在卜辭中假作祀，帝乙時有『王廿司』，即『王廿祀』也。文武丁時有作人名者，見於後編下，四二葉之七．若為母戊作器而稱母，當是文武丁之兄弟行．姑存此說，以俟他證．」載大陸雜誌第二卷第五期八頁。

9.參見文源．

10.參見叢釋一七二頁釋女。

11.參見綴遺卷三、九頁婦女父丁鼎。又高田忠周、古籀篇三十七第二二頁說同。

12. 參見刻詞十七頁倗女鼎。

13. 參見甲文集釋第十二、三五八七頁。

14. 參見半坡遺址綜述七二頁。其言：「這時，披頭散髮的現象已經不多了，男女都用特製的髮笄把頭髮挽束起來。這種笄共發現七百餘件，其中五百多件是骨笄，其餘是陶、石製品。笄呈圓柱形，大多長十幾厘米，一端尖細，另一端或尖或鈍，陶笄的柄端則作「丁」字形。有一件彩陶上還畫出了束髮的樣子。其方式是，在頭頂正中挽成髮髻，依束髮人的朝向，笄自右向左橫插在髻的頂部。」

15 參見李濟、笄形八類及其文飾之演變。載集刊卅本上冊。

16. 參見增考中二十二頁上。

17. 參見甲文集釋第十二，三六一四頁。

18. 按：商鼎有銘者，據殷文存正續編所收，除僅記作器者單名外，為父作者一七五，為祖作者一六，為兄作者一，為妣作者二，為母作者六，且多在晚殷。

19. 按：平盧言其器出武官，因武官在小屯村北，隔洹水相望，其西即侯家莊，殷代帝王陵墓之所在也。故此器當出于母戊之陵。考盤庚之後，王后名戊者凡三：一為武丁后，二為祖甲后，三為武乙（見戊辰彝）后。稱母戊者，一在祖甲世，二在康丁世，三在文武丁世。今但就字形考之，或當晚至文武丁時，參見司母戊大鼎，載大陸雜誌第二卷第五期八頁。

051  鼎

一、銘文：

51

二、隸定：

 耒

三、考釋：

此銘上二字未識，疑為氏族之圖騰，闕。末字象農具之形。馬叙倫（註1）、徐中舒（註2）、白川靜（註3）並釋為「耒」，其說是也。方濬益釋「又」（註4），高田忠周釋「手」（註5），恐非。字用為作器人名。

四、著錄：

1.鄴羽三上十一。

五、註：

1.參見刻詞六六頁耤匜。

2.參見耒耜考，載集刊二本一分四十二頁。

3.參見作冊考，載中國文字四十冊三十頁。
4.參見綴遺卷十四第一頁奉冊匜。
5.參見古籀篇五十八第七頁。

一、銘文：

052 亞夂雨鼎

52

二、隸定：

亞止雨

三、考釋：

此器銘亞下著「止雨」二字。止字，甲文或作□（前八、四、三）、□（後下大、四）、□（乙三二〇）、□（甲編二七）形，皆象倒足形，即止字。屈翼鵬以為第五期貞人之名（註1）。雨字甲文習見，別構孔繁，作□（前六、六二、二）、□（乙九〇四）、□（藏六、四）、□（拾八、二）、□（前二、二九、六）、□（前三、十七、五）、□（前四、九、六）、□（後上三二、十）、□（甲編二〇六）、□（甲編三三四）、□（甲編四九二五）形。商承祚以為「初體祇是畫雨點與雨線，多寡任意，後加整齊，再由□、□、□（甲骨文）進而成今體也。」（註2）說文十一下雨部云：「雨，水从雲下也。一象天，冂象雲，水霝其間也。□，古文。」甲、金文皆象水自雲而降之形。彝器子雨己鼎（三代二、三一）、子雨卣（綴三）、楊樹達以其韻同音通，假雨為父（註3）。其說未允。雨蓋為人名。全銘為亞方止氏名雨者所作之禮器。

四、註：

1. 參見甲釋六頁二七片釋文。

2. 參見古攷二四四頁。

3. 參見積微二〇九頁子雨己鼎跋云：「按雨字若如字讀之，文不可通，此假雨為父也。雨與父古韻同屬模部無論矣，而聲亦相通。……雨字為喻母三等字，亡友曾星笠謂喻母三等字古音在匣母，亦淺喉音，而父與簠在古代為同音字，以簠从甫聲，甫从父聲故也。然則此銘假雨為父，猶經傳之假胡瑚為簠，彝銘之以𠥁祜為簠矣。」

一、銘文：

53

053 亞而丁鼎

二、隸定：

亞而丁

三、考釋：

此器銘作「亞而丁」三字。而字，甲文作而〈藏.一九.一〉、而〈藏.二〇〇.三〉、而〈拾.七.五〉、而〈後下.三八.八〉、而〈乙.七七四六〉形；金文作而（僕兒鐘）〈三代.一.五十〉、而（陳子禾子釜）〈三代.十八.二二〉、而（齊侯鎛）〈三代.一.六六〉形；石鼓作而，古匋作而，汗簡作而，並與魏石經古文同（註1）。唐蘭曰：「而舊不識，余謂是而字，作而者，即而之變」（註2）。說文九下而部云：「而，頰毛也。象毛之形。周禮曰：作其鱗之而。」契文正象頤下有毛之形。高田忠周謂「一為鼻下，指事也。丨者，口上之阿。下文冂之∨同八，即為頰毛下垂之形也。」（註3）是也。此器之「而」，亦狀其形。字於卜辭為方國之名，若「貞王勿隹而白灥伐……」〈乙.二九四八〉，「己未卜雀隻虎弗隻，一月在而」〈天.八十〉，此器之「而」，用法與卜辭同，為方國之名或氏族之稱。蓋亞方而氏名丁者所作之禮器。

四、註：

1. 參見呂振端、魏三體石經殘字集證一四七頁。

2. 參見天壤文釋五十八頁下。

3. 參見古籀篇四十六第一二頁。

一、銘文：

054 鄉宁父乙鼎

54

二、隸定：

鄉宁，父乙。

三、考釋：

此銘首二字又見於[鄉丑]簋（三代.六.一）、[鄉丑]爵（三代.十五.三）、己[鄉丑]觚（三代.十四.二十）、[鄉丑]觚（三代.十四.十三）、[鄉丑]壺（三代.十二.一），于省吾以「鄉宁」二字釋之。李孝定則謂「从[glyph]从[glyph]（契文吉字从此）从宁，字不可識。」（註1）考字象二人相向就簋而食之形，其中所象皆作[glyph]、[glyph]、[glyph]、[glyph]、[glyph]，與契金文食字所从之「皀」同。羅振玉謂鄉象兩人相向就食之形，蓋饗食之饗本字（註2），是也。此用為方名。下文「丑」字，徐同柏釋舟（註3）。楊樹達釋子（註4），其誤可知。郭沫若謂若卣形，亦小篆之[glyph]（宁）

字。鹵何以為宁，郭氏無說(註5)。丁山謂：「㠭正象機之持緯者，當是杼之本字，即今俗名梭。」(註6) 或言象棜禁之形(註7)。說並恐非，字象貯物之器，當以釋「宁」為允。此蓋卿方或卿氏名宁者為祭祀父乙所作之禮器。

四、註：

1. 參見金詁附錄(一)二五七頁。
2. 參見雪堂金石文字跋尾。
3. 參見从古卷十四、二十二頁商父丁斝。
4. 參見積微一七七頁子𧆨斝跋。
5. 參見金考一九九頁金文餘釋、釋干鹵。
6. 參見氏族及其制度一一九－一二一頁。
7. 參見先考四六二頁。

一、銘文：

055 父癸足冊鼎

55

二、隸定：

疋冊，父癸。

三、考釋：

疋字，甲文或作□〈藏、三八、二〉、□〈前、二、四四、三〉、□〈前、七、九、三〉、□〈甲編、二八七八〉、□〈乙、二八七〉、□〈乙、八四二二〉、□〈新、二四一六〉形；金文𣪕鼎作□〈三代、三、一〉形。楊樹達言「象足跟」(註1)。孫詒讓以為□字(註2)。說並恐非。高田忠周釋「疋」字，以□為疋字，鄰腳以下為疋(註3)。方濬益釋為象足形(註4)。二說是也。是銘象人足之形。古文疋、足本是一字，故徐灝段注箋曰：「疋乃足之別體。」而迨篆文疋、足已分衍為二。金文足字亦从止口，蓋口乃象腓腸之形，後由□所譌變，故疋作□形者，尚略存其初耳。疋作□形〈師兌簋 三代、九、三〉，則未能窺其原始。疋在卜辭，或用為人名，或用為地名，若「庚辰卜命疋子成」〈前、一、四三〉，「癸丑卜王𠂤疋寇牵（方名），五月」〈前、七、九、三〉，「口戌卜穷貞，疋獲羌」〈乙、八四二二〉。斯銘之疋，或為氏族之稱。冊字，銅器彝銘多見，象編簡之形，而揆諸其義，有當人名者，有當冊封者，惟於此蓋係人名。疋冊父癸者，係疋氏名冊者為祭祀父癸所作之禮器。

四、註：

1. 參見甲文說五十九頁。
2. 參見舉例下廿七頁上。
3. 參見古籀篇六十三第二四一二五頁。
4. 參見綴遺卷三第七頁𣪕父丙鼎。

一、銘文：

056 天黿婦妹鼎

56

二、隸定：

婦妹，黿

三、考釋：

銘，溯自宋人，悉以「子孫」釋之，清儒亦沿襲其誤，若阮元（註1）、劉心源言子象人形，孫象孩兒形（註2）。徐同柏言子象人立形，孫象蟾蜍胚胎之形（註3）。容庚始排舊議，言象陳牲體于尸下而祭也（註4）。郭沫若言字當為國族名號，即天黿，蓋古之軒轅氏，單闕也（註5）。吳闓生从之，而以「天」為「子」（註6）。馬敘倫以「天」為「大」，大黿為軒轅（註7）。于氏亦隸定為「天黿」。說並非是。聞一多依字形遞衍之迹，言字从大从黽，猶豖从大豕，羍从大羊，黽又省變成电，故黿即奄，增阝成鄣，乃國族名（註8）。其說可从。又全銘或釋為「女未（一妹）歸于天黿」（註9），未允。右

文于氏隸定作「婦妹」二字，是。「扝」字置於「帚」字之下，與「未」合而成字，此殆奄方或奄氏所作祭祀「婦妹」之器。

四、註：

1. 參見積古卷二、第十七頁子孫父乙敦。
2. 參見奇觚卷一、十六頁父戊鼎。
3. 參見从古卷一、二。頁商子孫父癸匜。
4. 參見寶蘊九頁周獻侯鼎。
5. 參見青研十二—十七頁殷彝中圖形文字之一解。
6. 參見吉文卷一第四。頁征人鼎。
7. 參見刻詞十九頁天黿角。
8. 參見聞一多全集第五。七—五。九又五一二頁釋。
9. 參見衛聚賢、文字學七九頁。

## 057 天黿帚妹鼎

一、銘文：

57

二、隸定：

奄，帚頪

三、考釋：

奄即奄字。帚，為「婦」字之省。頪，于氏未識(註1)。容庚言為「頪」字(註2)。李孝定以字與小篆「頪」字相近(註3)。今從容氏說。此用為人名。殆奄方所作祭祀「帚頪」之器。

四、註：

1. 參見錄遺目錄二頁下。
2. 參見金文編附錄下三〇頁下。
3. 參見金詁附錄(四)二〇五九頁。

一、銘文：

058 角鼎

58

二、隸定：

角戊。父字。

三、考釋：

角字甲文作□〈藏、六二・三〉、□〈前・四・三五・二〉、□〈前・四・三五・三〉、□〈菁・一・一〉形；金文作□鄂侯鼎〈三代・四・三二〉、□伯角父盉〈攈古二之三・五四〉、□弔角父簋〈三代・八・七〉形。說文四下角部云：「角，獸角也。象形。角與刀魚相似。」此銘則與甲文形似而橫書之。羅振玉謂：「∧象角上橫理，橫理本直文，作曲形者，角為圓體，觀其環形，則直者似曲矣。許君云：『與刀魚相似』，蓋未知∧象角之橫理也。」（註1）字於卜辭為人名或方國之名（註2）。

□字，李孝定曰：「从子从卩，从卩與契文牢窂二字所从相同，卩蓋豢養牛羊之所，今移以施諸幼兒，蓋養育小兒之工具，所以防其傾者，如吾湘民間所用『枷椅』之比，惟其字仍不可識。」（註3）字既與「牢」「窂」二字所从之卩同，乃宀之異體，□乃「字」之異構。金文作□字父己觶〈三代・十四・四四〉、□梁其簋〈錄遺一六四〉、□余義鐘〈三代・一・五十〉形。此或係人名，若字父己觶〈三代・十四・四四〉是也。

此乃角方或角氏名戊者為祭祀其「父字」而作之禮鼎。

四、註：

1. 參見增考中三十一頁上。
2. 吳大澂謂「角或地名，或國名，角地不可考。漢時有角閎，見馮異傳，角姓之先或因為氏，左氏襄二十六年傳，襲衛羊角，取之。或即其地與？」見愙齋五冊九頁，可資參佐也。
3. 參見金詁附錄(二)二五〇頁。

059 白鼎

一、銘文：

59

二、隸定：

白作肇彝。

三、考釋：

「白」字甲文作白〈藏.四三.一〉、白〈藏.五三.四〉、白〈後上.十.二〉、白〈後下.四.十二〉、白〈外.四二六〉、白〈摭續.一二三〉、白〈新.二○六四〉形，金文與甲文同，悉作白〈公貿鼎 三代四.十三〉形。

高田忠周謂白，古魄魄字(註1)。林義光則以白實與霏同字，象物遇溼，魄然虛起之狀(註2)。商承祚言白从日銳頂，象日始生光閃耀如火銳，天色已白，故曰白色(註3)。馬敘倫則以白、日一字，故說文白部皎、皢、皦、皠諸文，皆為日部昭、曍諸文之轉注字。

甲金文則借此為伯仲之伯，伯實今呼父曰爸之爸本字，亦父之本字也(註4)。高鴻縉言白應即貌之初文，象人貌及其束髮形(註5)。而朱芳圃獨以字初文作白，中△象火盛，外○象光環，省作白，義當訓明(註6)。郭沫若言白實拇指之象形。拇與白同屬脣音，古音之魚二部亦每通韻，是拇白一音之轉。拇為將指，在手足俱居首位，故白引申為伯仲之伯，又引申為王伯之伯，其用為白色字者，乃本無其字之叚借(註7)。魯實先先生云：「白於卜辭作Ⓐ△，於盤銘作𡆧，乃象拇指，借為白色，故孳乳為擘。」(註8)此蓋作器者之名。

「[旅車]」字从旅从車，郭氏謂象三二人奉車，而車上載旌，當即「旅」之初字(註9)。銘末「彝」字當係刻鏤殘泐不全者，甲、金文彝字，皆象兩手捧雞或鳥之形，象雞鳥之縛其兩翼以防奪逸者，篆文之「糸」，乃雞鳥之首及喙之形譌，而下著二、三小點者，乃象鬱鬯之形。本為象形，於金文皆用為宗廟器之總名(註10)。此銘「彝」字，亦為彝器之總名(註11)。[旅車]彝或作旅彝，若井季𡧍卣(三代、十三、十九)，乍旅尊(三代、十一、十三)，祖辛爵(三代、十六、三七)，𠬝觶(三代、十四、五二)，父戊卣(三代、十三、十四)，白尊(三代、十一、十七)、囗公爵(三代、十六、三七)並作「旅彝」。廣雅．釋詁云：「旅，養也。」旅彝乃奉養祖先之器，亦為宗廟器。郭沫若謂：「蓋以古有車戰，故从旅从車，乃為軍旅祭祀、盟誓之器也。」(註12)其說非是。此蓋為「白作奉養祖先之祭器」。

四、註：

1. 參見古籀篇三十第七頁。
2. 參見文源。
3. 參見古攷七十四頁。
4. 參見刻詞九一—九二頁白𢠯卣蓋。

5 參見字例二篇九〇頁

6 參見釋叢十八|十九頁白。

7 參見金攷一八一|一八二頁金文餘釋釋白。

8 參見轉注釋義一三頁。

9. 參見青研二十六頁戊辰彝考釋。

10. 參見龔自珍、說宗彝，收入龔定盦全集四輯二六一頁。

11. 參見商周禮制中鼎之研究四|六頁。

12. 參見青研二十六頁戊辰彝考釋。

一、銘文：

060  鼎

60

（附圖）

二、隸定：

輦乍寚貝．

三、考釋：

銘又見西清續鑑甲編卷一、四十一之「周車鼎」（附圖）。銘首「」字，與博古圖夾車觚相同．或釋「車」字，言「銘首車字作推挽

之形」（註1）。李孝定言「上象軶形，中从車，下从廾，象兩手推之，疑是輿之古文。篆變从舁，遂以之為聲耳。」（註2）考甲文輿字作𦦨（前五．六．六）、𦦨（佚九四五）形，从由从舁不从車，蓋象衆手舉輿之形。篆文从車，乃形譌之故。李說未允。審是銘形構，上既象軶（金文作[illegible]不从車），中為車之省文，下从廾以舉之。然輿非人舉，當係「輦」字。說文十四上車部云：「輦，大車駕車者也。从車共聲。」段注：「周禮輂之制，四方如車之輿，故曰輂，或作𨏥。或駕馬，或人舉，皆宜用之。」

「乍」乃「作」字之到文。乍者，作也。寶字甲文作𡧖（前六．三一．三）、𡧖（後下．十八．三）、𡧖（甲編．三七四一）形；金文則从宀从玉从貝从缶作𡩧（作父丁尊 三代十一．三三）、𡩧（魯伯盨 三代十．十二）、𡩧（舟盨 三代七．六）形；或从鼎作𡩧（本鼎 金周二．六五）形；或从畐作𡩧（周窓匜 三代七．三五）形；或省玉、貝作𡩧（仲盤 三代七．六）形。斯銘之「𡩧」，則是省貝之例也。說文七下宀部云：「寶，珍也。从宀从玉从貝缶聲。𡨦，古文寶，省貝。」是銘之「𡩧」與說文古文合。羅振玉謂：「貝與玉在宀內，寶之誼已明。」（註3）从缶者，亦所以貯貝玉之器（註4）。「寶鼎」一詞，彝銘多見，若考鼎：「考作寶鼎」（三代二．四二），興鼎：「興作寶鼎」（三代二．四二），中鼎：「中作寶鼎」（三代二．四二），𦥑鼎：「𦥑作寶鼎」（三代二．四二），弋鼎：「弋作寶鼎」（三代二．四三），至鼎：「至作寶鼎」（三代三．十九），𦬇鼎：「𦬇作寶鼎」（三代三．二十），即是其例。銘首之字為作器者之名。後三字「乍寶鼎」連文，見此鼎之珍貴可寶。

四、註：

1. 參見續鑑甲編卷一、四十一頁周車鼎。
2. 參見金詁附錄(四)二四一五頁。
3. 參見增考中四十一頁上。
4. 參見甲文集釋第七、二四五一頁。

## 061 亞中㚔鼎

一、銘文：

61

二、隸定：

亞寰女瓶肇.

三、考釋：

此鼎銘亞中著「㝮」字，自来以來，聚訟紛紜，「召夫」之釋，首開其風，若阮元、積古齋、召夫角，吳大澂、愙齋、亞形召夫爵(二十五、八)是也。吳子苾釋為「甲見」(註1)。吳榮光釋廟形中庚(註2)。方濬益析其形象冠加於首，A，冒下而銳上，言字為「亞形中弁夫」也(註3)。孫詒讓釋「害」，謂為「憲」之省？疑與「夫」合成一字

(註4)。高田忠周言字為「規」，A乃規器象形，下从夫从目(註5)。沙孟海則以「祭」字釋之(註6)。容庚釋為「奐」(註7)。馬叙倫言从目害省聲，即「瞎」之本字，害夫猶周禮、左傳之暬人(註8)。諸家中釋「寏」或「寏」皆可从也。蓋用為國族之名。「女瓶舉」者，為女方瓶氏名舉者所作之器。「瓶」、「舉」二字，形義未詳。从疑。

四、註：

1. 參見寫清卷一、四－五頁引。
2. 參見寫清卷一、四－五頁。
3. 參見綴遺卷二十六，二頁亞形罍。
4. 參見餘論卷一第一頁召夫角。
5. 參見古籀篇一第一四頁。
6. 參見據古錄釋文訂，載中山第五冊四○八一－四○八八頁。
7. 參見善圖一六四，考釋四二頁奐角。
8. 參見刻詞三九－四○頁害夫角。

062 [忄帚]子鼎

一、銘文：

62

二、隸定：

悕子秝之鼒。

三、考釋：

□字，容庚隸定作「[忄秝]」（註1）。李孝定釋作「悕」，言「或即後世之蒸，蒸古或假希為之。」（註2）其說可从。「秝」字不可識，蓋「[忄秝]子」之名。鼎名中，以「鼑」為「鼎」者所占之分量為多。考「鼑」字，方濬益定為「甗」之象形字（註3）；強運開謂：「从卜从鼎，說文：鼎之圜掩上者，从才，殆傳寫之譌。」（註4）高田忠周以為即說文之「鼒」字（註5）。容庚曰：「鼑，从卜从鼎，說文从才，殆傳寫之譌。」（註6）郭鼎堂云：「鼑即貞字，从卜鼎聲。……金文多段貞為鼎字。……說文鼎字下云：古文以貞為鼎，籀文吕鼎為貞，可改云：金文以貞為鼎，卜辭以鼎為貞。」（註7）郭氏謂字从卜鼎聲，又謂金文假「鼑」為「鼎」，說均較上引諸家為長，可以信从。蓋「鼎」、「鼑」假借既久，約定俗成，銘刻者信手拈來，往往書「鼎」作「鼑」，故鼎亦得以「鼑」為名（註8）。此殆㯱子𥝝所作之鼎。

四、著錄：

1. 癡續九。

五、註：

1. 參見金文編附錄下、三六，九九三頁。
2. 參見金詁附錄(四)三二一〇頁。
3. 參見綴遺卷九、二七頁實甗條。
4. 參見古籀三補卷七、五頁。
5. 參見古籀篇七十六第六頁。
6. 參見金文編第七、十六，三九一頁。
7. 參見雨攷四四－四五頁，庚贏鼎。
8. 參見商周禮制中鼎之研究四五頁。

一、銘文：

063木乍父辛鼎

63

二、隸定：

木乍父辛寶隫．

三、考釋：

木字，甲文作木〈前二・十五・一〉、木〈戩・四五・二〉形，金文形同，作木〈三代・十六・十 木父丁爵〉、木〈三代・三・八 木工鼎〉、木〈三代・四・四五 木呂鼎〉形，悉與小篆無殊。說文六上木部云：「木，冒也。冒地而生，東方之行，从屮，下象其根。」字蓋上象枝，中象榦，下象根之形，从屮之說非是。銅器彝銘除用本義外，或用為人稱專名，若木父丁爵〈三代・十六・十〉、木父辛爵〈三代・十六・十七〉、木父丙簋〈三代・六・十三〉，木父壬鼎〈三代・二・二九〉是也。此木亦為作器者之名。

辛字，甲文作辛〈藏・三・四〉、辛〈藏・二十・二〉、辛〈餘・二・一〉、辛〈拾・一・十〉、辛〈甲二・二七・十〉、辛〈前・五・四十・五〉、辛〈拾・四・三〉、辛〈前・三・五・二〉形；金文作辛〈三代・二・二三 冉辛鼎〉、辛〈三代・六・十六 串父辛簋〉、辛〈三代・五・二七 冉辛爵〉、辛〈三代・十二・五四 竊父辛卣〉、辛〈三代・六・八 父辛四簋〉、辛〈三代・十二・五七 子辛卣〉、辛〈三代・十三・二六 寓卣〉、辛〈三代・十四・四五 責父辛觶〉、辛〈三代・十三・十四 考卣〉、辛〈三代・四・十五 中鼎〉形。中島竦云：「辛為立之倒文」〈註1〉。吳其昌以辛為斧屬，象兵器形〈註2〉。陳邦福謂辛象人股〈註3〉。朱芳圃則引周伯琦：「辛，木柴也。从木干而去其枝葉，上則橫疊之。象形」之說，而定「辛」即「薪」之初文〈註4〉。郭沫若謂象刑具曲刀之形，曲刀者，其形殆如今之圓鑿而鋒其末，刀身作六十度之弧形〈註5〉。郭說可从，「辛」、「辛」、「䇂」初本是一字，象刑具曲刀之形，引申而為辠愆，為辛酸，為辛辣殘刻等義，此則用為人名。

隮者，尊之繁文。說文訓尊為酒器。从酋者，取其崇高之義。古人以彝器為寶器，故凡彝器悉可名之曰「隮」，若匽侯旨鼎〈三代、三、八〉、𦋺鼎〈三代、三、一〇〉、且丁父癸鼎〈三代、三、一七〉是也。又可名之曰「寶隮」，若康侯鼎〈三代、三、三〉、乍父丁鼎〈三代、三、八〉、善鼎〈三代、四、三六〉、未姝鼎〈三代、三、一五〉、非余鼎〈貞補、上、十〉是也。「寶隮」謂可資珍寶尊貴之禮器。

四、註：

1. 參見淵源第一帙中九三頁。
2. 參見金文名象疏證五三一－五四三頁。
3. 參見十榦形誼箋。
4. 參見釋叢十九－二十頁辛。
5. 參見甲研下冊釋干支十四頁下。

一、銘文：

064 匚屶乍父癸鼎

64

二、隸定：

匚屶乍父癸彝

三、考釋：

銘首「匚」字，甲文作コ（藏·三·十二）、匚（拾·一·七）、コ（珠·六二八）、凵（續存一七〇）、凵（粹一五三五）形；金文作匚（乃孫作且己鼎 三代·三·二一）形。說文十二下匚部云：「匚，受物之器也。象形。讀若方。𠤬，籀文匚。」此與說文籀文合，當為受物之器。高鴻縉謂為「竹器，其形長方。」（註1）近之。甲、金文或用為受主之匰，若囗、囗、囗、囗之屬者，「囗コ為匰之象形，其讀如方，後因以為祭名，即許書之祊，魯語之報（註2）。故瞿潤緡以匚為祭名（註3）。唐蘭言匚即祊，亦即鬃者（註4）。王國維言囗囗囗囗四名所从之口或コ者，或取匰主及郊宗石室之誼（註5）。傅孟真云口與匚當即祏一類者，必室中之祭者（註6）。諸說皆以其專用立論也。而于省吾亦以報德之祭說之，言「匚原作𠤬，應讀作報，史記殷本紀，報乙報丙報丁（報丁原誤在報乙上），契文都作匚。」（註7）悉指近求遠，舍本逐末之驚也。匚，本義當為受物之器，此用為方國之名。或又以口ココ皆地象也（註8）。說並非。

「宕」字，甲文作宊（前·八·二·三）形，諸家皆以「賓」字釋之，甲文或省止，或省丂。故郭沫若以㝃若㝐，於卜辭為變例（註9）。葉玉森謂「賓」之省（註10）。魯實先先生言為「賓」之異體（註11）。賓字卜辭作㝉（藏·二·四）、㝉（藏·三四·一）、㝉（前·一·一·八）、㝉（前·六·十五·四）、㝉（後上二·十）、㝉（戩·九·一）形；金文作宾（盧鐘 三代·一·十三）形，餘蓋从貝不从止，作賓（史頌簋 三代·九·七）形，其形為「上从屋，下从人从止，象人至屋下，其義為賓。金文及小篆易以止為貝者，乃後起之字。古者賓客至，必有物以贈之，其贈之之事，謂之賓，故其字从貝，其義即禮經之儐字也。」(註12) 此銘則从宀从人从卩，象人於屋下跪跽之形，亦有賓來於室內待之者也。郭沫若謂宾即武丁時所習見之卜人(註13)。唐蘭則以宂、宂當釋「完」，亦即「宂」字，為武丁時卜人名字(註14)。是殷已有名「宾」者，此亦用為人名。

青銅器銘文之通例，作器者之主名，悉置於「作」上。惟于省吾以此銘之「匚宾」，並非人名，而為說明作器之理由，蓋不為通例所限也。是據商器乃孫鼎：「乃孫作且己宗寶，[illegible]匚宾」(續殷上二四) 而言「匚宾作父癸彝」者，乃「為報祭賓敬他的父癸而作鼎彝」(註15)。然意雖可通，恐落言筌。「宾」既為卜辭習見之卜人，「匚宾」當可為匚方或匚族名宾者。且「作」乃動詞，上置主詞，情通理洽，何舍易曉而取聱折乎？是「匚宾作父癸彝」者，乃匚族名宾者為祭祀其「父癸」而作此鼎彝也。

四、註：

1. 參見字例二篇一三三頁。
2. 參見甲文集釋第十二，三八二七頁。
3. 參見卜釋四十頁下－四十一頁上。
4. 參見卜釋四十一－四十二頁上；又天壤文釋卅四頁上說略同。又言「匚即古方字，象石室之形」，見報即祊祭之說，載考古六期三三四頁下。

5. 參見戩考五頁。

6. 參見新獲卜辭寫本後記跋。

7. 參見錄遺序言二頁。

8. 參見陳直、賸義一頁。

9. 參見甲研釋祖妣十三頁。

10. 參見前釋一卷九頁上。

11. 參見姓氏通釋之一。

12. 參見觀堂集林卷一、十三頁，與林浩卿博士論洛誥書。

13. 參見粹考一四三頁上一一一三片釋文。

14. 參見天壤文釋四頁上九行。

15. 參見錄遺序言二頁。

## 065 亳乍母癸鼎

一、銘文：

65

二、隸定：

亞㠱矦亳作母癸．

三、考釋：

此鼎蓋㠱國所作之器。㠱字銅器彝銘作㠱（㠱𡚬父乙盨）（三代、七、九）、𠀀（㠱中壺）（三代、十二、十二）二形。說文十四下己部云：「㠱，長踞也。从己其聲。讀若杞。」故有據說文讀若「杞」，證以類篇：「㠱，古國名。」及衛宏官書：「㠱與杞同」，而言㠱、杞為一字，吳式芬、孫詒讓是也（註1）。方濬益則以杞从木作杢，無作㠱者，而杞為夏禹後姒姓國，亦安得有子叔姜之稱，故言㠱為紀之通假字（註2）。郭沫若亦分別杞、㠱；而言㠱、紀為一。㠱乃姜姓之國，同一紀國而作㠱若己者，亦猶句吳之作工𠭯若攻吳（註3）。王獻唐則推本溯源，以甘為箕之初文，㠱乃標音之後起形聲字，以己、踞音同，故借踞為㠱，此說文、玉篇訓長踞之由也。㠱為姜姓，亡於戰國初期，是戰國㠱器亦未曾發現，其地望當今山東莒縣北部（註4）。金文既有己、杞（杢）、㠱（一其）三國，㠱、杞非一；㠱、紀亦有別，蓋彝銘未見以己為㠱之例。故王說己、杞、㠱鼎足三分，以己即文獻所載之紀，㠱為姜姓而杞為姒姓，說殆可从。又陳氏不見于春秋大事表之春秋方國稿云：「漢有箕縣，在今山東莒縣北。春秋時㠱國，殆即在此。又晉有二箕邑，一在今太谷縣東南，一在今蒲縣東北。河南登封縣東南有箕山，蓋其發祥原在山西，漸遷河南，最後始居山東。」（註5）說亦可參。

「[glyph]」隸作矦，乃氏族之名。「[glyph]」，于氏自隸定為「毫」(註6)。李孝定言上从高，下似从喪，字不可識(註7)。字與「毫」形近，茲從于說。

「母」字於甲文作[glyph](鐵·十九·四)、[glyph](拾·十一·七)、[glyph](前·七·十七·二)形；金文形構相同，作[glyph]母戊觶(三代·十四·三七)、[glyph]卯作簋(三代·五·七)、[glyph]母辛卣(三代·十三·十六)、[glyph]師旂鼎(三代·四·三一)、[glyph]蔡侯盤(蔡·三八)、[glyph]鄭侯簋(攈·三之三·六六)形。郭沫若謂：「人倘育已者為母，母字即生殖崇拜之象徵，母中有二點，廣韻引倉頡篇云：『象人乳形』。許書亦云：『象乳子也』，骨文及金文母字大抵作[glyph]，象人乳形之意明白如畫。」(註8)高鴻縉益之曰：「字倚女畫其乳形，由文女生意，言女而乳子者，為母親之母。」(註9)故馬叙倫以為母為乳房之「乳」本字(註10)。張鳳以母、每悉象女子側坐之形(註11)。皆得其一端。說文十二下女部云：「母，牧也。从女，象裹子形。一曰象乳子形也。」甲、金文皆从女，上著兩點，象兩乳之形。郭、高之說悉可从。

同銘者，又見本書二〇一器毫乍母癸尊，二六二器毫乍母癸卣(器蓋對銘)，二八八器毫乍母癸斝，蓋為成組之禮器。此乃矦氏名毫者為祭祀其母癸而作之器。

四、著錄：

1.巖窟上八。

五、註：

1. 參見攈古卷一之三，五十八頁晉姬鬲．拾遺下十一—十二頁周師寰𣪕．

2. 參見綴遺卷十四，十六—十七頁王婦異孟姜匜．

3. 參見兩攷一九九頁異公壺．

4. 參見黃縣異器二三—二九頁；又一六五—一六九頁．

5. 按異字見於卜辭作㠱〈前二.二.六〉、㠱〈前三.十八.四〉形，用為國名，蓋亦古國名．

6. 參見錄遺目錄三頁．

7. 參見金詁附錄(三)一七六〇頁．

8. 參見甲研釋祖妣十四頁．

9. 參見字例二篇二三〇頁．

10. 參見刻詞一三〇頁王母鬲．

11. 參見安陽武官村出土方鼎銘文考釋，載中央九．

066 田農鼎

一、銘文：

66

二、隸定：

田農作寶尊彝

三、考釋：

田字，甲文作田〈拾·六·二〉、田〈藏·八五·一〉、田〈前·二·四四·三〉形；金文作田告田觶〈三代·十四·五一〉、田不嬰簋〈三代·九·四八〉、田田農甗〈錄遺·一〇三〉、田田農簋〈錄遺·一三五〉形。小篆形構無殊，說文十三下田部云：「田，敶也。樹穀曰田，象形，口十，千百之制也。」字象地有阡陌之形。蔣禮鴻分田為樹穀之田與獵禽之田。田者，象网之形，田畢一類，唯田無柄而畢有柄耳。故田即网也。田所以取鳥獸，因之凡取鳥獸皆曰田〈註1〉。然田本象阡陌之形，田、陳音同，亦叚為田獵之田耳。非田本象网之形，蔣說非是。

農字，甲文作辳〈前·五·四七·五〉、辳〈後·上·七·十一〉、辳〈後·下·十三·三〉，或从林从辰，或从森从辰；銅器彝銘或增田作𨑩沏其鐘〈錄遺·三〉，或从田从辰作農史農觶〈小校·五·五三〉，或从又、从止、从卄、廾。說文三上晨部云：「農，耕人也。从晨囟聲。𨑩，籀文農从林。𦦙，古文農。辳，亦古文農。」說文从「囟」，乃「田」之譌變〈註2〉。阮元、吳闓生言散氏盤仲農之農為彌、甬字〈註3〉，均非。劉心源以从臼从辰，取作事早，辰亦聲，農取田辰會意〈註4〉。林義光則謂象持物入唇，與晨同意。晨為進食之時，農為謀食之事，故所象形同。从田以別於晨〈註5〉。高田忠周則以辰為房星，農之時，田候也〈註6〉。高鴻縉以辰象人持石鋤之形，農乃薅田之意〈註7〉。葉玉森則言从辰取振動義，乃表力田也（註8）。說皆近之。考字从林與从田同，辰者，為蜃之初文。淮南氾論篇所謂摩蜃而耨也，辰乃耕作之器。字从田（或从林、森）从辰以見農意。蓋初民耕耘，必先啓森林，故可从林作，亦可从森作；或闢草莽，是亦可从艸作矣。且所耕者為田畝，故或从田。

史記、田敬仲完世家云：「敬仲之如齊，蓋以陳字為田氏。」金文載敬仲之後在齊為田氏者，均作「陳」。此銘之「田」，疑為官名或爵稱，若令彝：「眔諸侯、侯、田、男」；盂鼎：「侯田」（衰．田盨）侯田即書酒誥之「侯甸」。甸，乃子男小國之稱；或如禮記、月令：「命田舍東郊」注：「田畯，主農之官也」之「佃」（註9），蓋為農吏。「農」為人名，若農簋（三代六．三）、農卣（三代．十三．四二）、史農觶（小校．五．七五）銘者，「農」皆為作器人名。此為田官名農者所作之寶貴尊崇之禮鼎也。

四、著錄：

1. 金文集（二）圖七二、十八頁；釋文六十六頁。

五、註：

1. 參見讀字肊記，載說文月刊第三卷十三期八六頁。
2. 參見邱德修．說文解字古文釋形考述三〇六－三一四頁。
3. 參見積古卷八、七頁散氏盤；吉文卷四第二六頁散氏盤。
4. 參見奇觚卷八、二八頁矢人盤。

5. 參見文源。

6. 參見古籀篇五十八第一八頁。

7. 參見散盤集釋七三頁。

8. 參見鈞沉十五頁四行。

9. 參見高鴻縉、散盤集釋二〇一二二頁。

一、銘文：

067 迗鼎

67

二、隸定：

朋迗乍寶尊彝。

三、考釋：

「朋」字，吳北江以為象贈繳之象(註1)，未允。加藤常賢、赤塚氏、白川靜悉謂象兩目之形，示弱君之側侍御之職者(註2)，近之。商承祚、魯實先先生皆釋為「朋」(註3)。其義待考。此疑為族徽或方國之圖騰。同「朋」標幟者，尚有：

1. 㳻伯迗尊：「朋㳻白迗乍𠂤考寶旅尊彝。」〈尊古一、三五〉

2. 渣白遅卣：「朋渣白遅乍氒考寶旅尊彝。」（尊古二·十四）

3. 渣白遅鼎：「朋渣白遅乍寶尊彝。」（通考，四二）

4. 朋渣爵：「朋渣。」（三代·十五·三七）

5. 朋遅盤：「朋遅乍氒考寶尊彝。」（錄遺四九○）

及康侯毀（錄遺一五七）、疑觶（三代·十四·五四）、朋渣甗（尊古二·二五）諸器，容庚以為「同為渣伯遅所作，同出于濬縣辛村，故知為同時所作器。」（註4）

「遅」字，郭沫若云：「古疑字，象人持杖出行而仰望天色。」（註5）周法高从之（註6）。高鴻縉亦以為象人策杖徬徨於行止之意（註7）。王獻唐釋「疑」字初只作遅，从辵矢聲，周代前期金文用之，以後加牛注音，周代金文亦用之，訓作疑惑，乃是同音假借（註8）。貝塚茂樹言兵象人持手杖疑然而立（註9）。當以釋「疑」為是，中又以王說為精。至於「達」字之說，則又無徵（註10）。字於彝銘蓋用為人名。疑與文王之子，康侯之弟之「渣伯疑」冉季載為一人。

四、著錄：

1. 三代、三、五、六不同範。

五、註：

1. 參見于省吾、尊古齋所見吉金圖序文引。

2. 諸說參見白川靜、通釋11，文見白鶴美術館第四輯一五九頁、一四康侯毀。

3. 參見十二時十四頁明觚；殷契新詮之六釋[illegible]，六十頁。

4.參見通考上四二頁。

5.參見卜通攷釋第三八〇片。

6.參見零釋五頁康侯毀考釋。

7.參見字例二篇二六六頁。

8.參見黃縣㠱器九四頁。

9.參見新出檀伯達器考，載東方學報京都第八冊。

10.貝塚茂樹以「𣺨司土遙」即「檀司徒達」，釋「遙」為「達」。

一、銘文：

068 虫𠧪鼎

68

二、隸定：

虫𠧪乍寶旅鼎、

三、考釋：

虫字，甲文作□〈藏、四六二〉，□〈藏、一七八三〉，□〈前、一・十六・六〉，□〈乙、八七一八〉形；金文作□〈魚鼎 三代・六・三十〉，□〈甲虫爵 三代・十五・三五〉形。說文十三上虫部云：「虫，一名蝮，博三寸，首大如擘指，象其臥形。物之微細，或行、或飛、或毛、或蠃、或介、或鱗，以虫為象。」此正象博首而宛身之狀（註1），字象蛇形。吳其昌以乚象鏃鏑之類，而下象矰繳長線之形（註2）。未允。此器虫或係國名族稱。

舀字，彝銘或从爪从臼作舀（舀鼎 三代四．四五），或从爪从口作舀（師寰簋 三代八．三三）形。阮元（註3）、方濬益（註4）、吳大澂（註5）、劉心源（註6）皆釋為「舀」、「舀」，即經傳之「忽」。高田忠周言為从爪从臼會意。从爪以執持佩舀，从臼以君臣對（註7）。徐中舒以「舀」為「昌」字，即歌唱之本字（註8）。郭沫若言从爪从臼，殆是「搯」字（註9）。而譚戒甫則謂象口中有物，舀乃為「扣」之本文。說文：「扣，牽馬也。从手口聲。」从手與从爪同，舀字口中之一乃象手持銜勒入馬口中，故釋為牽馬（註10）。說皆非是。魯實先先生曰：「舀從爪曰聲。而示从手掩口，說文載篆文作𣅀，古文作𠯑者，皆舀之譌易。」（註11）案說文二上口部云：「𣅀，塞口也。从口𠬪省聲。𠯑，古文从甘。」然从𠬪，無所取於塞口之義，字當从爪曰聲，魯說是也。此用作人名。

夫器名冠以旅或𣄴字者，彝銘習覯，或言「旅舉其眾也」（註12）。又以為左傳庭實旅百之旅（莊公廿六年），杜注：「旅，陳也。」或解旅為師旅之義（註13）。方濬益言為行旅之旅（註14）。又言旅皆旅祭之器（註15）。其說紛紜。考「旅」字置於器物名上者凡十五例：

1. 旅鼎：𢍏鼎（三代三．七）、犀白魚父鼎（三代三．卅七）、師厤斿叔鼎（三代三、四十〉是也。

2. 旅盨：中白盨〈三代、十、廿七〉、白大師盨〈三代、十、卅〉、改盨〈三代、十、三十五〉是也，

3. 旅甗：白貞甗〈三代、五、五〉、赤頔父甗〈三代、五、九〉、遹甗〈三代、五、十二〉是也。

4. 旅毀：叔噩父毀〈三代、七、十九〉是也。

5. 旅匡：商丘叔簠〈三代、十、十二〉、召叔山父簠〈三代、十、廿二〉、衛子叔旡父簠〈綴遺、八、十六〉是也。

6. 旅鬲：無妊鬲〈三代、五、十九〉是也。

7. 旅盂：虢叔盂〈三代、十、四〉、白公父盂〈綴遺、廿八、一〉是也。

8 旅匜：甫人父匜〈三代、十七、廿九〉、嬭女匜〈綴遺、十四、十〉、叔男父匜〈綴遺、十四、十三〉是也，

9. 旅壺：員壺〈三代、十二、四〉、白欒父壺〈三代、十二、十七〉、白真生壺〈三代、十二、十二〉是也。

10. 旅盉：飾子盉〈三代、十四、十〉是也。

11. 旅盤：曾仲盤〈攈古、二之一、八四〉是也，

12. 旅盆：曾大保盆〈善齋、八、五九〉是也，

13 旅罐：仲作旅罐〈三代、十八、九〉是也。（玉篇作鑵）

14. 旅彝或肇彝：井季𡘇卣〈三代、十三、九〉、作旅尊〈三代、十一、十一〉、祖辛爵〈三代、十六、三七〉、刃觶〈三代、十四、五二〉是也。

15. 旅鐘：內公鐘〈古鑑、卅六、六〉是也。（或疑贗品，不足為憑）

由上知除內公鐘外，餘皆食器。廣雅、釋詁一：「旅，養也。」

飲食蓋用以養生，故以「旅」稱之。事死如事生，故祭祖宗廟之器亦言「旅」也（註16）。漢書郊祀志第五上：「季氏專魯，旅於泰山，仲尼譏之」，師古曰：「旅，陳也，陳禮物而祭之也。」旅有祭義，殆其孑遺。此鼎蓋虫方名皆者所作之祭器。

四、註：

1. 參見羅振玉增考中三十三頁。
2. 參見金文名象疏證二二〇－二二三頁。
3. 參見積古卷四、四十頁召鼎。
4. 參見綴遺卷一、七頁克編鐘。
5. 參見古籀補二十四頁。
6. 參見奇觚卷二、二四頁召鼎。
7. 參見古籀篇五十一第一四頁。
8. 參見禹鼎的年代及其相關問題，載考古學報第二五冊五六頁。
9. 參見陝西新出土器銘考釋，載說文月刊第三卷十期一五四頁。
10. 參見西周銅器銘文綜合研究，載中華三輯六九頁。
11. 參見假借遡原二五二頁。
12. 參見博古卷十、廿五頁敦父辛卣。
13. 參見博古卷十七、二二頁。
14. 參見綴遺卷九、十三頁。
15. 參見綴遺卷三、十六頁。

16.參見王讚源、周金文釋例一三〇－一三六頁。

一、銘文：

069 白遲父鼎

69

二、隸定：

白遲父作𩀱鼎。

三、考釋：

「白」字本象拇指之形，借為行輩或爵稱之「伯」。銅器銘文稱「白」者，若白𡨦父（伯𡨦父鼎 三代三·二八）、白𩰫父（伯𩰫父鼎 三代三·三十）、白𥃝父（伯𥃝父鼎 三代三·三二）、白考父（伯考父鼎 三代三·三三）、白頵父（伯頵父鼎 三代四·一）、白俗父（甫季鼎 三代四·二四）、白狺父（伯狺父鬲 三代五·二六）、白家父（伯家父鬲 三代五·三十）……之屬，不勝枚舉，皆借「白」為「伯」也。

「遲」字契文作徲（藏·七三·三）、徲（後上·三十·十一）、徲（珠·三〇九）、徲（佚·八五）形，與金文作遟（仲㪁父盨 三代八·三三）、徲（前·七·三八·二）、徲（甲·二·二五·十七）、徲（摭續·一四一）形者大異其趣。而「𨘢」字卜辭作徲（前·五·三十·二）、徲形，則近於金文。說文二下辵部云：「遲，徐行也。从辵犀聲。詩曰：『行道遲遲。』迡，遲或从尼。遲，籀文遲从犀。」徲字蓋與說文遲之或體形同，而徲則與遲之籀文形相近。王襄（註1）、商承祚（註2）、束世澂（註3）釋前者為「

逃」，象二人背逃之形。葉玉森則疑為「行」之變體（註4）。唯郭氏言即「迡」字，遲之異體（註5）。後者或釋「遲（徲）」，容庚、孫海波是也（註6）；或釋「避」，羅振玉、金祥恒是也（註7）。高田忠周以二者易生混淆，強分避从卩形，遲从尸作尸。然實難分，故又云：「許氏之遲亦元避字，而避與遲通用，古音避、遲一聲之轉耳。然則籀文以避為遲也。」（註8）竊疑甲文「遲」作𢓊、𢓊形，金文則未見，而另出新體為「遟」字，二者之形，實有扞隔，未若从說文，以「避」之甲文徙乃「遲」字，「迡」者蓋其或體。然愚說亦終是無據。字於卜辭、銘文殆用為人名。

父者，丈夫之顯稱（註9）。今文父為甫（註10），故詩大雅綿「古公亶父」釋文：「父本作甫」。詩大雅烝民：「仲山父」，漢書古今人表作「中山甫」。他若師尚父（註11）、邾儀父（註12）、尼父（註13）、孔父（註14）、雍父（註15），父者，皆男子之美號。此銘作「白遲父」之「父」稱亦同。

「雝」字稍泐不明。吳買鼎（三代三二）之「雝」作𩁹。契文未見，而高田忠周言「𦍌殆于字，然此用為羊省」而隸為雜鶉，即說文：「雝，雝屬。从隹𩫖聲」之雜（註16）。楊樹達言雝假為𩫖，說文五下亯部云：「𩫖，孰也。从亯羊。讀若純。」按字从亯羊者，亯字後或變作烹，字从烹羊，故其義為孰也。雝鼎謂𩫖鼎，言孰物之鼎也（註17）。雝蓋借為𩫖，說義不誤，然鼎本烹牲肉之禮器，何煩殫述？未若以章為祭章之章，蓋用為奠祭亯祀之鼎。「鼑」字从卜从鼎，即說文所謂鼎之圜掩上者之鼒。王獻唐以「鼒乃鼎之別名，同一歛口侈腹制作，此稱鼒，彼多稱鼎，鼎之先後形制不一，統名曰鼎，鼒亦隨同。」(註18)鼒蓋鼎之譌，鼒亦是鼎屬。此乃伯遲父所作用以祭祀之禮鼎也。

四、著錄

1.嚴窟上九

五、註：

1.參見類纂第二卷第七頁。

2.參見類編二卷十三頁下。

3.參見夏代和殷代的奴隸制，載歷史研究一九五六年一期五十頁，

4.參見前釋一卷一四○頁下。

5.參見卜通第一冊五十七頁二六○片釋文。

6.參見金文編二卷二三頁下；甲骨文編二卷二二頁下。

7.參見增考中六十六頁下；續文編二卷二三頁上。

8.參見古籀篇六十六第四頁。

9.穀梁隱元年傳：「父猶傅也，男子之美稱也。」又史記孔子世家尼父，集解引王肅言：「父，丈夫之顯稱也。」又詩大雅韓奕傳顯父疏云：「父者，丈夫之稱。」史記齊大公世家師尚父，集解云：「父亦男子之美號也。」

10. 參見儀禮、士相見禮「若父」注。

11. 參見史記、齊大公世家。

12. 參見公羊、隱元年經。

13. 參見史記、孔子世家。

14. 參見公羊、桓二年傳。

15. 參見一切經音義、十八引世本。

16. 參見古籀篇九十四第二七頁。

17. 參見積微二〇九頁吳買鼎跋。

18. 參見岐山出土康季鼒銘讀記，載考古一九六四第九期四七三－四七四頁。

070 東陲鼎

一、銘文：

70.1

70.2

二、隸定：

東陲勝　大右⿱午秝

三、考釋：

此鼎銘筆畫纖硬，率意書寫，似刻工練習之作。

「東」字契文作東〈藏二九．三〉、東〈拾十一．十六〉、東〈前六．二六．一〉、東〈前六．四七．八〉、東〈前六．五七．八〉形，金文形同，作東父乙尊〈三代十一．七〉、東臣卿鼎〈三代三．四一〉、東東周左師壺〈三代十二．十二〉、東嗣東尊〈三代十一．二四〉形。說文六上東部云：「東，動也。从木。官溥說：从日在木中。」觀甲、金文之形，率無从日在木中之象，而高田忠周泥拘一說，強為解析，以離騷「折若木以拂日」，言其木為若木搏桑也。从日在木中，會意。而日在木上為「杲」，日在木下為「杳」〈註1〉。蓋晦其初形本誼之論。林義光則以⊖象圓東之形，與○同意，而言東與束同字〈註2〉。說殆近似，而猶未達一間。徐中舒以東蓋古「橐」字，實物囊中〈註3〉，括其兩端，東形象之。丁山从之，而以東者，囊之拓大者也，故名曰橐。橐與東為雙聲〈註4〉。徐、丁二說可从。故高鴻縉言：「字原象兩端無底，以繩束束之之形，後世借為東西之東，久叚不歸，乃另造橐字。」〈註5〉其說至塙。至若言東、束一字〈註6〉，蓋知其同而不能辨其異。張日昇曰：「東束兩字同源，而各有所指，束為束縛，東橐兩耑作東，或橫衺交束作東；東象橐形，其橫直為編織紋，父乙尊作東，後省為一橫一直，契文有作東與束形近，然終非一字。」〈註7〉剖析劃然。

「陲」字甲文未見，只乑作坴〈乙二六二六〉形，金文曾姬無卹壺作陲〈三代十二．二五〉形。李孝定以「邊遠」字本當作陲，許訓陲為危，又邊遠之義所引伸也。」(註8)楊樹達則以陲假為垂(註9)。𠂹垂本象華木生土上而華葉下垂之形，去土存𠂹，亦足以見意。故說文垂訓遠邊也(十三下土部)，當為陲之本義。朱德熙、裘錫圭云：「銘文第二字，从字形看，似應釋陲，但鄂君啓節襄陵之，陵與此相似，楚印江陵行官大夫鉨，觀自得齋印集一、一，陵字無阜旁，字形亦與此字右旁相似，故釋此字為陵。」又云：「東陵很像是地名。」(註10)揣擬之辭，聊備一說。

「勵」字又見壽春鼎作勵(註11)，朱、裘二氏釋為勝，从肉从勮省，似當讀為饎，與周禮饎人同為主炊之官，然以東陵(陲)釋為地名，則以地名名勝者，猶漢代長安廚、雝(雍)廚之以地名名廚(註12)。或云字蓋从肉从刀从坴，即「勝」，讀如饎，酒食也(註13)。「東陲勝」，未知其義。

「亼」字於戰國銅器、匋器及印璽多見，乃為「大」字，三代二、五五「大子鼎」大亦作亼可證。「右」本為右手，增口用為左右之右，佑導之佑。「𥝌」字似从午从秝，未識。疑「亼𥝌」或乃人名，「右」殆為冊命時右引之右。

又考書顧命：「二人雀弁執惠，立於畢門之內，四人綦弁，執戈上刃，夾兩階戺；一人冕，執劉立於東堂；一人冕，執鉞立於西堂；一人冕，執戣立於東垂；一人冕，執瞿立於西垂；二人冕，執銳立於側階。」蓋古時大禮皆有兵衛之事，原古代為部落制度，不離爭戰，祭祀祖先之時，必有兵衛執兵器，所以為儀飾者也（註14）。疑本銘之「東陲」，蓋指「一人冕，執戣立於東垂」之「東垂」，為祭言冊命時所立之方位也。

四、註：

1. 參見古籀篇八十七第二二—二三頁。
2. 參見文源。
3. 埤蒼云：「有底曰囊，無底曰橐。」
4. 二說參見丁山、闕義二八—二九頁。而橐、東相通之說，周法高、金詁卷五、三五一三頁可參閱。又董同龢、與高本漢先生商榷自由押韻說兼論上古楚方音特色，載集刊第七本第四分五三三—五四三頁。又見龍宇純、先秦散文中的韻文，載崇基學報二卷二期、三卷一期並可參詳。
5. 參見字例二篇一四二頁。
6. 參見林義光、文源及唐蘭、釋四方之名，載考古四期二頁。
7. 參見金詁卷六、七八二頁。
8. 參見甲文集釋第六、二一〇四頁。
9. 參見積微卷二、一七頁曾姬無卹壺跋。
10. 參見戰國文字研究六種，載考古一九七二年一期八二—八三頁。
11. 參見天津市新收集的商周青銅器，載文物一九六四年九期三五—三六頁。

12參見漢書百官表；又戰國文字研究六種八二—八三頁。

13.參見許學仁、先秦楚文字研究一二〇—一二一頁。

14參見村昌濟、韓華癸、六頁商句兵。

071 右𡧊㕣鼎

一、銘文：

71

二、隸定：

右官公萬官子鎮。

三、考釋：

「右官」或係官名，說文十四上𠂤部云：「官，吏事君也，从宀从𠂤。」與金文合。上官登（周金三·一六七）、梁鼎（三代二·五三）、上官鼎（三代三·四十）、坪安君鼎（三代·四·二十）諸銘有「上官」之稱，疑「右官」或以官名為氏族之稱。公萬，或人名、㕣乃公之緐文。「子」字橫書，官子，疑為右官之子。鎮與鼑同，蓋亦鼎屬。以鑄鼎之材料為美金，故增形符作「鎮」也。

四、著錄：

1、貞松續、上、二十

一、銘文：

072 亞中[?]竹室鼎

72.1

72.2

二、隸定：

亞寬竹室埶光鬻。 卿宁

三、考釋：

此器前後銘文殊異。銘者亞中著「寬」，當係族徽或國邑之稱。「竹」者，「竹」字，與甲文作竹〈拾一·九〉、竹〈前四·三三·三〉、竹〈後下九四〉者形同。葉玉森云：「諸家釋𣏟冄，予疑即竹之象形。古文篆作艸，分為二个，卜辭象二小枝相聯，上有个葉形。」〈註〉說文五上竹部云：「竹，冬生艸也。象形。下𠂹者，箁箬也。」又九下冄部云：「𣏟，毛冄冄也。象形。」李孝定辨析二者云：「金文竹字偏旁作竹林林諸形，𣏟則作𣏟〈南疆鉦 三代十八·四〉、𣏟〈師寰簋 三代九·二八〉、〈𣏟冄鼎 三代三·二〉、𣏟〈庚壺 錄遺二三二〉，契文竹字與金文竹字偏旁全同，惟契文象二枝相連，金文分列為二為異耳。林字金文均从木，从重人，象毛冄冄之形，與契文此字不類；竹枝皆對出，契文作㐺為原始象形字。金文分別為二，例當晚出。」（註2）字於卜辭為人名或方國之稱，若「令竹」（前、八、西二）、「竹歸」（徵、人、九二）是，或以㐺為㐺侯所在地名，亦為氏族名（八佚、七三六），此銘之「竹」，蓋為氏族之稱。

「[glyph]」字諸家解說紛紜，舊釋為「宜」。方濬益（註4）、孫詒讓皆釋為「室」，言象廟中中央太室之形（註5）。郭沫若則以「休」字釋之，云：「當是休之異文。休字金文作休，从禾从人，言人於稻草上休息也。許書重文作庥，复从广，从广與此从宀同意。此之至，蓋象臥榻，又對揚王休，乃古人恆語，此言揚皇王室，例正相合。」（註6）又疑為「宁」字，假為「疇」也（註7）。唐蘭亦以至為庭宁之宁，言「本象四室相對，中為庭宁之形，其後省作至，與貯物之器作中形者，形聲俱相混，至小篆遂中存而至廢矣。至既庭宁之專字，故或作室，從宀至聲字也。……借為賜予之予。」繼而改正前說，以墉之本字[glyph]，其口形象周垣，其四方作介形者，象其垣上之墉，所謂四墉是也。[glyph]蓋由[glyph]而變，則室及室宗，當為從宀享聲，讀作庸。庸者，功也，勞也，引申有賞賜之義（註8）。吳其昌則以[glyph]即古代四合院落之平剖面形，介形即象居室之形，[glyph]則加一屋之記號，室所以庇陰人，與休為人息止義同（註9）。說與郭說略同。馬敘倫進而謂[glyph]為亞形，即象古代居室結構之形，宀本室之最初文，象古代穴居之穴形，亞本象家形，以家在室中，故復从介為𡧊，此次初文也（註10）。吳闓生以室字象窗牖形，當為光寵之意（註11）。諸家憑其形構，推臆忖度，終不免得其一偏，當以郭說近是。茲釋為「宁」。「宁」字有賜義。

「智」字，甲文作𥏾（前五．十七．三）形，金文作[字形]毛公鼎（三代四．四六）、[字形]魚鼎匕（三代十八．三十）、[字形]智君子鑑（錄遺五一九）形。說文四上白部云：「𥎿，識詞也。从白亏知。𥏾，古文智。」此銘與甲文形構相同，从知从亏不从白，與「智」同。疑為氏族之稱。「光」疑為人名。「𢇍」字說文無，銘又見仲𢇍卣（三代十三．十六）、𢇍伯鬲（三代五．十六）；或增口作[字形]𢇍卣（三代十三．二五）；或省攴作[字形]𢇍鼎（三代三．八）形。吳大澂以為即緜之緐文（註12）。強運開疑即古「㒸」字（註13）。字於彝銘悉用為人名，於此疑為賞賜之物。

「竹室智光𢇍」者，或謂竹賜予智光以𢇍。

「卿宁」者，卿乃象二人相對皀（簋）就食之形。此乃卿方或卿氏名宁者所作之器。

四、著錄：

1. 鄴羽三上十二。

五、附註：

1. 參見前釋二卷六十五頁上。
2. 參見甲文集釋第五、一五六七－一五六八頁。
3. 參見遼寧喀左縣北洞村出土的殷周青銅器，載考古一九七四年六期三六八頁（北洞文物發掘小組）。

4. 參見綴遺卷三、十四頁宰儂室父丁鼎。

5. 參見餘論卷一第三頁父丁鼎。

6. 參見兩攷第四－五頁令毀。

7. 參見張家二頁盂簋。

8. 參見作冊令尊及作冊令彝銘考釋，載國學季刊第四卷一期二七－二九頁。

9. 參見矢令彝，載國學季刊第四卷一期一九－二〇頁所引。

10. 參見9.

11. 參見吉文卷一第一二頁公束鼎。

12. 參見愙齋六冊、二頁齹鼎。

13. 參見古籀三補卷二、第四頁。

一、銘文：

073 䜌鼓鼎

73

二、隸定：

⿰亻雔茲作旅鼎，孫子永寶。

三、考釋：

「⿰亻雔」字所从之「𠂤」，或「隹」之簡省，番君鬲（三代五・三八）、光伯簋（三代七・三〇）之「隹」作𠂤𠂤形，與此銘相近，故字疑為「⿰亻雔」字。茲字疑為「玆」字。說文四下玄部云：「玆，黑也。从二玄。春秋傳曰：何故使吾水玆。」「⿰亻雔茲」乃作器者之名。「旅鼎」之「鼎」，以剔工闕漏，形近「貝」字。自段氏玉裁創「籀文以鼎為貝」之說（註1）後，遂有王漢之「貝鼎同字說」出，主「由古昔漁獵時代，人民採貝而食，鑄鼎者因象其形」之論（註2）；其後又有高鴻縉云：「鼎字初形象剌蚌之殼，古人或原用剌蚌殼作食器。」（註3）繼有田倩君曰：「貝和鼎推到它們的原始，即能聯上關係，當先民還不會製作器皿時，只採取天然物應用，貝當然是那時主要用器了。」（註4）諸如此說，均係遊於想像，而乏實據，更無考古學或民俗學之佐證，令人無法信服。惟推本溯源，段氏說解，蓋緣於以許叔重「三足兩耳」一語，為「謂器形，非謂字形」（註5）而起，而不知「三足兩耳」者，正所以說解其字形也（註6）。

「孫子永寶」者，欲其後代子子孫孫永遠珍惜保有也。此蓋⿰亻雔茲所作用以追享之禮鼎，而欲其子孫長久珍用也。

四、註：

1. 參見說文解字注七上三十五頁。

2. 參見說文解字詁林六—三三四頁（鼎文版）。

3. 參見字例二篇一一九頁。

4. 參見釋鼎，載中國文字十一期；又叢釋一九五—一九八頁；又采入金詁卷七、四四一七—四四二一頁。

5. 參見說文解字注六上木部四頁。

6. 參見商周禮制中鼎之研究二二頁。

074 江小中母生鼎

一、銘文：

74

二、隸定：

江小中母生自乍用鬲。

三、考釋：

銘首「江」字，契文未見，金文作从水工聲。於此或係國族之稱，左僖二年傳：「江人黃人盟于貫。」蓋春秋時有江國，而姓譜以伯益之後，封於江陵，因封賜姓為「江」。「小」字甲文作小（藏・一〇一・三）、川（前・一・二四・三）、小（甲・一・二六四）、川（甲・二・二九・七）形；金文作八（盂鼎 三代・四・四四）、小（選子甗 三代・七・三八）形。說文二上小部云：「小，物之微也。从八、丨見而分之。」高田忠周从之，云：「物之散小莫細於艸木之始，故先借丨出之，丨為細散意，八以分之。」（註1）蓋據篆文立說也，商承祚以「小，卜辭作三點，示微小之意，與古金文同。」（註2）馬叙倫則云：「小、少、𡭴一字，皆沙之初文。」（註3）高鴻縉以「小字象雨點之形」（註4）。小本象「沙」細散之形，引申為一切物之細小者，字於此銘殆用為人名。「中」者，仲也，蓋指行輩。「江小中」者，言江國名小仲之人。

「生」字，甲文作生（拾・一・十）、生（佚・九三八）形；金文則於垂直長畫中增點作生（穆公鼎 冠上十三）、生（番生簋 三代・九・三七）形，而與篆文「生」字不異。說文六下生部云：「生，進也。象艸木生出土上。」高鴻縉言象屮（古艸字）生地上，一為地之通象（註5）。故許氏不言从屮从土，蓋知其非从土也。字於此殆用為人稱。「毋生」者，為江小仲之母，名為「生」，蓋為作器之人。

「鬲」字甲文作鬲（藏・二三五・一）、鬲（前・五・四・一）、鬲（新・二六七五）、鬲（乙・四七四三）、鬲（錄・八四三）形；彝銘鬲作鬲（召仲鬲 三代・五・二四）、鬲（仲姬父鬲 三代・五・三五）、鬲（鬲尊 周・五・十）、鬲（召王鬲 三代・五・三十）形。審其形構已孳繁矣。說文三下鬲部云：「鬲，鼎屬也。實五觳，斗二升曰觳，象腹交文三足。」鬲蓋鼎屬，考工記圖曰：「鬲款足。」漢郊祀志云：「鼎空足曰鬲」。故知鼎、鬲之分，在款足與否也。「用」者，从卜从同省，會意。古人一事多卜，卜同則用，故說文三下用部云：「用，可施行也。」此銘云：「自乍用鬲」，而于氏誤置鼎屬。

四、著錄：

1. 文參一九五四、五、四六。

五、註：

1. 參見古籀篇十九第四－五頁。
2. 參見類篇二卷一頁。
3. 參見刻詞六一頁小鼎。
4. 參見字例二篇一八五頁。
5. 參見字例三篇八頁。

一、銘文：

075 乍寶鼎

75

二、隸定：

乍寶鼎，子子孫孫永寶用。

三、考釋：

此銘無作器人名，疑古市鬻之器。「乍寶鼎」及「子子孫孫永寶用」乃西周銘文之恒語也。蓋設辭子子孫孫，祈其永遠珍寶用言。

## 076 白旬鼎

一、銘文：

76

二、隸定：

白旬乍隮鼎，萬年永寶用。

三、考釋：

白旬乃作器人名。說文四上目部云：「旬，目搖也。从目勻省聲。眴，旬或从目旬聲。」林義光言旬，眩也。勹為眩轉之象，劇秦美新：「臣嘗有顛眴病」，是旬即眩(註1)。契文未見旬字，此則銘孤器單，釋旬可从，唯其初形本義已無徵。「萬年永寶用」，亦彝銘恒辭，欲其長永珍用之也。

四、註：

1.參見文源。

077 司乍父乙鼎

一、銘文：

77

二、隸定：

龏司母易商貝于司，乍父乙彝。

三、考釋：

此器銘稍泐不清。金祥恒云：「甲骨文乙二二七四龔后之后作司，乙五九八五龔后之后作后，正是正反書之證……故司之說解為臣司事於外者，與后發號者君后也，其義一之與二也。」（註1）此「龏司母」者，蓋龏國或龔氏名司者之母也。

「易商」二文，彝銘習見，然二者連文則絕無僅有，或作「商某貝」，若般甗：「王商作冊般貝」〈三代.五.十一〉；或云「某易某貝」，若小臣邑斝：「王錫小臣邑貝十朋」〈三代.十三.五三〉是也，而未見「某易商（或商易）貝于某」者，故疑當作「易商貝于司」，易為動詞，商乃國名。「易」字說解紛歧，或以說文：「易，蜥易、蝘蜓、守宮也。象形。」而言龍、易同物異名(註2)。或以德鼎易作[illegible]，遂謂易乃益之簡化，益為溢之初文，象杯中盛水滿出之形(註3)。殆以偏概全，未見其可也。而勞榦言易為錫之本字，乃一平淺之釜，斜傾錫液(註4)。然觀甲、金文易皆作[illegible]（藏二二·一）、[illegible]（丙申角 三代十四·四七）形，焉有釜口與傾液相反之理耶？故「易」本「暘」之本字，「為乍晴乍陰之意，倚日畫雲掩及光線露出之形，由物形引生意，故為乍晴乍陰之意，動詞。甲文卜辭有「易日」、「不其易日」等語，用易如翳(註5)。郭氏讀易如暘，嚴氏一萍亦以易、易為一字，即「暘」之初文(註6)。引申為變易、交易。銅器彝銘則皆假為賞錫之「錫」。而商乃國名，若「王來伐商邑」之「商」。「易商貝」謂賞賜商地之貝。此貝既賞賜予司，故司因以作器用祭「父乙」。

四、註：

1. 參見釋后，載中國文字十冊四一一六頁。
2. 參見高田忠周、古籀篇九十八第三一頁。
3. 參見郭沫若、由周初四德器的考釋談到殷代已在進行文字的簡化，載文史三四五－三四六頁。
4. 參見古文字試釋，載集刊第四十本上四一一－四三頁。
5. 參見高鴻縉、中國字例二篇二五八頁及頌器考釋四○頁。

6.參見張光裕、先秦泉幣文字辨疑，載中國文字三十七冊四九頁及嚴一萍、釋𠂤，載中國文字四十冊二一三頁已辨郭氏之非。

## 078 史喜鼎

一、銘文：

78

二、隸定：

史喜乍朕文考翟祭，氒日隹乙。

三、考釋：

「史」字甲文作史（藏八八．四）、史（拾七．六）形，金文形與甲文無殊，作史（史簋 三代六．三）、史（史頌簋 三代九．七）形。說文三下史部云：「史，記事者也。从又持中，中，正也。」歷來說「中」者，紛歧不一。阮元（註1）、方濬益（註2）、王國維（註3）悉引周禮、儀禮為證，言中蓋盛筭之器，从手持盛筭之器，意為持書之人。吳大澂則謂象手執簡形（註4）。江永言簿書謂之中（註5）。陳夢家初釋史為田獵之網，而网上出干者，搏取獸物之具也（註6）。後从許書、王氏之說（註7）。而馬叙倫以事象手持聿

（筆）形，乃「書」之初文，㕜乃以手執中（飾中舍筭之中）之圖，非史字（註8）。勞榦言史象手持鑽之形，象鑽龜而卜之事，史官以卜筮為重，記事為後起（註9）。白川靜以卜辭「由王史」之由，應从于省吾釋𠙴，讀為載，而與史字音近，史字象收祝告載書之辭于𠙴之中而捧持之形，史所从之中與中形音義了無相涉（註10）。諸說於形悉得其一偏，未知孰是。

史為彝銘中最習見之官，孫詒讓曰：「史官之設，蓋始於黃帝，下迄殷、周，職掌尤備。左襄四年傳辛甲為武王大史；周書王會篇有大史魚；史記周本紀有大史伯陽；鄭世家有大史伯；老子傳有大史儋；漢書藝文志有周宣王史籀。」（註11）而史官是否始於黃帝，焉能置喙。然甲骨刻辭已有史官之名，據陳夢家卜辭綜述歸納有(1)史，(2)北史，(3)卿史，(4)御史（註12）諸名，職守悉與祭祀有關，周之史官，或稱「內史」，殆為行王命，代宣政令，而以受王命、行冊命禮為主（註13）。本器銘之「史喜」，亦史官之屬。

「喜」字甲文作𡉃〈藏・八二・三〉、𡉃〈前・四・四三・二〉、𡉃〈戩・四・五・七〉形；彝銘作喜〈大豐簋〉〈三代・九・十三〉、嘉〈邾公牼鐘〉〈三代・一・四九〉形。劉心源（註14）、陳邦懷以喜為饎省（註15）。林義光以壴象豆豐滿上出形，與豈同意，从口。喜兼有酒食義（註16），唐蘭以喜者，以𠙴盛壴，壴即鼓形也。凵者，凵盧之凵，𠙴象盛物之狀（註17）。說皆未允。說文五上喜部云：「喜，樂也。从壴从口。歖，古文喜从欠，與歡同。」字蓋从壴（鼓之初文），从口，會意。擊鼓節歌，喜意自出。故曰喜，樂也。本器銘之「喜」字，用為人名。

朕文考者，朕，自稱之辭，與余同。文考者，父之稱也。「翟祭」，翟字于氏以為樂舞，祭謂祭器，而日乙謂作器之時(註18)。吳氏則以翟亦祭名(註17)。楊樹達云：「文云翟祭，則翟為祭名可知，然古祭無名翟者，余謂蓋假為禴也。詩小雅天保云：『禴祠烝嘗，于公先王。』周禮大宗伯云：『以禴夏享先王。』易升九二云：『孚乃利用禴。』釋文云：『禴，蜀本作躍。』躍从翟聲，與禴通，知翟亦可與禴通矣。」(註20)考說文四上羽部云：「翟，山雉尾長者，从羽从隹。」古樂舞或持翟，若詩邶風簡兮：「右手秉翟」，禮記、祭統以翟為教羽舞者也。故翟祭蓋如今祭孔大典八佾之舞中，執雉尾之翟以舞而祭者，于說是也。「氒日隹乙」蓋記其祭祀及作器之時在乙日也。

四、註：

1. 參見積古卷五、十九頁手執中觚。
2. 參見綴遺卷十七、五頁執中尊。
3. 參見集林、釋史二四五—二五二頁。
4. 參見古籀補十五頁。
5. 參見周禮疑義舉要。
6. 參見史字新釋，載考古社刊第五期七—十二頁。

7. 參見陳夢家、金選九二頁西周銅器斷代趞方鼎。
8. 參見刻詞九—十頁手執中彝。
9. 參見史字的結構及史官的原始職務，載大陸雜誌十四卷三期一—一四頁。
10. 參見釋史，載甲骨金文學論叢初集一—六六頁。
11. 參見周禮正義卷三二、二一頁。
12. 參見綜述五一九頁。
13. 參見黃然偉、殷周青銅器賞賜銘文研究（下簡稱賞賜）第五章貳西周賞賜銘文所見之周代官制，一二八—一三二頁。
14. 參見奇觚卷四、十二頁天無敔。
15. 參見小篆十二—十三頁。
16. 參見文源。
17. 參見文字記五十一下—五十二頁上。
18. 參見于省吾、雙選上二，五頁。史喜鼎銘（契齋拓本）。
19. 參見吳闓生、吉文卷一、三一五頁。史喜鼎。
20 參見積微一九一頁史喜鼎跋。

一、銘文：

079 □句君鼎

79

二、隸定：

虎句君八鳳𢍰其吉金，自作旟鼎。

三、考釋：

銘首之「□」字，與青羊竟之「□」字、尚方竟之「□」、朱氏竟之「□」(註1)形近，故疑為「虎」字。「君」字甲文作□(後下、十三、二)、□(後下、二七、十三)、□(續存、一五〇七)形，金文从尹从口作□(文君簋 三代、十、三)形，說文二上口部云：「君，尊也。从尹口，口目發號。□，古文，象君坐之形。」(註2)高田忠周从說文，以訓諫手，兩手捧承，敬慎之意自存焉，故以春秋繁露所謂君也者，掌令者是也。荀子、禮論篇：「君者，治辨主也」為本義(註3)然甲、金文形構及古鉢作□(郭)、□(鐵)(註4)；古泉作□(分布類、六七)(註5)；盟書作□(一五六：三)、□(一：四〇)、□(一五六：二)、□(一六：三)(註6)諸形知：君之初形為从尹口，其本義蓋以手秉杖，用口發號施令之謂。先民聚族而居，酋長無以象徵其權威，是以杖示之。山頂洞人已存以手秉杖之史實，石氏璋如云：「山頂洞人的生活較為進步，故其用具也不以石器為限。……骨角器中以鹿角製成之短棒最能引人注意，因其表面削刮平滑，摩磨頗光，並刻劃有紋飾，歐西考古學家多稱此角器為『指揮棒』（註7），為家族或種族領袖之信物。」（註8）而此信物為造字者所取，存於文字之中，此「尹」字所以象以手秉杖之形也。从口以發號施令，則為「君」也（註9）。「凮」字不可識，疑从𠘨从長。「八凮」義亦未詳。依銘文辭例，虎𣪘君八凮乃作器之人名。

四、註：

1. 參見金文續篇第五、五頁下。
2. 按君，大徐說解作「从尹發號，故从口」；小徐作「从尹口，發號故从口」，二家稍有出入。
3. 參見古籀篇四十八第一一頁。
4. 參見古璽文字徵第二、二頁。
5. 參見古錢大辭典，七二頁。
6. 參見侯馬盟書三〇八頁。
7. 按法國考古學家在法國、瑞士洞穴中，發現酋長所用之指揮棒（bâton de comrandement），即此物也。參見陳氏、文字新詮三四二頁。
8. 參見中國的遠古文化八頁。

9.參見說文解字古文釋形考述一三九一一五〇頁。

## 080鄭子鼎

一、銘文：

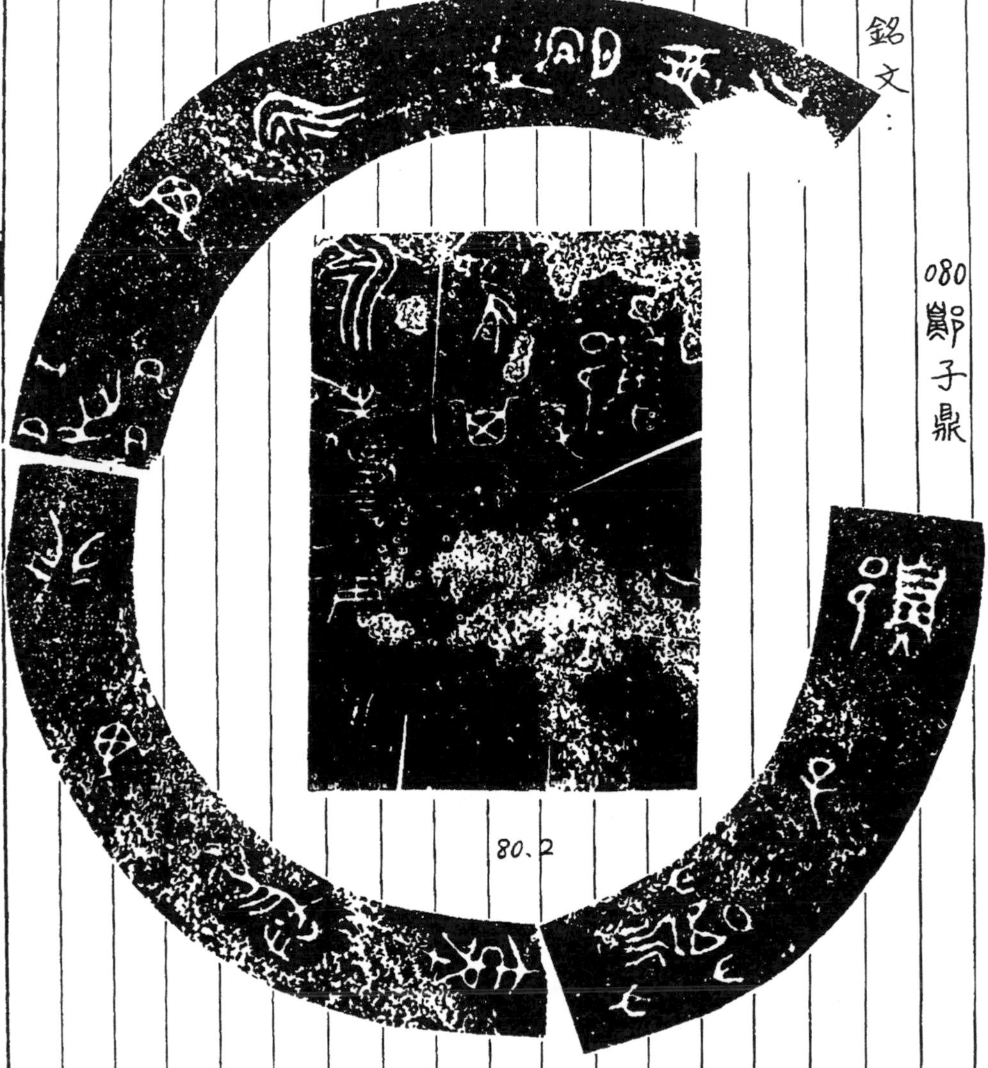

80.2

80.1

二、隸定：

鄖子蒷夷為其行器，其永壽用之。

三、考釋：

銘首「□」字，隸作「鄖」，說文所無。以其从「邑」，當係國稱。「□」字，从員从茻，亦說文所無，集韻同「蕓」。「□」字，甲文夷作□〈甲編二七〉（註1）形；金文亦作□兮甲盤〈三代十七、二十〉形；又作□柳鼎〈錄遺九八〉形者，乃後起之異體。說文十下大部云：「夷，東方之人也。从大从弓。」林義光言大、弓非義，夷即遲之本字，从大，象人形；己絆之，與後退久同意（註2）。高田忠周以「夷」元从大从尸，尸即𡰥省，𡰥亦仁字，从大仁會意（註3）。吳其昌以「尸」、「夷」為一字，夷、弟又互通。「夷」之本義為一矢形，象有繳韋之屬縛束之也。又言「夷之本義，在宗周時為韋束矢形；在先秦時為銕鑄之矢矣。」（註4）田倩君則以夷為持弓或負弓之人，尸乃夷之簡化（註5）。譚戒甫言「己」非弓字，實是「尸」之反形，與「𡰥」所从略同，故訓為平（註6）。然東夷之人，俗尚武勇，行必以弓自隨，故製字象之（註7）。字从大从弓會意。「蒷夷」蓋為人名。「為」字从爪从象，蓋役使以助勞，引申為「作為」（註8）。「行器」他銘未見，曾季鼎〈三代三、四一〉有「行鼎」，虢仲盨〈三代十、三七〉有「行盨」，器乃禮彝之共名，「行器」者，蓋為行旅祭享之禮器。

四、註：

1、又朱芳圃、文字編十卷十頁上收新寫一五〇片「弜」作「夷」。

2、參見文源。

3、參見古籀篇三十九第一四頁。

4、參見金文名象疏證二三八—二四〇頁。

5、參見釋夷，載中國文字第二十冊九頁。

6、參見西周曩鼎銘研究，載考古一九六三年第十二期六七一頁。

7、參見甲文集釋第十、三二〇七頁。

8、參見增考中六十頁下。又說文正補、「為」四三—四六頁。

081 白唐父鼎

一、銘文：

81

二、隸定：

白唐父□□鼎，其萬年孫孫子子永寶用。

三、考釋：

白，伯也，行輩或爵稱。「鹿」字甲文作□〈藏.四五三〉形，羅振玉謂：「或立，或寢，或左，或右，或回顧，或側視，皆象鹿形。」(註1)金文則作□、□〈貉子卣 三代.十三.四一〉、□〈命簋 三代.八.三三〉形。說文十上鹿部云：「鹿，鹿獸也。象頭角四足之形，鳥鹿足相比，从比。」審諸甲、金文，皆象其兩角多歧，足多作[字形]、比形，乃許氏从比所自昉，當非文字，且鹿為蹄足與鳥足為爪，彼此懸殊，許氏蓋據小篆而說耳。于省吾以鹿下當有缺泐，故隸作「麐」。「白鹿父」殆作器者之名。「其萬年孫孫子子永寶用」乃彝銘恒語，其義殆為嘏辭

四、註：

1、參見增考中二十九頁下。

082 亟皇父鼎

一、銘文：

82

二、隸定：

圅皇父作⿰鼎女⿰阝尊器鼎，子子孫孫其永寶。

三、考釋：

「圅皇父」所作之器，別有圅皇父𣪘（錄遺一六二）又（三代、八、四十）、圅皇父匜（三代、十七、三一）、圅皇父盤（錄遺四九七）。「圅」本象盛矢函中之形，此則用為國名或氏族之稱。「皇」字从㞷从王，王亦聲（註1）。圅皇父者，蓋即詩小雅十月：「皇父卿士」之皇父。王國維云：「周娟猶言周姜，即圅皇父之女歸于周，而皇父為作媵器者，十月之交『豔妻』，魯詩本作『閻妻』，皆此圅之叚借字。圅者，其國或氏。娟者，其姓，而幽王之后則為姜為姒，均非娟姓。」（註2）「⿰女鼎」即「娟」，說文十二下女部云：「妘，祝融之後姓也，从女云聲。⿰鼎女，籀文妘从員。」然以「古从鼎作之字後多誤為貝，而古从貝之字亦間有誤為鼎者，如具字本从貝从𠬞，馭卣作⿱貝廾，㕣鼎作⿱鼎廾（註3），即其明證。」（註4）故知⿰女鼎、娟、妘為一字。此「圅皇父」為其女「娟」所作之媵器，並冀其子子孫孫永久珍寶。

四、註：

1. 參見魯實先先生、殷契新詮之二、釋𠦃、五二頁。
2. 參見集林廿三，王谿生詩年譜會箋序注。
3. 案此二器之「具」皆从貝，圅皇父簋（三代、八、四十）則作「⿱貝廾⿱鼎廾」，从鼎，蓋鼎、貝古多相混。

4.參見郭鼎堂、兩攷一三一—一三二頁函皇父𣪕。

一、銘文：

083 白鼎

83

二、隸定：

隹白□□八㠯□年吏□才井乍宋寶隮彝。

三、考釋：

此器銘文漫漶，不易辨識。「隹白□□八㠯□年」，此以事記年也，猶旅鼎：「隹公大𠈇來伐反尸年」（三代四·十六）之例。白，伯之初文。㠯，師之初文。井，方名。此鼎或在井地所作之禮器，

一、銘文：

084 小臣⿺辶浦鼎

二、隸定：

□□□叀于西□□□□鼎□□皇乍寶□。

三、考釋：

此器拓文模糊不清，僅見「叀于西」「鼎」「皇乍寶」數字。

又依于氏題為「小臣⿺辶浦鼎」，則銘首或作「小臣⿺辶浦」三字。

一、銘文：

085 小臣曁鼎

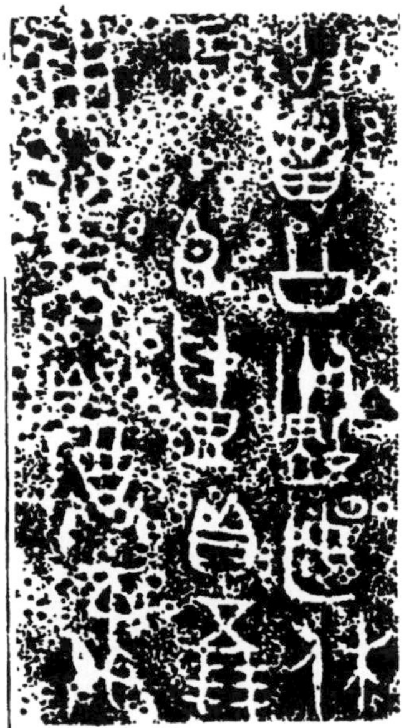

85

二、隸定：

𨰻公埶匽休，□小臣曁貝五朋，用乍寶䵼彝。

三、考釋：

「𨰻」者，召之繁文。召為姬姓，召公奭之後。「初封在今陝西鳳翔縣南召亭，繼居今河南偃城縣。周室東遷後，改封召原。在今山西垣曲縣東六十里。又今山東惠民縣有邵城，河北易縣北四十二里故涞水城，亦或曰邵，蓋並亦其遷徙遺跡。」(註1)「埶」字不可識，或是召公之名。匽，經傳作燕，喜也，樂也。

「小臣」於甲骨刻辭為殷室王子之後裔(註2)，而彝銘之「小臣」，非後世所謂「國之賤臣」(註3)之小臣。西周小臣職司有三：

(1)受命於王，聽王之差使，亦聽命於王臣。若季娟鼎、守𣪘、小臣靜卣、小臣謎𣪘是也。

(2).參與征伐，若小臣逨𣪘是也。

(3).參與射御之事，若靜𣪘是也。

考周禮、夏官，小臣掌王之小命詔，相王之小法，掌孤卿之復逆，正王之燕服，位王之燕，出入則前驅（註4）。彝銘之「小臣」，可補經傳之義。「𧶠」字不可識，為小臣之名。「小臣」之上字當為「商（賞）」之缺文。金文中之「朋」，乃計貝之單位，如旅鼎：「公易旅貝十朋」（三代四・十六），趞尊：「錫貝五朋」（三代十一・三五）。詩小雅菁菁者莪鄭箋：「古者貨貝，五貝為朋。」五貝為朋應為「朋」之本義。此銘正錫貝五朋。

此銘蓋「召公𨑝」賞賜小臣𧶠貝五朋，故作器以銘功、念德及祭亯也。

四、註：

1. 參見陳槃、不見于春秋大事表之春秋方國稿二頁九四頁。又張日昇、金詁卷二、五九一頁。
2. 參見白川靜說，白鶴館三，九八頁。
3. 參見韓詩外傳。
4. 參見黃然偉、賞賜一四八頁小臣。

一、銘文：

86

二、隸定：

㝨登白□弔嫞作寶鼎，其子子孫孫永寶用。

三、考釋：

「㝨」字本象置酉（酒）丌上之形，此用為國邑之名，乃「鄭」之初文。其後偏旁加「邑」而成「鄭」字，乃後出之形聲字。說文六下邑部云：「鄭，京兆縣，周厲王子友所封。从邑奠聲。宗周之滅，鄭徙溍洧之上，今新鄭是也。」故鄭蓋姬姓，始封宣王子友，都棫林。至武王時東徙新鄭。「登白」蓋作器人名。「登」為氏，乃「鄧」之初文。「白」其字，伯之初文。又見鄭登伯鬲（三代五．二三），蓋皆鄭國器。

「弔嫞」之「弔」，借為行輩之稱「叔」。「嫞」，郭沫若云：「嫞當是女姓，右旁笵畧損，致不可識。此姓典籍無可考。」

(註1)強運開亦釋嫦，而言「以形聲求之，當讀如祇，祇、姊音近，或亦為姊亦藉字也。」(註2)茲從強氏之說，字从女黹聲。此乃鄭鄧伯為叔嫦所作之媵鼎也，

四、註：

1. 參見兩攷一八一頁下鄭登伯鬲。

2. 參見古籀三補卷十二、第七頁，又引吳書釋作「㡀」，不塙。

一、銘文：

087 魯大左𤔲徒元鼎

87

二、隸定：

魯大左𤔲徒元乍善鼎，其萬年釁壽，永寶用之。

三、考釋：

此器銘拓右上角缺損，「魯」字依于氏目錄補。「左」字甲文本象左手之形，作𠂇（藏八・三）、𠂇（甲二一・十三）。金文或增「工」作左（東周左師壺，三代十二・十三）。說文三下ナ部云：「ナ，左手也。象形。」又五上左部云：「左，ナ手相左也。从ナ工。」誤分ナ、左為二部。此「左」用為左右之左。「左嗣徒」之稱，載籍未見，此銘可補史乘之闕漏。而「大」者，蓋美辭也，若大禹、大商之屬是。「元」，左嗣徒之名，亦為作器者。

「譱」，金文皆从羊誩，與小篆合。說文三上誩部云：「譱，吉也。从誩羊。此與義、美同意。善，篆文从言。」彝銘或假「譱」為「膳」，說文四下肉部云：「膳，具食也。从肉善聲。」此「譱鼎」，蓋用以具食之鼎也。

「萬年」、「釁壽」者，同表時間久長。萬本象蠍形，作萬，借為千萬之萬。釁本義為洗面，為「眉」、「𩒨」字之假借，說文九下長部云：「𩒨，久長也。从長爾聲。」又四上老部云：「壽，久也。从老省、𠷎聲。」故萬年釁壽者，為同義複詞。

088 乃子克鼎

一、銘文：

88

二、隸定：

[效]辛白蔑乃子克曆，室絲五十爰，用乍父辛寶尊[彝]，白其竝受。

三、考釋：

「效」字銹掩，茲據癡盦三補。效甲文作[glyph]〈藏.二二.四〉、[glyph]〈藏.一七五.一〉形；金文則作[glyph]毛公鼎〈三代.四.四六〉、[glyph]效父簋〈三代.六.四六〉形。說文三下攴部云：「效，象也。从攴交聲。」扵卜辭為人名，若：「丁卯卜爭貞：今子效□牢于囚」〈藏.二二.四〉，「丙寅卜，子效不其□羌」〈藏.五九.一〉，「丙寅卜，子效臣曰隹」〈藏.一七五.一〉，「效不其」〈前.五.九.六〉，「貞效往□」〈後下.十.十六〉是也。此銘之「效」則用為方名或族稱。「辛白」其名。「乃」用與「其」同，周禮、天官、小宰：「各修乃職，考乃法，待乃事」，乃，其也。「效辛白蔑乃子克曆」者，言效國名辛伯者，自勉其子克勤力敬事。

「室絲五十爰」者，室疑為守字，用與「休」、「易」同，義為賞賜。盂鼎：「令公室盂邑束」〈三代四·四四〉即其例。「絲」字甲文作□〈後下八·六〉、□〈後下八·七〉、□〈鐵雲藏龜天象三八〉形，金文作□舀鼎〈三代四·四五〉、□守宮盤〈錄遺四九八〉形。字本象束絲形，兩端或一端則束餘之緒。說文十三上絲部云：「絲，蠶所吐也。从二糸。」彝銘錫絲者，又見守宮盤：「易守宮絲束」〈錄遺四九八〉，而絲以束計者，僅此一例。或以「爰」計，是銘及舀鼎：「絲三寽」〈三代四·四六〉，知「爰」、「寽」悉為計絲之單位詞〔註1〕。甲文「爰」字作□〈後下三十·十六〉，□〈乙八七三〇〉形，本象二手相引之形。說文四下𠬪部云：「爰，引也。从𠬪从亏。籀文㠯為車轅字。」蓋其本義。此言賞賜克五十爰絲。

「白其竝受」者，竝象二人併立之形。受者，相授受。受字甲文作□〈藏二四·三〉、□〈藏一〇〇·二〉、□〈拾三·十四〉、□〈戩二六·四〉形，金文則作□受尊〈三代十一·十六〉、□四受且丁尊〈三代十一·十三〉、□寰盤〈三代十七·十八〉、□頌鼎〈三代四·三九〉、□蔡侯盤〈蔡三八〉形。說文四下𠬪部云：「受，相付也。从𠬪舟省聲。」然契文、金文受字均从舟作□目等形不省。此所云「舟」，即周禮、春官、司尊彝：「春祠夏禴，祼用雞彝鳥彝，皆有舟」之「舟」。鄭司農云：「舟尊下臺，若今時承槃。」李孝定「疑契文金文受字所从之□若目，即槃之古文。卜辭槃作□即凡字，與此正同。後形稍變作□，遂與舟車字相捪耳。實當云：『从凡槃。』周禮之文亦當云：『皆有槃』也。槃作□，象形。吾鄉舊時猶有此物，或作長方形，間亦作圓形

，皆所以盛物相受授者，故製字象之，古文受授亦同字也，」（註二）

說殆可从。「白其並受」者，意與「用受大福無彊」（曾伯陭壺，三代、十二、二六）、「受茲永命」（伯康簋，三代、八、四五）、「子子孫孫永受□福用」（齊乎姬盨，錄遺四九三）、「受害福」（質子多父盤，周四、五）、「受福釁壽」（國差𦉜，三代、十八、十七）同，謂辛白與其子克並受福祉無彊。

四、著錄：

1、癡盦三，末兩行有偽刻。

2、小校卷二、八六頁。

五、補述：

※茲附癡盦、小校之隸定：

• 癡盦（末兩行有偽刻）

斿辛白穖乃子克

曆紵絲五十爰用乍

父辛寶䵼毀辛白

其並受年永用鼎

• 小校（每行皆闕二字未拓出）

□□白穖乃子克

□□絲五十爰用乍

□□寶䵼彝辛白

□□受年永口鼎

六、註：

1、參見周法高、零釋五〇一—五一頁師旂鼎考釋；又黃然偉、賞賜一一七—一二二頁。

2、參見甲文集釋、第四、一四四四頁。

一、銘文：

89

二、隸定：

辛作寶，其亡彊，氒家鮍徆䍐。用䁋氒剸多友，多友贅辛，萬年隹人。

三、考釋：

「辛」，作器者名。「彊」，疆之初文。疆乃畺之異體，說文十三下畕部云：「畺，界也。从畕，三其介畫也。疆，畺或从土彊聲。」故亡彊者，即無界限也，引申為無窮無盡。

「氒家鮍徆䍐」者，甲文「雍」作（前二·二七·八）、（前二·二八·七）、（前二·三五·六）形，金文作（雍姒簋 三代六·三六）、（毛公鼎 三代四·四六）、（䣄王鼎 三代四·九）、（盂鼎 三代四·四二）、（雍伯鼎 三代三·三）形。或釋滑（註1）；釋擁（註2）；釋奮（註3），皆泥其形構，未通達耳。劉心源言雝从邕，「邕」即「壅」之正字，吕象池形，巛即川，古刻从水與川同意。此銘省水仍是雝字，小篆从隹（註4）。高田忠周則以字从隹呂从攴，乃為擁字。雝為鳥鳴，其聲和，故雝亦訓和（註5）。羅振玉言辟雍有環流，故从巛，或从乀，乃巛省也。口象圜土形，外為環流……古辟雍有圍，鳥之所止，故从隹。金文或增口作呂，後又譌呂為邑，初形蓋不復可見（註6）。朱芳圃則以形聲說之，言「从隹𠮩聲，一作□……篆文从邑，即呂之譌變」，又「（□）从隹㕧聲。㕧，一作□，象手持勹。勹，抱器，所以出納於瓮中者。」（註7）悉於初形本義不符。考甲文「雍」从隹从宮省聲（註8）。此銘之「雍」，義當訓「和」，書、堯典：「黎民於變時雍」傳：「雍，和也。」禮記、樂記：「肅雍和鳴」疏：「雍，和也。」與盂鼎：「召艾敬雍德」同。徝者，德之初文。金文德之形體殊多，初作「悳」，若□（陳侯因資錞〈三代、九、十七〉）、□（者沪鐘〈三代、一、三九〉）是；後孳乳為「德」，如□（盂鼎〈三代四、四三〉）、□（毛公鼎〈三代四、四六〉）；或从辵作□（弔家父匡〈三代、十、二三〉）、□（王孫鐘〈三代、一、六三〉）；或从言作□（蔡侯鐘〈金、一七五〉）；或从彳作□（王孫鐘〈三代、一、六三〉）；或省心，若本銘（註9）。盟書有作徝（九八、六）（註10）。說文二下彳部云：「德，升也。从彳悳聲。」而彝銘德除作專名外，皆叚作訓「外得于人，內得己」之「悳（十下心部）」，後人亦借為道德字而悳字轉廢（註11）。

「□」字或上讀連「徝」，或下讀𤰈「用」。或釋虔（註12）；釋□（註13）；釋褫（註14）；釋□，疑置之古文（註15）。李孝定則以字為「□」之省爪耳，云：「攷金文□字多見，从□為从□之省變，象兩手治亂絲之形，此字偏旁从㒺，亦與亂絲意近，㒺或竟是𠀠之譌，……字當从黹虍聲。雖不知當今何字？然於諸銘，則當讀為鯀字。」(註16)周法高則言當讀為嘏，說文：「嘏，大遠也。从古叚聲。」詩賓之初筵：「錫爾純嘏」，卷阿：「純嘏爾常矣」，虍聲、叚聲同隸魚部(註17)。」(註18)按周氏之說為長，字當上讀，作「氒家雍德𦋸」，考詩賓之初筵、卷阿及閟宮：「天錫公純嘏」，載見：「俾緝熙于純嘏」，周書寶典「樂獲純嘏」，「嘏」悉用於句末，與是銘同例。「氒家雍德𦋸」者，言其家和雍德穆之遠長廣大。「用替氒劓多友」者，替字又見臣辰卣(三代、十三、四四)，臣辰盉(三代、十四、十二)．高田忠周隸作朋，說文無，義與倗近(註17)。容庚言替，字書所無，義如賞賜(註20)。陳夢家言即說文珏(或作瑴)，假作劃成瑴(註21)，瑴，分也。郭沫若則以「替」為「豊」之異文，讀為「禮」(註22)．替象器中盛雙玉之形．禮者謂儐禮之謂(註23)。白川靜則从其文例言之，與趙曹鼎：「用鄉倗舀」，克盨：「隹用獻于師尹倗友婚媾」，又杜伯盨：「于好倗友」等之饗、獻、好等之意相近。若如王說，讀作豐，則蓋為隆賜豐厚，言「褒賞之盛」之語(註24)。審其文義，當从郭說，而有饗獻之誼。「劓」字又見叔夷鐘：「遣而倗劓」(兩攷、二○三)。說文四下刀部云：「劓，刖鼻也。从刀臬聲。易曰：天且劓。劓，劓或从鼻。」廣雅．釋詁一云：「劓，斷也。」廣雅．釋詁四：「劓，截也。」(註25)吳闓生言劓、臬同字，法也（註26）。于省吾、郭沫若皆言剔有倗儕義（註27），然揆諸經傳，「剔」、「集」悉無朋儕義，故以吳氏之說為長，小爾雅、廣詁：「集，法也。」廣雅、釋詁二：「集，灋也。」是剔多友者，有法諸友。

「多友贅辛萬年隹人」者，贅字，甲文作𣏂（甲.二六三）形，蓋象以手持杖打麥，以示收穫之義。收穫為儲糧之始，有食即有福，故說文十三下里部云：「釐，家福也。从里𠩺聲。」（註28）金文或从貝作贅，義與釐同。人者，仁也。釋名、釋形體：「人，仁也；仁，生物也。」多友贅辛萬年佳人者，言諸友乃祝福「辛」萬年惟仁，永享福祉也。

于省吾謂此「銘行次疑有顛倒」，吳闓生亦謂：「此銘語皆精造不襲用常語字，蓋好文之士刻意所經營也。」柯昌濟言「餘文不可悉」，蓋有感于文義詰屈而云然（註29）。

四、著錄：

1. 周金二、四十。（按：于氏言周、二十蓋四十之誤）
2. 小校二、九二、二。
3. 双選下一、六下。
4. 吉文一、三一四

五、註：

1. 參見阮元、積古卷五、三頁臤尊。

2. 參見徐同柏、从古卷十六、二十七頁周毛公鼎。
3. 參見吳大澂、愙齋四冊十六頁盂鼎。
4. 參見奇觚卷二、四十頁盂鼎。
5. 參見古籀篇五十五第一○頁。
6. 參見殷考中一一頁。
7. 參見釋叢九八頁雝。
8. 參見陳邦懷、小箋八頁下。
9. 參見古器物中之楚文研究五九頁（金祥恒撰）。
10. 參見侯馬盟書三四七頁。
11. 參見金詁卷二、九八八－九八九頁張日昇說。
12. 參見金攷、韻讀補遺、辛鼎一三三頁。
13. 參見双選下一、六頁辛鼎銘。
14. 參見吉文卷一、三一四頁。
15. 參見韡華乙篇二五頁下辛鼎。
16. 參見金詁附錄(三)一七三○頁。
17. 參見說文通訓定聲第九部一一八－一一一九頁。
18. 參見金詁附錄(三)一七三○頁。
19. 參見古籀篇四十九第二七頁。
20. 參見善圖二九頁臣辰盉。
21. 參見斷代七七頁士上盉。

22. 參見金攷一三三頁。

23. 參見兩攷三十二頁臣辰盉。

24. 參見通釋第七輯三〇臣辰卣三四五—三四七頁。

25. 參見古籀篇五十五第一〇頁。

26. 參見吉文卷一、三一四頁。

27. 參見金攷一三三頁；双選下一、六頁。

28. 參見張哲、釋來麥釐，載中國文字七冊五—七頁。

29. 參見双選下一、六頁；吉文卷一、三一四頁；韡華乙、二五頁下。

090 虢宣公子白鼎

一、銘文：

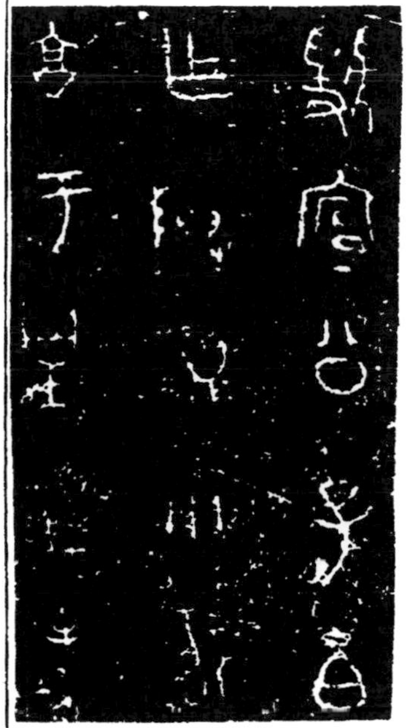

90

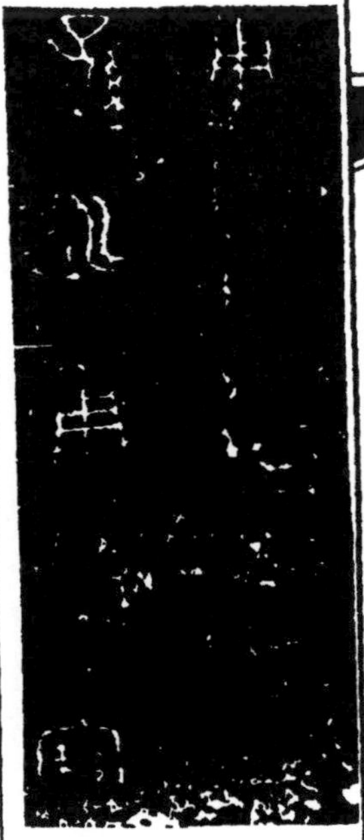

90

二、隸定：

虢宜公子白作𨺅鼎，用追亯于皇□考，用□□□，子子孫孫永用□寶。

三、考釋：

此蓋東虢國器。「虢」字本象一手執虎，一手持兵去其皮毛之形，即「鞹」之古文（註1）。此用為方國之名，虢乃姬姓之國，左傳五年傳：「虢仲虢叔，王季之穆也。」虢仲封東虢，虢叔封西虢。單稱虢者，東虢也。「宜」字甲文作⿱宀亘（後上·二四·七）、⿱宀亘（戩·四九四）形，金文作⿱宀亘（虢季子白盤〈三代·十七·十九〉）、⿱宀亘（曾子仲宜鼎〈三代·四·十五〉）、⿱宀亘（鑄客鼎〈三代·十九·二六〉）形。說文七下宀部云：「宜，天子宜室也。从宀亘聲。」高鴻縉則以「亘」為「宜」之本字，从雲气在天下舒卷自如之象，回，雲气之形，一，天之通象，下一者，地也。「宜」字从宀亘聲，乃通光透气之室也。引申有明也，通也（註2）。甲文象宀下雲气舒卷之形，金文重日，高氏天地之說，則依小篆而衍。字於此殆用為人稱。「虢宜公子白」者，乃虢國宜公之子白也。

其餘銘文蝕泐未清，摹拓不明，「用□言于皇□考」以下，當
係嘏辭祈望之語。

四、註：

1. 參見林義光、文源。

2. 參見字例三篇四三頁。

一、銘文：

091 麥鼎

91（註1）

二、隸定：

隹十又一月，井厌征嚅于麥。麥易赤金，用乍鼎，用從井厌征
吏，用鄉多者友。

三、考釋：

「井侯」，又見井侯毀（古銅・一〇三），麥方尊（西清・八・三三），麥方彝（西清・十三・十）
，麥方盉（西清・三三・三一）諸器銘。麥乃井厌之吏、正吏、作冊。陳夢家以

井侯侯于井，或即井侯延（註2）。李學勤以井侯即邢侯，周康王時封于邢，為周公子（註3）。是井医乃周初封於井。征，從彳從止，示人行道途。「嗝」字除鬲攸比鼎（三代·四·三五）、鬲比盨（三代·十·四五）作人名解外，又見麥盉：「鬲于麥宮……鬲口口」（三代·十四·十一），麥尊：「用鬲侯逆逈」（西考·四十），麥彝：「鬲玗麥宮……用鬲井侯出入」（西考·四二），麥尊：「用鬲侯逆逈」（西考·四十）。諸家之說，眾訟紛紜。孫詒讓釋嗝，借鬲為歷，取傳告（註4）相導（註5）之義（註6）。林義光言為不正之𠴫（註7）。劉心源以嗝即融，融即過（註8）。高田忠周則游移其說，言嚻、𪓐、讞、嗥、獻相同（註9）。郭沫若釋鬲，叚為燕（註10）。吳闓生釋嗝，饗也（註11）。陳夢家釋嗝為贊，作贊佐、贊助之贊（註12）。王國維言从鬲壺聲或从鬲我聲，當即融字（註13）。方濬益釋作亯，用也。从亯从自，讀若庸（註14）。白川靜則云為「瓚」之初文。「嗝」為動詞，相當於祼，為祭祀時賓客之際所行之禮也（註15）。周法高以白氏嗝、鬲無別為非，而从其釋祼之說（註16）。今從白氏之說。「征嗝于麥」者，謂往祼于麥也。「用從井医征吏」，吏者，事也。謂麥跟隨井医從事征伐，並以此受錫。「麥易」，倒文，謂錫麥也。赤金，指銅。「用從井医征吏」，吏者，事也。

「者」或釋「寮」；友，或作「有」（註17），非是。「者」乃「諸」之初文。諸友、庶友、眔多朋友也。「用鄉多者友」者，謂用以饗宴眔多朋友。

四、著錄：

1. 述林卷七周麥鼎攷。二九頁。

2. 吉文卷一、三一頁。

3. 金文厤朔疏證一、五一。

4. 商周一四三。

五、註：

1. 此拓銘本橫置，今直放，以省篇幅

2. 參見斷代(三)一五九頁。

3. 參見殷代地理簡論五○頁。

4. 說文二上止部云：「歷，過也，傳也。从止厤聲。」

5. 爾雅、釋詁：「歷，相也。」

6. 參見述林七第二九頁周麥鼎考。

7. 參見文源。

8. 參見奇觚卷二十、六頁鬲比鼎。又積微一五五頁麥盉跋說同。

9. 參見古籀篇四第三七頁。

10. 參見兩攷四二頁麥尊。

11. 參見吉文卷一、三一頁麥鼎。

12. 參見斷代(三)一五八頁。

13. 參見散氏盤考釋，集林二○三七—二○三八頁。

14. 參見綴遺卷十四第三十頁麥盉。

15. 參見通釋第十一輯六○麥盉六一一頁。

16. 參見金詁附錄㈢一五一六頁。

17. 參見吉文卷一、三十頁。

092 ⿰⿱艹壴女縧鼎

一、銘文：

92

二、隸定：

隹二月初吉庚寅，才宗周。檐中賁氒⿰⿱艹壴女縧遂毛兩馬匹，對⿰𦣞丮尹休，用乍己公寶障彝。

三、考釋：

此殆檐國器。陳夢家以檐是封地，疑即說文之櫨，音近于鄠，而擬周初畢公世家為：

畢公——畢仲----段

二

棈中

二

棈白

此「楢中」者，蓋為「畢仲」也。乃畢公之子。其官為「尹」(註1)。假「嬯䜌」，作器者之名。陳氏言嬯从女从臺(又从雨臣)，作左傳昭七年「僕臣臺」之「臺」，方言三之「儓」，殆為奴隸身分，西周金文以臣或嬯為身分名稱，地位不同，此嬯某殆與獻毁、卿鼎之臣獻、臣卿之臣意同(註2)。白川靜則釋嬯，屬臣之一系。臣或為社會階層臣妾之臣，或从身分關係為君臣主從之義，嬯字蓋从君臣主從之義，故應讀作「其臣䜌」(註3)。二說悉憑空託語，未足爭信。「䜌」字从爪从𢆶从奚。李孝定言从奚从糸，當隸定作緜(註4)。其說可信。「嬯䜌」乃作器人名，為楢中之寮屬。

「遂毛兩馬匹」，乃賞賜物也。容庚以汗簡犬部「䢳」釋「遂」，故云「遂毛兩」(註5)。甲文遂字作(戩.四四.一)、(前三.三五.五)形，蓋「从豕或从犬，或从兔从止，象獸走壙而人追之，故不限何獸。」(註6)說文二下辵部云：「遂，追也。从辵从豚省。」與甲文不合。容氏之說非是。「遂毛」者，車上建首之旗，說文七上㫃部云：「旄，幢也。」詩、出車：「建彼旄矣」、衛、干旄、毛傳云：「

注旄于干首，大夫之旃也。」正義引李巡曰：「旄，牛尾著于首。」旌或以羽，左定四年傳：「晉人假羽旄于鄭」，遂毛者，指于竿上載以五采之全羽，而立于導車之上者。說文七上㫃部云：「旞，導車所以載全羽以為允。允，進也。」一車兩干，故此器銘言賜「遂毛兩」(註3)，遂毛即「旞旄」。馬匹者，蓋為九賜之一。儀禮、覲禮：「束帛匹馬」，公羊傳三十三年傳：「匹馬隻輪」注：「匹馬，一馬也。」是馬匹者，馬一隻也。

「對䚄尹休」者，與詩、大雅、江漢：「對揚王休」同，對者，答也。揚、顯揚。休者，有賞賜義。蓋言報答顯揚尹之賞賜嘉勉也。

四、著錄：

1. 斷代(二)九一—九四頁，27䵼方鼎。圖象圖版拾壹。銘文圖十一。銘六行三二字。一九五〇年見于北京廠肆，高不過三十厘米。
2. 通釋第九輯五一䵼方鼎。
3. 金文集(一)圖一六一，四六頁；釋文七四頁。

五、註：

1. 參見斷代(二)九一—九三頁。
2. 參見斷代(二)九一—九三頁。
3. 參見通釋(九)五二二—五二四頁。
4. 參見金詁附錄(四)二三五八頁。

5、參見金文編卷二、二五頁。

6. 參見增考中七十頁上。

7. 參見斷代(六)九二頁；又賞賜二〇四頁。

一、銘文：

093 作冊大鼎

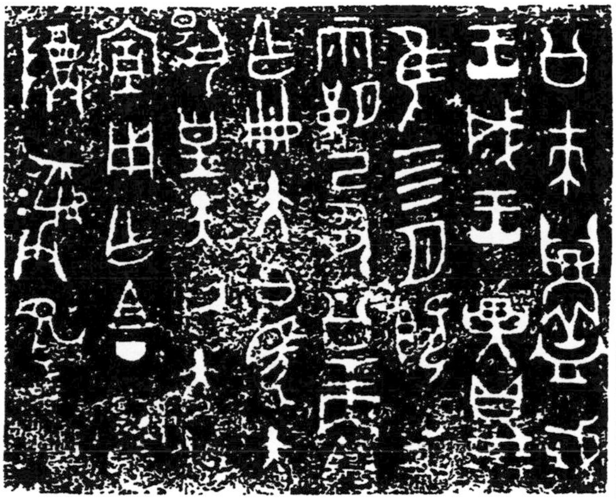

93

二、隸定：

公朿鑄武王成王異鼎。隹四月既生霸己丑，公賞作冊大白馬，大揚皇天尹大保室，用作且丁寶䵼彝。。

三、考釋：

「公朿」者，郭沫若言即召公奭。奭讀詩迹切，迹亦作速若蹟，正从朿聲（註1）。陳夢家从之，以赤、郝、刺、奭同音之故，是以公朿即大保召公奭，「皇天尹大保」指公朿也（註2）。或釋朿為來（註3）。楊樹達疑同宰峀毀：「王來獸自豆彔」之來（註4）。周法高從之，云：「康侯毀『朿』，容庚、于省吾、葉慈（註5）及余均釋作來，陳夢家釋作朿（刺），白川靜從之，並舉出賁為責之初文。案作冊大鼎及康侯毀朿字與來字略異，而與朿作𣏟𣏟亦不同，與責作賚亦有小異，未必即為朿（刺）字，當仍以釋來字異體為是。」（註6）今從楊、周二氏之說。來者，往來之來。公與後「公賁作冊大白馬」之「公」正合。

「異」字本象人頭戴物，兩手奉之之形，蓋「戴」之初文。郭沫若言異者，禩省，說文祀或从異作禩（註7）。陳夢家則以異鼎為大鼎之稱。異或是比翼之義（註8），「公朿鑄武王成王異鼎」，乃以事紀年，作禩為長。言公來鑄祭祀武王、成王周初二王之禮鼎

「作冊大」者，作冊，官名。大，人名。乃作冊令（三代六.五六矢令方彝）之子。官為世襲，故令之父為丁，而大稱且丁，且銘末族徽或鑄工之名同，當係一家之器，通考、兩攷、斷代（註9）悉以為康王時器，蓋是。「白馬」，賞賜物。

「皇天尹大㑀」者，或言即召公奭，吳北江則云：「皇天尹大

保者，言太保乃天所命之尹，猶言天吏、天牧，謂召公之德格于皇天也。」(註10) 皇天蓋美辭，尹乃官之長。大保者，即公也，召公奭之家號。或以天尹即天君(註11)。非也。

銘末「鳥册」，册字闕，則與他三器銘異。此方鼎凡四器，二器具在善齋四三、四四(註12)，三代著錄三器四、二〇、二—三—四，出于洛陽邙山之麓馬坡(註13)。此銘于氏言與三代四、二十所錄三器異笵，另一器民國三十年（一九四一年）四月雲南昆明桃園村出土(註14)。

四、著錄：

1.三代、四、二十異笵，題作「大且丁鼎」。

五、註：

1.參見兩攷三三頁。

2.參見斷代(三)一六八頁。

3.參見容庚、金文編卷五、三六下。

4.參見積微一六五頁作册大鼎跋。

5.參見 P. Yetts. An Early Chou Bronze. Burlington Magazine 1937, pp147-177。

6.參見金詁卷五、三六〇七頁。

7.參見兩攷三三頁。

8.參見斷代(三)一六七—一六八頁。

9.參見通考四三頁；兩攷三三頁；斷代一六八頁。

10. 參見雙選下一，九頁下。

11. 參見先考四二二頁。

12. 善齋舊藏兩器，後歸中央博物院，今皆在台北故宮博物館，其一銘文四十一字，其一銘文四十字，在腹內近口處，一足已斷，

13. 參見兩攷三三頁作冊大鼎及李棪、金文選讀序論二頁。

14. 參見斷代(三)一六七頁作冊大方鼎。

## 094 寓鼎

一、銘文：

94

二、隸定：

隹九月既生霸辛酉，才匽，医易害貝金。揚医休，用作䵼白父辛寶障彝。害萬年，子子孫孫寶光用。大保。

三、考釋：

此器蓋梁山七器之一。器銘原為土銹所掩，故清世著錄諸家摹本，未能通讀全文，后經剔清，拓本乃較明晰。

「匽」者，經傳作燕。地名。蓋召公所封國。匽字契文未睹，彝銘作匽（匽侯鼎 三代三.五十）、匽（匽伯匜 冠補六）、醧（秋氏壺 三代十二.二七）形，諸家皆以匽、燕古通。吳大澂謂匽，古燕字，象燕處巢，見其首（註1）。然字於古彝銘中或作匽（匽侯鼎 三代三.五十），或作匽（匽侯旨鼎 三代三.八），作匽（匽公匜 三代十七.三二），作郾（郾侯載戈 三代二十.三六），作郾（郾右軍矛 錄遺五八五），作郾（郾王戈 三代十九.四三）形，皆無吳氏所謂象燕處巢之形。此銘从日从女从乚，蓋為「匽」字，假為「燕」字。故容氏金文編十二言匽經典通作燕，殆為召伯所封國。陳夢家以秦滅燕後改去之（註2）。或以為故郾城縣實括故郾、召陵二縣境（註3），後徙玉田縣之燕山（註4）。白川靜則以召氏一族，周初封於匽，含有河南郾城之河南西部地段，為南燕故地，後北徙封於易縣之地。匽侯盂一群銅器在北方熱河淩源之地出土。南燕乃黃帝之後，為姞姓之國，若南燕為召氏之分族，召氏大概為姞姓之國（註5）。才匽，在燕地也。

「医易害貝金」者，医，燕侯也。陳夢家以侯為匽侯旨，乃召白父辛之子，與害為兄弟行。為召公奭之次子而就封于燕者（註6）。旅鼎云：「匽侯旨初見事于宗周」（三代四.十六），即其封侯事。「害」者，「憲」之初文。人名。即伯害盉（三代、十四、九）之害，乃召白父辛之子。召白父辛，或即召公奭，即詩甘棠、黍苗、崧高之「召伯」與江漢之「召公」。吳闓生言「此害必召公之後，召公後有在周者，有在燕者，此周之召氏至其宗國燕，得錫金而作其父召伯辛之祭器也。」（註7）則不專指矣。

「寶光用大保」者，或以「光用」上讀，言「寶光用」，他器罕見。而以「大保」二字為召公後人之符識，以此知凡器之署太保者，皆召公之裔（註8）。或以大保即召白父辛，與令方彝之「用乍父丁寶隣彝，敢追明公賞于父丁，用光父丁」同。所光者，即作尊彝所祭之父辛（註9）。當以後說較長。寶光用者，珍寶光顯而用言也。

四、著錄：

1. 頌續五六圖象。
2. 商周四七七圖象。
3. 攈古二一、五五、一一二；二三、五十。
4. 三代十四、九、七一八。
5. 周二補遺、杉林館拓本。
6. 雙選下一、六。
7. 吉文卷一、一三頁。
8. 斷代(三)一七〇頁52害鼎。

銘六行三九字。器高二四、八，口徑一九、六×二一、二厘米。梁山七器之一。曾藏鍾養田、李宗岱，一九四八年冬歸于清華大學。

9. 金文集(一)圖一七七害鼎，五一頁；釋文七六頁。

五、註：

1. 參見古籀補六十七，七十四頁。
2. 參見斷代八六｜八七頁匽侯盂。
3. 參見傅孟真、大東小東說，集冊四。
4. 參見陳槃、譔異一冊七七｜七九頁。
5. 參見召方考，又見於通釋三八匽侯旨鼎，白鶴八輯四一六頁。
6. 參見斷代(三)一七一頁。
7. 參見吉文卷一、一三頁。
8. 參見吉文卷一、一三頁；又雙選下一、六頁同。
9. 參見斷代(三)一七一頁。

## 095 [illegible]鼎

一、銘文：

二、隸定：

浠□□□□□□□□□□□□□□□□□□□□□□……□。

三、考釋：

此器銘蝕泐漫漶，無從辨識，從闕。于氏自云約四十餘字。

一、銘文：

096 汈其鼎

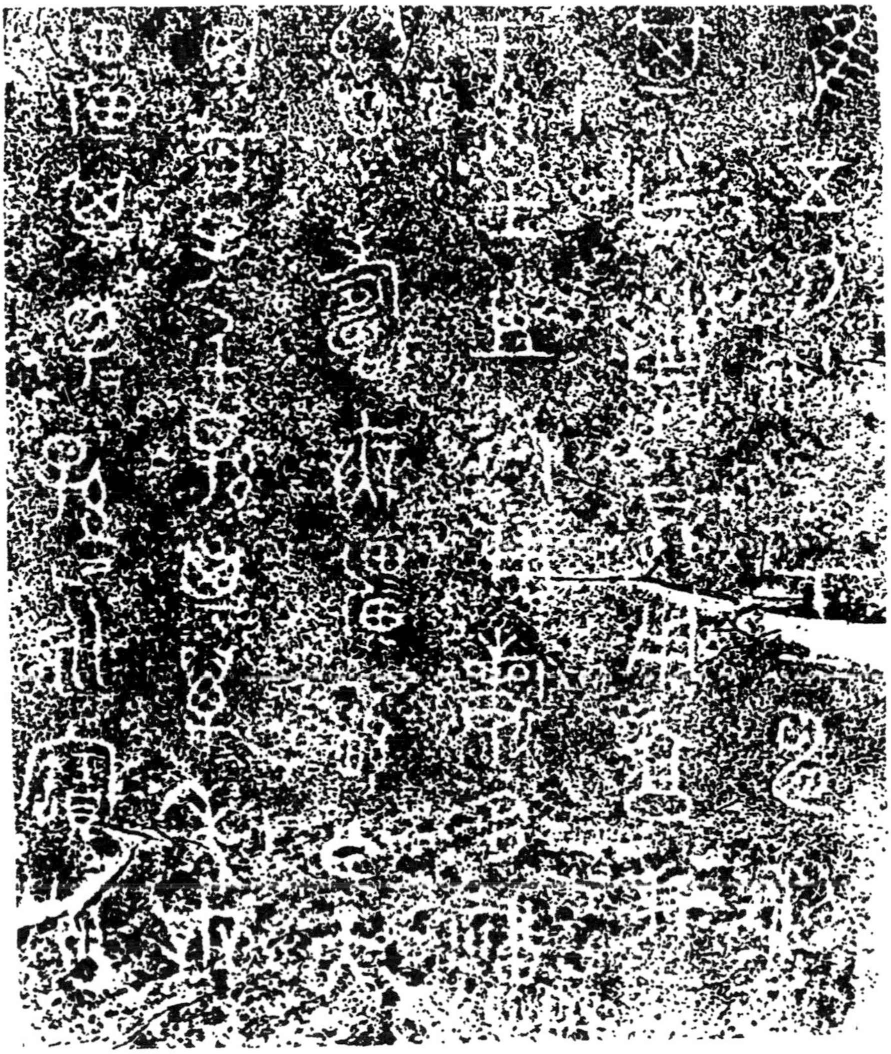

二、隸定：

隹五月初吉壬申，汈其乍䵼鼎，用亯孝于皇且考，用旟多福，釁壽無疆。畯臣天（子）。其百子千孫，其萬年無疆，其子子孫孫永寶用。

三、考釋：

此亦汈其所作器，用以言祭其皇且考。

「用旟多福」者，魯實先先生言旟乃旂之古文。旂與祈古當為一字，用為祈求之義。蓋古者戰時求福於軍旂，故引申為求福之祭，以其為祭名，故又从示作祈（註一）。用旂多福者，言用以祈求其福祉之既多且廣。

「畯臣天，其百子千孫」者，「天」下脫一「子」字，此例金文多見，如其次句鑃：「隹正初吉」，此脫「月」字；鼄未止白鐘：「隹王六初吉壬午」，此脫「月」字；穌甫妊鼎：「穌甫妊乍虢妃魚母媵」之脫「鼎」字；㾓鼎：「隹正月初」，此脫「吉」字；白辰鼎：「幽攸勒」，此脫「黃」字；魯白愈鬲之脫「父」字。一皆此例（註二）。畯者，畯也，長也。「畯臣天子」一辭，又見頌鼎（三代、四、三九），頌簋（三代、九、三八），頌壺（三代、十二、三十），追簋（三代、九、五），克盨（三代、十四）（精華一三）（註四）諸器，「畯」即詩、雨無正：「不駿其德」之駿，毛傳訓長。蓋言長臣於天子（註五）。百子千孫者，言後裔綿延之盛。

此器擬辭凡六，後三「其」字，殆用為語詞，此例鮮見。

四、註：

1. 參見殷契新詮之五釋單、釋鄲。

2. 參見王讚源、金文釋例一六一－一六四頁，以例多，此畧。

3. 參見徐中舒、金文嘏辭釋例，載集刊第六本一分三五－三六頁。

一、銘文：

097 尹姞鼎

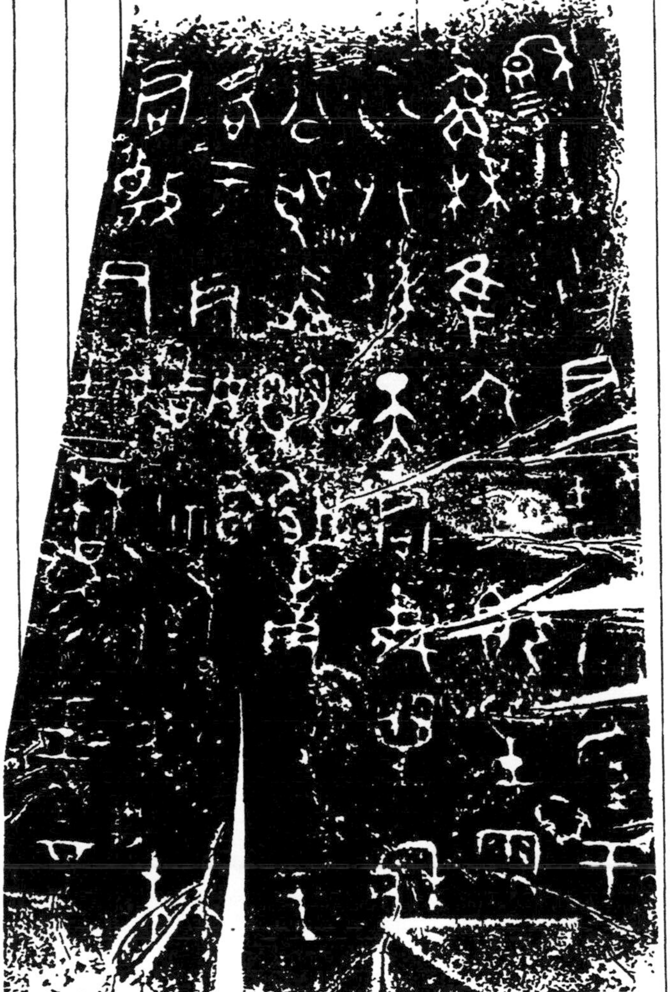

97

二、隸定：

穆公作尹姞宗室于內8林，隹六月既生霸乙卯。休天君，弗望穆公聖粦，明𢇃事先王，各于尹姞宗室內8林。君蔑尹姞曆，易玉五品，馬四匹。拜稽首，對揚天君休，用作寶齍鼎。

97

三、考釋：

此器或稱「穆公鼎」（註一），然以作器者為尹姞，當名「尹姞鼎」也。穆公又見盠尊、盠方彝、𢦏毀。陳夢家以穆公與尹姞為夫婦，皆生稱。尹、爵稱。姞、姓氏。內8，陳氏隸為繇（註二），未允。闕疑。內8林，地名。

「天君」者，又見天君鼎（三代四·四）、𡗜鼎（三代四·七）二器，與「君」同，稱「天」者，尊之如天。弗望，弗忘也，「望」乃「忘」之假借。「聖粦」者，粦借為瞵，說文四上目部云：「瞵，目精也。」聖粦謂耳聰目明。明𢇃者，陳夢家以𢇃為龇，方言云：「龇，曉明也。」明𢇃，蓋聰明睿智之謂。

廣雅、釋詁云：「品，式也。」易玉五品，謂錫五種玉也。馬四匹者，或釋三匹，若陳夢家云：「馬兩，是馬一對，西周金文凡賞馬常是三匹，因一車三馬，而小臣宅毀與小臣夌鼎錫以兩匹。」(註3)容庚亦以亖為三匹合文(註4)。然郭沫若以「古人以數與名物相連，每以名物之上筆與數字共通，如紀朋數者，囿子鼎之二朋作拜，女鸛毀作珏。」(註5)考諸近世出土之實物遺跡中，殷周車馬，蓋皆一車兩馬或一車四馬，如張家坡第二、四號車馬坑為一車四馬，而無一車三馬之制(註6)，是三當為亖，蓋筆誤也。三匹當釋為「四匹」，若左莊十八年傳：「賜玉五瑴，馬四匹」，亦以四匹言之，斯其證也。

「齊鼎」或以為二字，或以為合文，蓋為鼎名。陳氏疑「齊鼎」為「才鼎」，凡六十五字(註7)。于氏以合文視之，故言六十四字。齊鼎(或作齍 仲釴父鬲〈三代五·十八〉)與妻鼎(或作𥂴 予鼎〈三代二·四九〉)為一字，「齊鼎」係从鼎齊省聲，「齍」為从皿齊聲，「妻鼎」乃从鼎妻聲，「𥂴」則是从皿妻聲。齊、妻二字均係聲符，「皿」、「鼎」則屬形符；故楊樹達曰：「𥂴與齍同从皿，而齊、妻為同音，其為一字，顯自無疑。」(註8)齍，即夷切，古音為精紐十五部；𥂴，七稽切，古音屬清紐十五部，於古音同屬齒頭音，而古韻同為段氏十五部，由知楊說是也(註9)。凡稱齊鼎(或齍、𥂴、妻鼎)者，多係方鼎。郭鼎堂云：「本器(厚趠齊鼎)乃所謂方鼎而自銘為齊鼎。此外器形之可攷見者，如博古圖之王伯鼎，銘曰：「王白作寶䵼」；長安獲古編之鍚鼎，銘曰：「鍚⿱畫皿鼎」；善齋吉金錄之叔遣齍銘曰：「弔㦰作宮白淒」；季瑟齍銘曰：「季盨作宮白寶尊齍」；白六辭齍銘曰：「白六辭作𣃱寶隮齍」；均是方鼎。䵼、⿱畫皿、齍、齍自是一字，淒乃叚借字也。圓鼎銘無作此字者，知雖鼎屬而別為一類，鼎之有䵼猶殷之有盨也。善齋於方鼎均別名為齍，以次于鼎，甚有見地，今從之。」(註10)

據此，方鼎未必稱「䵼」，然凡稱「䵼」者，必為方鼎無疑(註11)。

四、著錄：

1. 斷代(五)二五四頁68尹姞齊鼎為同銘異器，銘八行六五字。

又此器高三四，口徑二八、八厘米，今藏美國 Albright 美術館。

2. 冠斝上十二，作「穆公鼎」。

五、註：

1. 參見容庚、金文編、器目一二。

2. 參見斷代(五)二五四頁。

3. 參見斷代(二)八六頁。

4. 參見金文編一二、三三。

5. 參見甲研上釋五十，八頁。

6. 參見濬縣辛村二八頁；灃西發掘報告一四一－一四三頁；上村嶺虢國墓地四二頁。

7. 參見斷代㈣二五四頁。

8. 參見積微六八頁猲盡鼎跋。

9. 參見陳師伯元、古音學發微。

10. 參見兩攷二九一三〇頁。

11. 方鼎之共名有尊、奠彝、寶尊彝，……其本名有鼎、尊鼎、寶尊鼎、肇鼎，詳通考上、三〇六頁；又鼎之研究八二一八四頁。

098 南宮柳鼎

一、銘文：

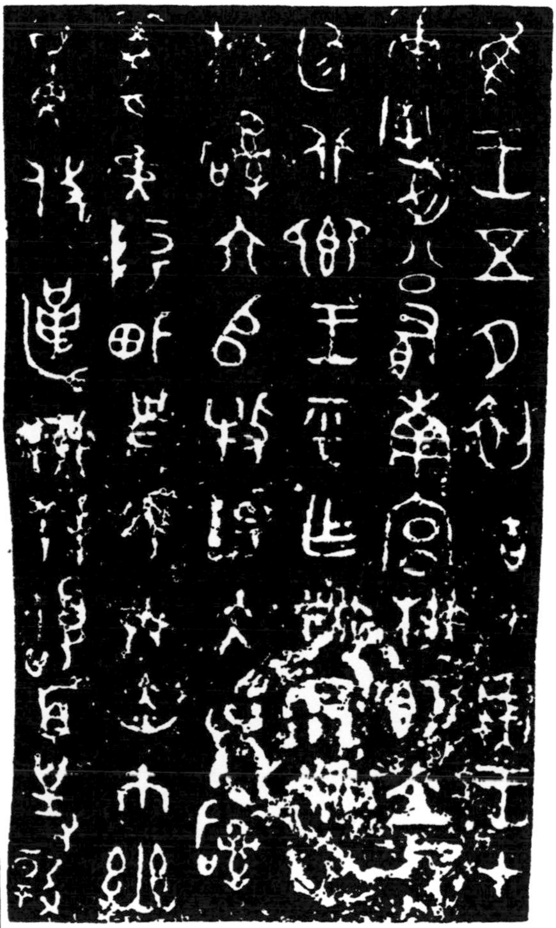

98

二、隸定：

隹王五月初吉甲寅，王才康廟。武公有南宮柳，即立中廷，北鄉。王乎作冊尹冊命柳嗣六𠂤牧，陽大□嗣羲夷，陽佃吏，易女赤市幽黃攸勒。柳拜稽首，對揚天子休。用作朕剌考障鼎，其萬年子子孫孫永寶用。

三、考釋：

此銘首記時、地。「康廟」，又見元年師兌簋（三代九.三），彝銘多作「康宮」。唐蘭以康宮為康王之廟，昭宮、穆宮為昭王、穆王之廟（註1）。陳邦懷从之（註2）。郭沫若則以京、康、華、般、邵、穆、成、剌，均以懿美之字為宮室之名，如後世稱未央宮、長楊宮、武英殿……文華殿之類，康公非康王之宮（註3）。陳夢家从之（註4）。周法高則以康為專名，國稱（註5）。今從唐氏之說，康廟者，以方國之名作廟名者也。

「武公」殆司儐導之人。「有」，叚借為「右」，用同免簋（三代九.十二）之「有」，爾雅、釋詁下：「右，導也。」「南宮柳」者，南宮，複姓也；柳其名，為受冊命賞賜之人。

「即立中廷」者，即，就也。中廷，廟門堂下之中廷。說文二下又部云：「廷，朝中也。从又壬聲。」「北鄉」，北向，蓋君南向，所命北向。惟宜侯矢毁：「王立于圖宗土，南鄉。」此為特例，彝銘言賞賜，君臣之方位悉為君南臣北。

「乎」，評也，即召也。乍册尹，屬周禮內史之職，掌書王命與制祿命官（註6），又見免毁（三代、九、十二）、師晨鼎（積古三之二、二）、休盤（三代、十七、十八）。而此為作册尹代王行册命。

「大」下一字蝕泐，銘誼不完，故釋解諸家亦各逞己見，句讀不一；白川靜釋作「王乎作册尹，册命柳，嗣六自牧陽吳，□嗣義夷陽佃史」（註7），信牧字即免簠：「令免作嗣土，嗣土還歡吳眔牧」、同毁：「左右吳大夫，嗣昜林吳牧，自淲東至于河，厥逆至于玄水」之「牧」，而「吳」缺口形，即上二器之「吳」，「吳」即「虞」字。「陽」或為同毁之「昜」，亦即為場人之職之「場人」，蓋掌國之場圃，「吳」下一字未詳。而「牧」、「場」、「虞」三職乃同系統之職守，皆附屬於「六自」，故以其獲而供師旅之用（註8）。唐蘭則云：「按南宮柳為鑄器人。陽，疑人名。大□或稱大晉，即大友，官名。佃史，官名。周禮春官有甸（甸即佃）祝，掌田之官，其屬有史一人，佃史疑即甸祝之屬官。綜括銘文之大意，是紀周王命柳司六自牧，陽為大□，前往義夷地方，陽又為佃史以隨之，似含有以武力威脅之意。」（註9）當以唐說為允。

「赤市幽黃」者，賞賜之物。赤，朱也。市，韍也，所以蔽前。幽黃者，唐蘭言黃為衡，衡乃衣帶，蓋為係佩玉之帶（註10），近之。郭沫若謂金文之黃乃經傳之珩、璜，黃為佩玉，其本字為古佩玉之象形（註11）。是也。禮記、玉藻：「一命緼韍幽衡，再命赤韍幽衡，三命赤韍蔥衡」，黃、衡並為「珩」之借字。幽、黝古今字，黑色也。

「攸勒」者，說文十四上金部云：「鋚，鐵也。一曰轡首銅也。从金攸聲。」又三下革部云：「勒，馬頭落銜也。从革力聲。」攸，鋚之初文。攸勒為用以絡馬首之具，以皮革為之，上飾以銅或貝。

四、註：

1. 參見西周銅器斷代中的康宮問題，載考古一九六二第一期一七—二七頁。
2. 參見克鎛簡介，載文物一九七二年六期一六頁。
3. 參見兩攷七一—八頁令彝。
4. 參見斷代七一頁。
5. 參見零釋二四—二五頁；三五—三六頁。
6. 參見王國維、集林六、二三七頁。
7. 參見通釋・白鶴第二七輯四六五頁。

8、參見通釋・白鶴第二七輯南宮柳鼎四六六頁。

9、參見陝西省青銅器圖錄（或簡稱陝西）二十四頁。

10 參見毛公鼎朱穀蕙衡玉杯玉瑹新解

11 參見金攷釋黃一〇八頁。

099 禹鼎

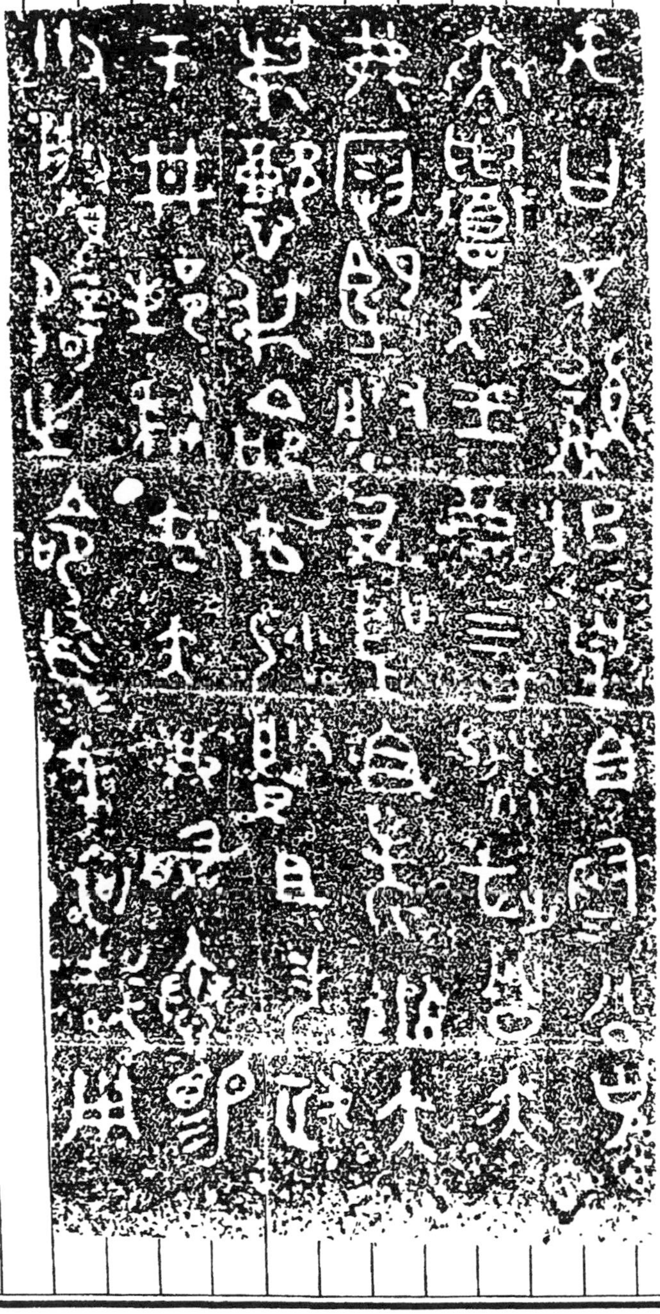

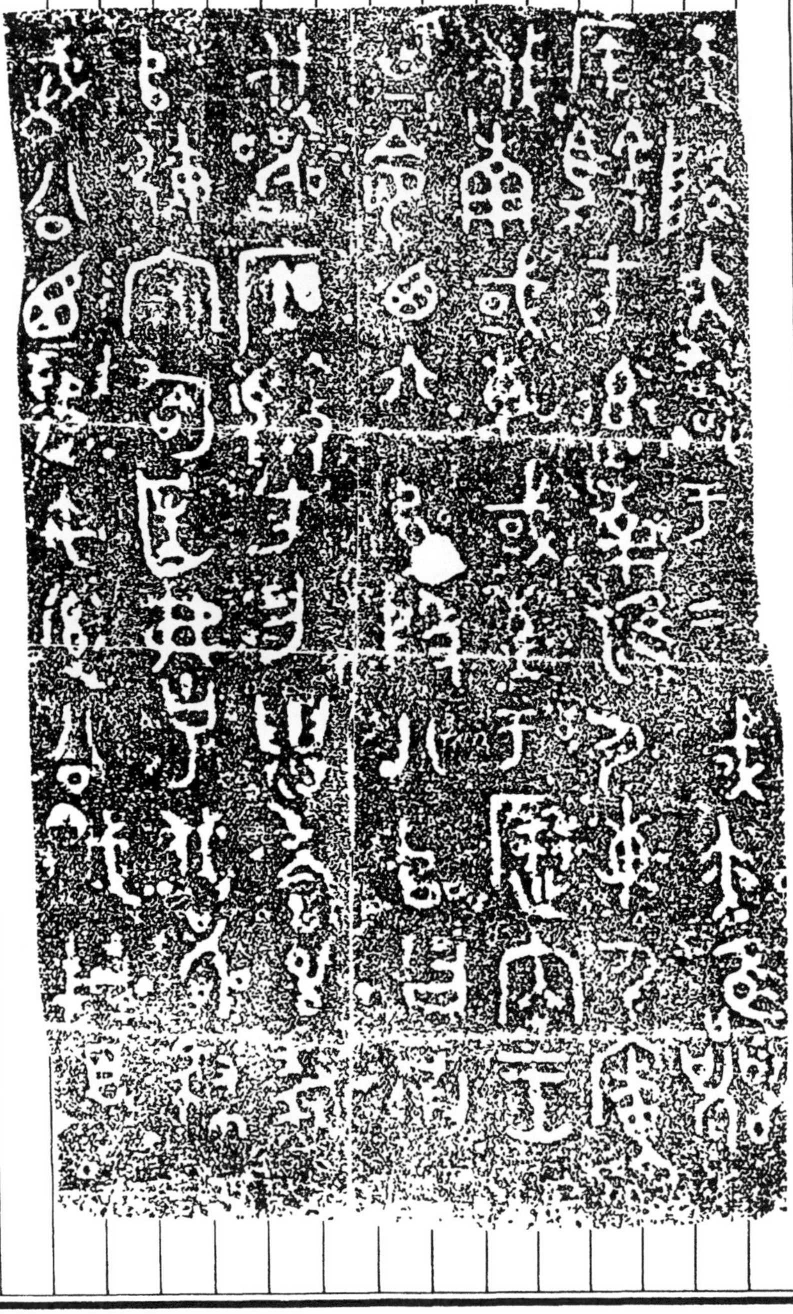

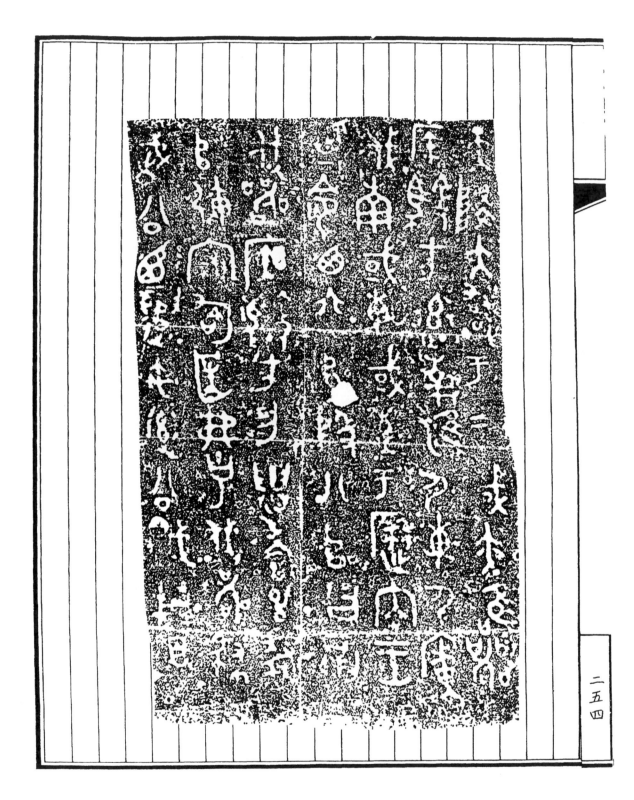

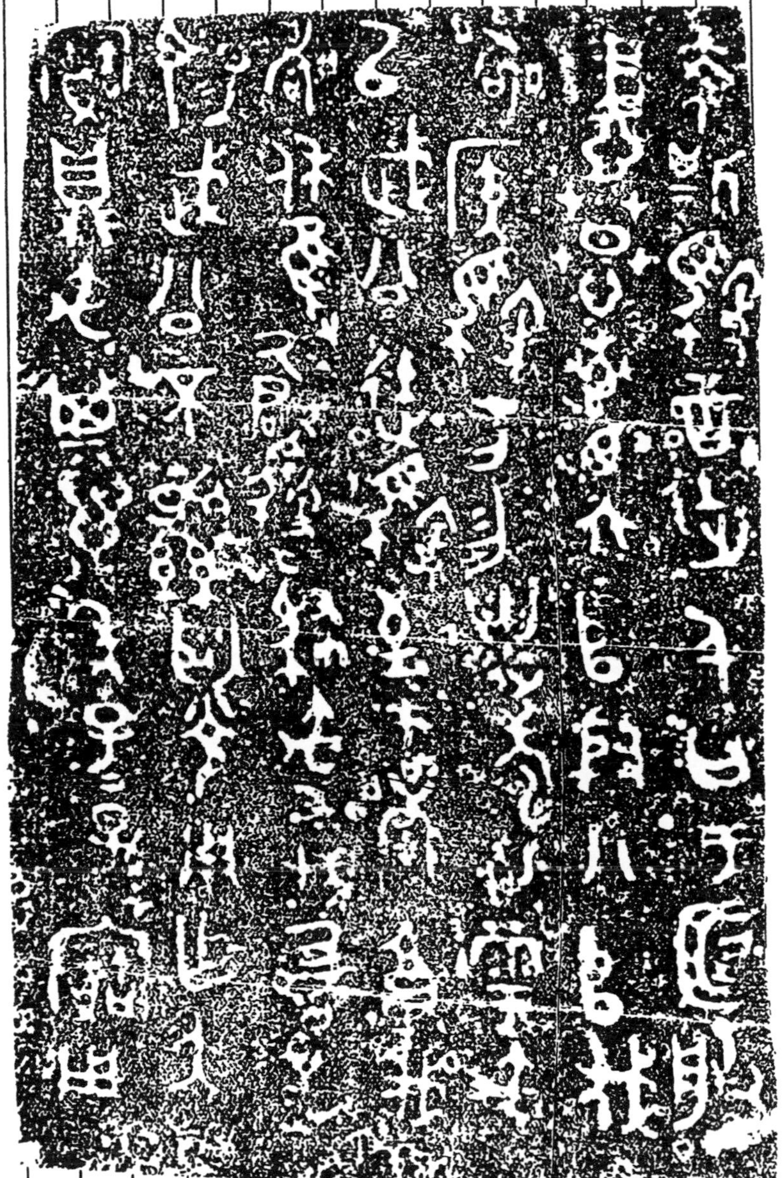

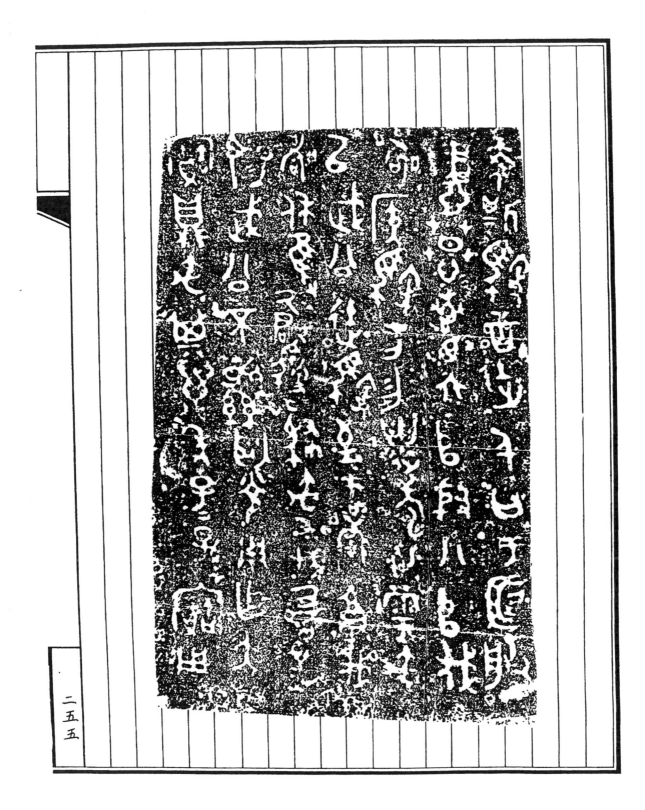

二、隸定：

禹曰：「不顯趠趠皇且穆公，克夾召先王，奠四方。肄武公亦弗段望賸聖且考幽大叔、懿叔，命禹仆賸且考政于井邦。肄禹亦弗敢惷睗，共賸辟之命。」烏虖哀哉！用天降大喪於下或，亦唯噩侯馭方率南淮尸東尸，廣伐南或東或，至于歷內。王迺命西六

禹鼎

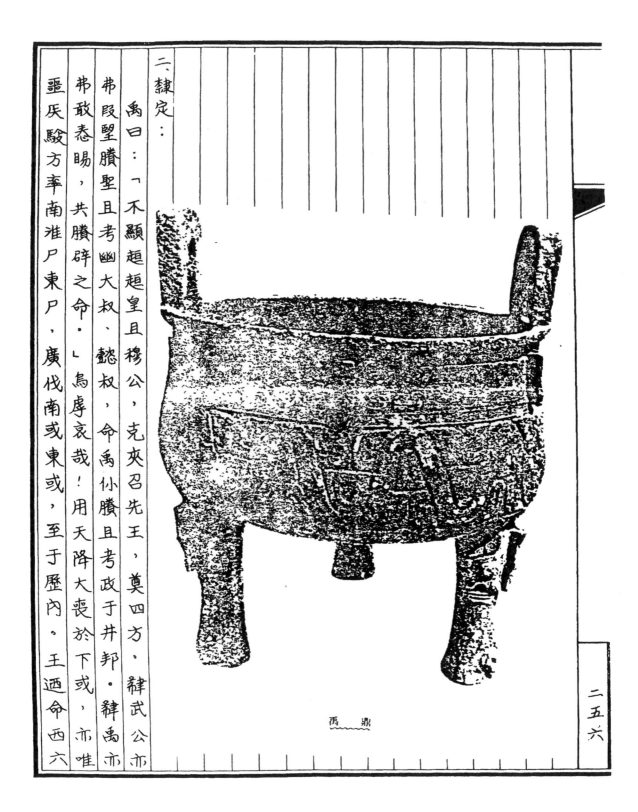

㠯、般八㠯曰：「撲伐噩侯馭方，勿遺壽幼。」肆㠯彌宋匌匡，弗克伐噩。肆武公迺遣禹率公戎車百乘，斯馭二百，徒千，曰：「于匡賸肅慕，叀西六㠯、般八㠯，伐噩侯馭方，勿遺壽幼。」雩禹㠯武公徒馭至于噩，𦎫伐噩，休隻氒君馭方。肆禹又成，敢對揚武公不顯耿光，用乍大寶鼎，禹其萬年子子孫孫寶用。

三、考釋：

禹鼎，宋人稱「穆公鼎」，著錄於博古圖錄[註1]、嘯堂集古錄[註2]、及歷代鐘鼎彝器款識法帖[註3]（附圖一）三書中，傳係於華陰秦故地出土，今其器已佚。此則民國三十一年，陝西岐山縣任家村（距法門寺五里）所出土，其銘文與穆公鼎全同，足補苴宋人摹錄之悠謬，亦於西周用兵南方之史實裨益良多。（附圖二）

「禹」者，作器者之名，字叔向父[註4]，與叔向父簋為同人所作[註5]。宋人誤「禹」為「成」，是或以「成鼎」題之[註6]。郭沫若以禹即十月篇：「楀維師氏」之「楀」也，言為厲王時人[註7]。張筱衛則以禹為桓公之子，幽王之權臣[註8]。二說恐非。徐中舒則據金文與禹可資系聯者列如下表：

| | | | | | | |
|---|---|---|---|---|---|---|
| 禹鼎 | 禹 | 噩侯馭方 | 武公 | | | |
| 噩侯馭方鼎 | | 噩侯馭方 | | | | |
| 敔簋 | | | 武公 | 𣎆伯 | | |
| 師𩛥簋（一、二） | | | | 𣎆伯 | 師𩛥 | 宰琱生 |

## 召伯虎盨(一、二)

夫以召伯虎歷事厲、宣二世，而榮伯即榮夷公，其時代在厲王奔彘之前，故與榮伯同時之武公，及與武公同時之禹，亦當斷在厲王之世（註9）。唯榮伯是否必為榮夷公，尚有可商。依鼎、簋並稱其祖為幽大叔，其考（父）為懿叔，惜其事蹟，俱無可考。

「不顯趄趄皇且穆公」者，不乃丕之初文，說文一上一部云：「丕，大也。从一不聲。」段注云：「丕與不音同，故古多用不為丕，如不顯即丕顯之類。」爾雅釋詁云：「顯，光也。」丕顯有偉大光明之義，用以稱頌祖先，尚書康誥：「惟乃丕顯考文王」，詩周頌維天之命：「不顯文王之德之純」即是。「趄」字从走从亘，下有重文，前人或誤橅作「走」（註10），或釋作「朕」（註11），皆未允。「趄趄」又見虢季子白盤：「趄趄子白」（三代十七、十九）、秦公簋：「剌剌趄趄」（三代九、三三）、者沪鐘：「悉學趄趄」（錄遺五）諸器銘，詩魯頌泮水云：「桓桓于征」，傳：「桓桓，威武貌。」此趄趄則美皇祖穆公威武之辭。「穆公」者，禹之先祖也，食采邑於井，又見載簋：「穆公入右載，……王曰：載，令女作司土；官司耤田。」（兩攷一五〇）尹姞鼎：「穆公作尹姞宗室於繇林。」（錄遺九七）盠尊：「穆公右盠」（註12）諸器銘。或以穆公即召伯虎（註13）；或以穆公之年代當斷於穆王、恭王之世，以井為穆公子孫之食邑，故穆公即井穆公，亦即為長由盉（錄遺二九三）、趞曹鼎（三代四、二四）二銘中之「井伯」，穆公乃其晚年之尊稱(註14)；或言釋「穆」乃蹈襲宋人之誤，其字非「穆」，當讀(註15)。唯釋「穆」可从，而穆公是否即為井伯，猶有可議。

「克夾召先王」者，蒼頡篇云：「夾，輔也。」周禮既夕禮注云：「在左右曰夾。」故「夾」有左右相輔之義。「召」，銘文作「𦌳」，周召之召，金文作「𦊬」，經典皆省作「召」，或增邑旁作「邵」。夾召連文，亦見師訇簋：「用夾召厥辟奠大命」(兩攷、一三九)，召當讀如紹或詔，爾雅釋詁云：「詔、相、亮、左右，相導也。」史記魯仲連傳集解引郭璞云：「紹介、相佑助者也。」詔、紹並有輔導佑助之意。又左昭二十年傳云：「夾輔周室」，夾輔即夾召也。「夾召」金文或作「召夾」，若大盂鼎銘云：「盂迺召夾死嗣戎」(註16)，義同。「先王」，或以為即「宣王」(註17)，然此或用為泛稱，蓋指周初文、武、成諸王也(註18)。此言禹之皇祖穆公能輔佐先王也。

「肄武公亦弗叚望朕聖且考幽大叔、懿叔」者，肄字，宋人誤為「穆」(註19)，經典譌作肆，毛公鼎銘：「肄皇天亡斁」(三代四四六)；詩大雅抑云：「肆皇天弗尚」，肄作肆，爾雅釋詁云：「肆、古、故也。」武公之稱，又見於敔簋(三代八、四四)、南宮柳鼎(錄遺、九八)二器銘，陳進宜以武公即衛武公，與共伯和為同人異稱(註20)；徐中舒則推測武公與榮公同時，榮公既為厲王時之榮夷公，故武公亦應為厲王時之王官，而非衛武公或共伯和(註21)。考武公於王冊命敔與南宮柳時為右，復命禹嗣政于井邦及伐噩之役，則武公當為權官要臣，可不論矣。而其究係何人？尚難遽定。「叚」字本象兩手取石相付之形（註22），容庚云：「叚，孳乳為假、為遐，詩南山有台：『遐不眉壽』，遐，說文所無。徐鉉曰：『或通用假字。』」（註23）「望」字假借為「忘」，若虞簋：「虞弗敢望公伯休」（三代六．五二）、縣妃簋：「孫孫子子毋敢望白休」（三代六．五五），銘皆假「望」為「忘」。「賸」字或誤以為「朕自」兩字分書，復讀「自」為「鼻」，訓為始（註24），郭沫若則釋此字為「賸」，假作「朕」（註25）。說殆可从。「幽大叔」乃禹之祖，懿叔為禹之父，其人史傳無徵。

「命禹仦賸且考政于井邦」者，「仦」字張氏釋「卬」（註26）；陳氏釋「卲」字之殘泐者（註27）；徐中舒云：「仦，從小，從反人，當為肖或俏之異文。仦與肖並從小聲，從人與從肉同意。列子楊朱篇、力命篇肖又從人作俏。肖，法也，似也，類也。」（註28）其說可从。「賸」字或誤作「畱」，釋為「卲」，非允（註29）。「井」，經典作「邢」，為周公之子所封之國，左傳二十四年傳云：「凡、蔣、邢、茅、胙、祭，周公之胤也。」又襄十二年傳云：「邢、凡、蔣、茅、胙、祭，臨於周公之廟。」而金文井侯簋銘云：「惟三月，王令榮眔內史曰：『蓋井侯服，賜臣三品，州人、重人、郭人……作周公彝。」（三代六．五四）井侯作器以祭周公，知井乃周公之後，其所封國即今河北邢台縣，而其食采於畿內之井邑，當與散接壤(註30)。井為姬姓，故稱井姬，若白䢅父鬲銘：「白䢅父作井姬季姜尊鬲」(三代五・二六)是。金文「井」亦稱「鄭井」，若鄭井叔鐘(三代一・三)、康鼎(三代四・二五)、鄭井叔康盨(三代十・三三)諸器銘者是(註31)。此銘則言一武公一命禹能效法其祖考幽大叔、懿叔之政，以治理食邑井邦。

「肄禹亦弗敢惷賜，共朕辟之命」者，「惷」字，又見於毛公鼎銘：「惷于小大政」、「毋又敢惷尊命于外」(三代四・四六)，字从午从収从心，乃惷之省，說文十下心部云：「惷，愚也。从心舂聲。」徐中舒云：「惷、惷同，此仍當讀如舂米之舂，舂猶衝也。」(註32)此則釋愚可从。「賜」字从目易聲，說文四上目部云：「賜，目疾視也。从目易聲。」故或以為「錫(賜)」之假借(註33)，若曾白霥簠：「天賜之福」(三代十・二六)、虢季子白盤：「王賜乘馬」(三代十七・十九)者是；或用為「易」之假借，若毛公鼎：「夙夕敬念王畏(威)不賜」者是。陳世輝則言「惷賜」當讀為「惷易」，乃侮慢之意(註34)。考此「賜」當借為「易」，即詩大雅文王：「駿命不易」，大明：「不易維王」，韓奕：「朕命不易」，書盤庚中篇：「今余告汝不易」之「易」，「惷賜」者，愚蠢更易也。「共」者，象兩手奉物之形，郭沫若以為拱璧(註35)；朱芳圃言象奉瓮形(註36)。書甘誓云：「今予惟共行天之罰」，孔傳：「共，奉也。」此言奉行我君王之詔命也。

「烏虖哀哉」者，烏虖乃語餘之歎詞，又見於毛公鼎(三代四・四六)、沈子簋（三代九.三八）、寡子卣（三代十三.三七）、效卣（三代十三.四六）、效尊（三代十一.三七）諸器銘，經典或作「於戲」，若大學引詩周頌烈文：「於戲，前王不忘。」或作「嗚呼」，若書五子之歌：「嗚呼曷歸」者是。哀字，說文二上口部云：「哀，閔也。从口衣聲。」又云：「哉，言之閒也。从口𢦏聲。」此用以表感歎之助詞。張氏則誤釋「烏虖」為「曰于」（註37）；郭氏讀作「嗚呼」（註38），是。

「用天降大喪于下或」者，說文二上哭部云：「喪，亡也。从哭亡、亡亦聲。」唯卜辭喪字作□（佚.五四九）、□（佚.五二三）形，實从口桑聲，然其字譌變至多，迨金文已變為□□□□，無復桑字之形，遂不得不更从亡字為聲，而喪之本字至篆文乃更譌而為哭，許君乃以會意說之（註39）矣。「下國」之稱，金文又見於秦公鐘銘：「竈又下國」（兩攷.二五○），典籍則有書泰誓：「流毒下國」，國語吳語：「天若不知其辠，則何以使下國勝」，下國或用以指諸侯國，或用以自稱。此則與上「天」對稱，用指稱己國。或釋作「四國」、「四或（域）」（註40），非允。

「噩侯駿方」者，「噩」字，說文所無，史記楚世家：「熊咢」，索隱曰：「咢」亦作「噩」，十二諸侯年表作「鄂」。是經典皆从邑作鄂，史記殷本紀稱紂「以西伯昌、九侯、鄂侯為三公」，是鄂之立國，當遠在殷商之世（註41）。而西周之時，鄂尚在楚西，史記楚世家云：「熊渠甚得江淮間民和，乃興兵伐庸、楊、粵，至於鄂。」正義云：「鄂：地名，在楚之西，後徙楚，今在鄂州，是括地志云：『鄧州向城縣南二十里，西鄂故城。』是楚西鄂」；東鄂在今湖北武昌，為楚熊渠所遷之鄂，以封其仲子紅為鄂王；西鄂為鄂之故地，唐鄧州今為河南鄧縣，其地在南陽之南。宣王中興，命方叔南征，又命召伯虎經營謝邑，以封申伯，為對南方之軍事重鎮，或乃因於噩侯馭方率南淮夷東夷叛周所致（註63）。噩為姞姓之國，噩侯簋銘云：「噩侯作王姞媵簋」（三代七四五），蓋申伯就封之前，周王室倚噩以控制南淮夷東夷諸國，故與噩連姻以寵絡之，觀噩侯馭方鼎（三代四三二）載王與噩侯飲宴，賞賚優渥，可窺噩乃南方大國，其受周室重視之消息。噩為國名，侯乃爵稱，馭方其名也。或以「噩侯馭方」即不嬰簋之「不嬰馭方」（三代九四八），一字一名耳（註64）。

「南淮尸東尸」者，尸，經傳作「夷」，用為四裔之名。夫昭王以後迄於東遷之初，江淮之間以「徐淮夷」最為強大，屢與周人構兵，而金文稱淮夷或南夷，即南淮夷之省稱，南淮夷非一，中以徐國最大，以其居淮復位於成周之南，故周人稱之曰「南淮夷」，徐則其自稱之詞，尚書費誓云：「徂茲淮夷徐戎並興」，亦徐淮夷並稱。然周人於徐之史實，不甚瞭然，僅於其內侵或服屬時加以記載，稱之曰「南淮夷」。周人征伐南夷之役，見諸金文有下列諸器：

(1) 彔卣：「王命戜曰：戲淮夷敢伐內國，女其以成周師氏戍於叶（葉）㠯。伯雍父蔑彔曆，錫貝十朋。」〈三代十三·四二〉

(2) 遹甗：「師雍父戍在叶㠯。」〈三代五·十二〉

(3) 甗鼎：「師雍父循道至於𨹟，甗從，其父蔑曆，錫金。」〈三代四·三〉

(4) 㪿卣：「㪿從師雍父戍在叶㠯，蔑曆，錫貝卅寽。」〈兩攷·六〇〉

(5) 臤觶：「臤從師雍父戍於叶㠯之年。」〈兩攷·六一〉

以上諸器，兩周金文辭大系並列於穆王之世，其戍叶㠯及𨹟一地在今河南葉縣及南陽），即因淮夷侵伐內國而起。又：

(6) 競卣：「惟伯犀父以成㠯即東，命伐南夷，正月辛丑，在坯，伯犀父皇競各於宮，競蔑曆，賁競章。」〈三代十三·四四〉

(7) 敔簋：「南淮夷遷及內，伐洭昴參泉，裕敏陰陽洛，王命敔追御於上洛，至於伊、班、長榜。」〈三代八·四四〉

此銘文載南淮夷深入內國，已及於成周之腹心－伊、洛之地矣。而此役「奪俘人四百，稟於榮伯之所」，故其時或在厲王之世。

(8) 宗周鐘：「艮子迺遣間來逆卲王，南夷東夷具見廿又六邦。」〈兩攷·五一〉

(9) 無㠱簋：「惟王十又三年正月初吉，王征南夷。」〈三代九·一〉

(10) 虢仲盨：「虢仲以王南征，伐南淮夷。」〈三代十·三七〉

虢仲乃厲王時人，又見於後漢書東夷傳：「厲王無道，淮夷入寇，王命虢仲征之，不克。」是史傳與金文載錄脗合。

(11)兮甲盤：「王命甲政司成周四方責至於南淮夷，淮夷舊我負晦人，毋敢不出其負、其積、其進人、其貯，毋敢不即餗、即市，敢不用命，則即井（刑）厲伐。其惟我諸侯百生，厥貯毋不即市，毋敢或入蠻宄貯，則亦井。」（三代十七.二十）

兮甲盤乃周宣王五年所作器，其時南淮夷已為周之負晦臣（師寰簋（三代九.二八）），須向周王朝出幣帛、出積穀、奴隸及冠服，而周室之搜括剝削，迨宣王末年，南淮夷又叛，故師寰簋云：「淮夷繇（舊）我負晦臣，今敢博氒眾，叚反氒工事，弗速我東國。」（三代九.二八）；而詩大雅江漢、常武之詩詠宣王親臨江漢，命將出師深入淮浦，欲其「四方既平，徐方來庭，徐方不回，王曰旋歸。」（註44）可知西周穆王以來，與南淮夷構兵之頻仍。「東夷」者，指東方之種族也。

「廣伐」者，博伐、宏伐也，有擊殺征伐之義（註45）。又見不𡢁簋銘云：「玁允廣伐西俞」（三代九.四八），廣雅釋詁一：「廣，大也。」又廣雅釋詁四：「廣，博也。」尚書大禹謨云：「帝德廣運」，傳云：「廣謂所覆者大」，是廣伐者，大伐也。

「歷內」者，內字宋人著錄穆公鼎橅作「[illegible]」，釋作「寒」（註46），故徐中舒云：「寒，此鼎宀下僅人字較清晰，其人字上下艸形尚隱約可辨，當從薛、王作寒。歷寒所在不詳。」（註47）唯字當作「芮」，省作「內」，逸周書酆謀篇：「邊不侵內」，敔簋云：「南淮夷遷及內」（三代八.四四），內義與此正同。「歷」或乃地名（註48）。

「西六𠂤、殷八𠂤」者，其見諸他器銘則有：

(1). 小臣謎簋：「伯懋父㠯殷八𠂤征東夷。」（三代九．十一）

(2). 盠尊：「王冊命尹錫盠……用司六𠂤王行參有司：司土、司馬、司工，……王令盠曰：𦔻司六𠂤眔八𠂤。」（文參一九五七．四）

(3). 叕貯簋：「王令東宮追㠯六𠂤之年。」（兩攷一〇三）

(4). 競卣：「惟白犀父以成𠂤即東，命伐南夷。」（三代十三．四四）

(5). 南宮柳鼎：「王呼乍冊尹冊命柳司六𠂤。」（錄遺．九八）

(6). 舀壺：「王乎尹氏冊命曶曰：更乃祖考作冢司土於成周八𠂤。」（三代．十二．二九）

金文六𠂤、八𠂤之𠂤，皆作𠂤，不作師。而此六𠂤、八𠂤皆為周代之宿衛軍。初，成王之時，金文即有「殷八𠂤」之稱(註49)，殷八𠂤乃武王滅殷後所編成之軍隊，以武王伐紂，紂王發兵七十萬，武王敗紂師於牧野，收其兵，紮駐牧野(註50)，用以鎮撫東夷者也。而「六𠂤」之稱，經傳載籍屢見，若尚書顧命：「張皇六師，無壞我高祖寡命。」詩小雅．瞻彼洛矣：「韎韐有奭，以作六師。」又大雅．常武：「整我六師，以脩我戎。」大雅．棫樸：「周王于邁，六師及之。」其「六師」當即「西六𠂤」，乃武、成之時，以西土之人所組成，為王之禁衛，隨護左右。成周八𠂤則以商族為中心，紮駐成周洛邑，用以鎮撫南夷之宿衛軍。西六𠂤始以鎬京為基地，殷八𠂤則駐紮牧野。成王之後，昭王南征不復，穆王巡遊無度，故恭王之時，國貧財困，戰事戢息，斯六𠂤設有司牧、八𠂤設有冢司土，以管理攸關土地之事(註51)。唯息兵既久，怠懈弛弱，迨禹鼎記伐噩之役時，西六𠂤、殷八𠂤竟「彌怵匌恇，弗克伐噩」矣(註52)。

「𢦏伐」者，陳世輝釋作「圅伐」，言「圅」字假為「陷」，「陷伐」猶包器之「宕伐」、「撲伐」、「薄伐」(註53)。徐中舒則釋作「𢦏」，其言云：「此銘僅偏旁刀猶可辨識，如以齊叔弓鎛校之，鎛云：『𠜂伐夏后』，𠜂從列從冊，當讀如裂，裂伐猶剪伐也。」(註54)釋「圅」蓋於形構不類，茲从徐說。

「勿遺壽幼」者，張筱衡釋「遺」為「遣」，釋「幼」為「父」(註55)，非允。壽幼猶言老幼。此則見其𢦏伐欲絕，老幼勿有遺留。

「肄𠂤彌宂匌匡」者，「肄」字張氏誤釋作「佑」，陳氏復誤作「于□」二字，非。「彌」，或釋作「強」(註56)。「鏞」字，集韻通作「彌」，說文九下長部云：「鏞，久長也。从長爾聲。」爾雅釋言云：「彌，終也。」是彌義為長為終。「宂」、「怵」同，說文十下心部云：「怵，恐也。从心朮聲。」廣雅釋詁二：「怵，懼也。」是「宂」義為恐懼。「匌」字从勹从各。或釋為「匌」字，說文九上勹部云：「匌，帀也。从勹合、合亦聲。」唯此銘从各不从合。「匡」、「恇」同，言恇懼之甚。以其怵恐恇懼之久，故弗能伐噩。

「戎車百乘」者，戎字說文十二下戈部訓兵也。戎車，兵車之謂，詩小雅六月云：「戎車既飭」，周禮戎僕云：「掌馭戎車」是。「百乘」。者，百車也。左隱元年傳：「具卒乘」，注：「車曰乘。」左僖廿三年傳：「有馬二十乘」，注：「四馬為乘」，故其戎車百乘，而其馬四百。孟子梁惠王上：「百乘之家」，注：「謂大國之卿食采邑，有兵車百乘之賦者也。」此銘之武公有「戎車百乘」，知其官或公卿之屬。

「斯駿二百，徒千」者，「斯」字或釋「佩」(註57)；或釋「治」(註58)；或釋「剮」(註59)，皆未允。斯、廝同，左哀二年傳：「去斯役」，釋文「斯」本作「廝」。又一切經音義七引字書云：「廝，役也，謂賤役者也。」史記蘇秦列傳云：「廝徒十萬」，索隱：「廝，養馬之賤者。」駿、御同，古文作馭，謂御車馬者。「斯駿」謂在戎車服役者，漢書嚴助傳：「廝輿之卒」，廝御猶師輿也。禮記祭義訓「徒」為「步兵」。古代車戰，甲士乘車為御，步卒扶輿在後為徒，衝鋒陷陣則「車馳卒奔」，故詩小雅黍苗：「我徒我御」及石鼓文皆以「徒御」並稱，與下文所言「武公徒駿」義同，而其「徒」、「駿」之比為十比二（10：2）。

「于匡朕肅慕叀」者，匡字，或釋匡(註60)。徐中舒曰：「史頌鼎『日迋天子顈命』，麥彝『出入迋命』，匡皆從徃作迋，迋命與將命同，將奉也。」(註61)又云：「伐墨之旨既恇懼甚，肅者加以整飭，慕惠者，六𠂤八𠂤皆屬公族，必須以恩惠結之，使知愛慕。〔註七〕說恐未允。說文十下心部云：「慕，習也。从心莫聲。」或假「慕」為「謨」，陳侯因資錞：「大慕克成」〈三代、九、十七〉即是，則「于匡賸肅慕」者，言於是將奉我君整飭軍旅之嘉謨。「叀」字則與「西六𠂤、殷八𠂤」連文，用作語詞。字又見乇公鼎〈三代四、四六〉，形與此全同。

「𦎫伐」者，「𦎫」即「𢾒」之初文，說文三下攴部云：「𢾒，怒也，詆也。一曰誰何也。从攴𦎫聲。」引申有擊殺征伐之義，寡子卣云：「以𦎫不叔」〈三代十三、三七〉，言征伐不善，宗周鐘云：「王𦎫伐其至」〈兩攷五一〉，言隨其所至而擊之。不嬰簋云：「女及戎大𦎫戟」〈三代九四八〉者義同。典籍則有逸周書世俘篇：「凡憝國九十有九」，詩魯頌閟宮：「敦商之旅，克咸厥功」，莊子說劍：「今日試使士敦劍」諸例，知「𦎫伐」義為擊殺征伐也。

「休隻」者，休，喜也，廣雅釋詁一：「休，喜也。」隻字，甲骨文及金文多用為獲字，乃禽獲之獲本字，獲謂獵其所得也，若禽忎鼎：「戰隻兵銅」〈三代四十七〉，盂鼎：「隻馘三千八百□二馘」〈三代四四四〉即以「隻」為「獲」也。「休隻」，喜獲也。

「耿光」者，又見毛公鼎：「文武耿光」〈三代四四七〉銘，說文十二上耳部訓耿為耳著頰也。杜林說耿光也。古文尚書曰：「文王之耿光」，耿即光也。字从耳从火。「耿光」即光明之謂。

「禹鼎」之年代，或以禹即詩「橋維師氏」之橋，而入厲王之世(註6)；或言此鼎作于幽王十年，即公元前七二二年，謂銘文所記乃伐申之役(註6)；或以禹鼎之精神與幽王之昏聵大相扞格，而依其銘文敘述，推斷禹鼎蓋作于宣王初年(註6)；或與他器銘系聯，覈諸史實，而定為厲王之世(註6)。中以後說近實。

## 四、著錄：

1. 禹鼎的年代及其相關問題．圖版壹．禹鼎，圖版貳．銘文拓本．
2. 金文集(三)圖三四九、三五〇，三五－三六頁；釋文七九頁．器．陝西．七八；岐山任家村出土．

## 五、註：

1. 參見博古二卷二十頁穆公鼎．
2. 參見嘯堂十三頁穆公鼎．
3. 參見款識卷十穆公鼎。
4. 按：孫詒讓云：「古者名字相應，說文云：『蠆，知聲蟲也。』重文蝺，司馬相如說从向。』玉篇虫部云：『蠆，禹蟲也。』若然，禹、蠆一蟲，禹字叔向即取蟲名為義，向即蝺之省。」參見餘論卷三、十一頁．
5. 按：叔向父簋銘云：「叔向父禹曰：余小子司朕皇考，肇帥井先文且……秉保我邦我家，乍朕皇且幽大叔障毀。……禹其邁年永寶用．」(金文．三三二)故知與禹鼎之禹係一人所作器．

6. 參見兩攷一〇八頁下成鼎，唯增訂本已全刪。

7. 參見兩攷一三二頁下。又徐中舒則以師氏楀應為宣、幽時人，其言十月之交舊說皆以為幽王時詩，惟魯詩及鄭玄毛詩箋用緯說，以為作於厲王時代，實不足據，十月之交詠當時日月迭食現象，依新舊曆法推算，皆在幽王六年，即幽王六年九月望戌時月食，十月辛卯朔辰時日食，說見阮元．揅經室一集「十月四篇宜屬幽王時詩說」，及朱文鑫．歷代日食考論詩經日食節。幽王之時，除日月迭食現象外，復有山川大震之事，國語周語：「幽王二年，西周三川皆震，伯陽父曰：『周將亡矣！』是歲也，三川竭，岐山崩。」而此詩於詠月日食之後，即續之云：「爗爗震電，不寧不令！百川沸騰，山冢崒崩，高岸為谷，深谷為陵。哀今之人，胡憯莫懲？」此自然現象，為十月之交作於幽王時代之鐵證。參見禹鼎的年代及其相關問題五六—五七頁，載考古學報一九五九年第三期．

8. 參見召禹鼎考釋，載人文雜誌一九五八年第一期。

9. 參見禹鼎的年代及其相關問題五六頁。

10. 參見款識卷十穆公鼎．

11. 參見註8．

12. 按：盠尊乃一九五五年陝西郿縣李村出土，可參見文參一九五七．四，銘文凡九四字。

13. 參見註8。

14. 參見註9。

15. 參見陳世輝．禹鼎釋文斠，載人文雜誌一九五九年第二期七。頁。

16. 按：郭沫若以「夾」為名詞，以「召夾死嗣戎」言「助夾尸司戎事」，參見兩攷三四頁下大盂鼎。

17. 參見註8。

18. 按：郭沫若云：「先王即指成王，如依舊說為指文、武，則辭語犯複。」參見兩攷三四頁大盂鼎。

19. 參見款識卷十穆公鼎。

20. 參見禹鼎考釋，光明日報學術第四十期（一九五一年七月七日），又郭沫若．禹鼎跋。

21. 參見禹鼎的年代及其相關問題五七－五九頁。

22. 參見朱芳圃．釋歎一三九－一四〇頁段。唯「段」非象厂下取石，厂直是石字。

23 參見金文編卷三、二五頁。

24. 參見註8。

25. 參見禹鼎跋，載光明日報學術第四十期

26. 參見註8。

27. 參見註15．七十頁。

28. 參見註21．五四頁．

29. 參見註8．

30. 參見註21．五五頁．

31. 按：說又見陳夢家．斷代二九三—二九四頁免毀。唯李學勤「據禹鼎，幽王時叔向父禹繼其祖考治理井邦，其時井已歸衛．」詳見殷代地理簡論五○頁．

32 參見註28．

33. 參見王讚源．周金文釋例一九六—一九八頁．

34 參見註15．七一頁．

35. 參見金文攷二一九頁釋共．

36 參見釋叢九六—九七頁共．

37. 參見註8．

38. 參見註25．

39. 參見李孝定．甲文集釋第二．四四○—四四一頁．

40. 參見註15．

41 按：郭沫若云：「殷人之鄂，周人改稱為邘也，地在今河南沁陽縣西北，與垣曲相隔不遠，非春秋時晉地之鄂，亦非江夏之鄂矣．」詳見卜通一三六頁下．

42. 參見註21．六二—六三頁．

43. 參見郭沫若．兩攷一○八頁

44 參見註21．五九｜六二頁。

45 參見兩攷一○六頁。

46. 參見款識卷十

47. 參見註21．五四頁．

48. 按：水經河水注引周處．風土記云：「舜所耕田于山下多柞樹，吳越之間名柞為櫪，故曰歷山．」此歷疑即歷山。

49. 按：小臣謎簋，郭沫若．周代金文圖錄及釋文(三)二三頁；陳夢家．斷代(一)一七○頁；及容庚．通考上第四章時代．四六頁均以為是成王時器．

50. 故「牧野」又稱「牧𠂤」，見小臣謎簋（三代九．十一）．按：劉節以「𠂤」為「氏」，殷八𠂤即成周八𠂤，即殷八氏，參見中國古代宗族移植史論九｜二頁；徐中舒則以「𠂤」為「次」，指軍旅所在之地，參見禹鼎的年代及其相關問題六三｜六四頁；周萼生則以「𠂤」為「行政區劃及部隊編制」，參見郿縣周代銅器銘文初釋，載文參一九五七年第八期五二頁。

51. 詳見于省吾．略論西周金文中的「六𠂤」和「八𠂤」及其屯田制，載考古一九六四年第三期；又楊寬．論西周金文中「六𠂤」、「八𠂤」和鄉遂制度的關係，載考古一九六四年第八期；又于省吾．關于「論西周金文中六𠂤八𠂤和鄉遂制度的關係」一文的意見，載考古一九六五年第三期；又楊寬．再論西周金文中「六𠂤」和「八𠂤」的性質，載考古一九六五年第十期；又葉達雄．西周兵制的探討，載台大歷史學系學報第六期。
52 參見葉達雄．西周兵制的探討一一一一五頁；又徐中舒．禹鼎的年代及其相關問題六三一六四頁。
53 參見禹鼎釋文斠七一頁。
54. 參見禹鼎的年代及其相關問題五四頁。
55. 參見註8。
56 參見註15。
57. 參見楊樹達．積微一四七頁。
58 參見李學勤．戰國題銘概述下，載文物一九五九年第九期。
59. 張氏誤「斯」為「剛」之古文但，參見註8。
60. 參見楊樹達．積微九十七一九十八頁叔家父簠再跋。
61. 參見禹鼎的年代及其相關問題五四頁。
62. 參見禹鼎的年代及其相關問題五五頁。
63. 參見兩攷一〇八頁。
64. 參見註8。
65. 參見註15。
66. 參見徐中舒．禹鼎的年代及其相關問題，載考古學報一九五九年第三期，五三一六五頁。

穆公鼎

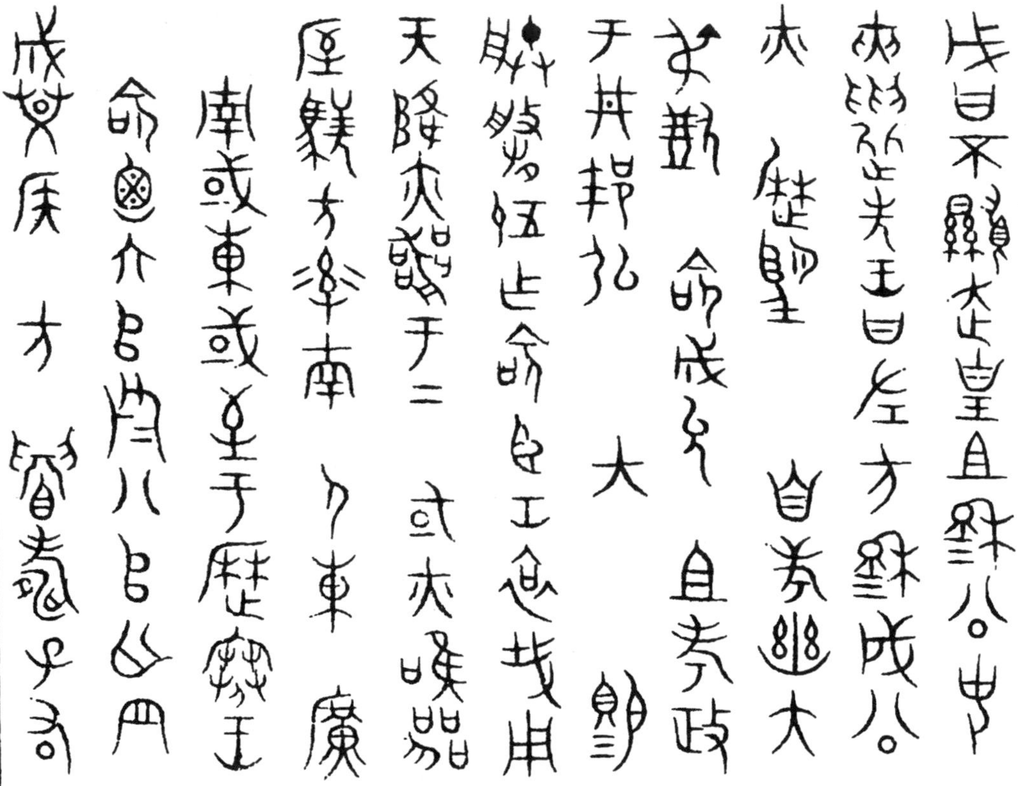

(附圖一)

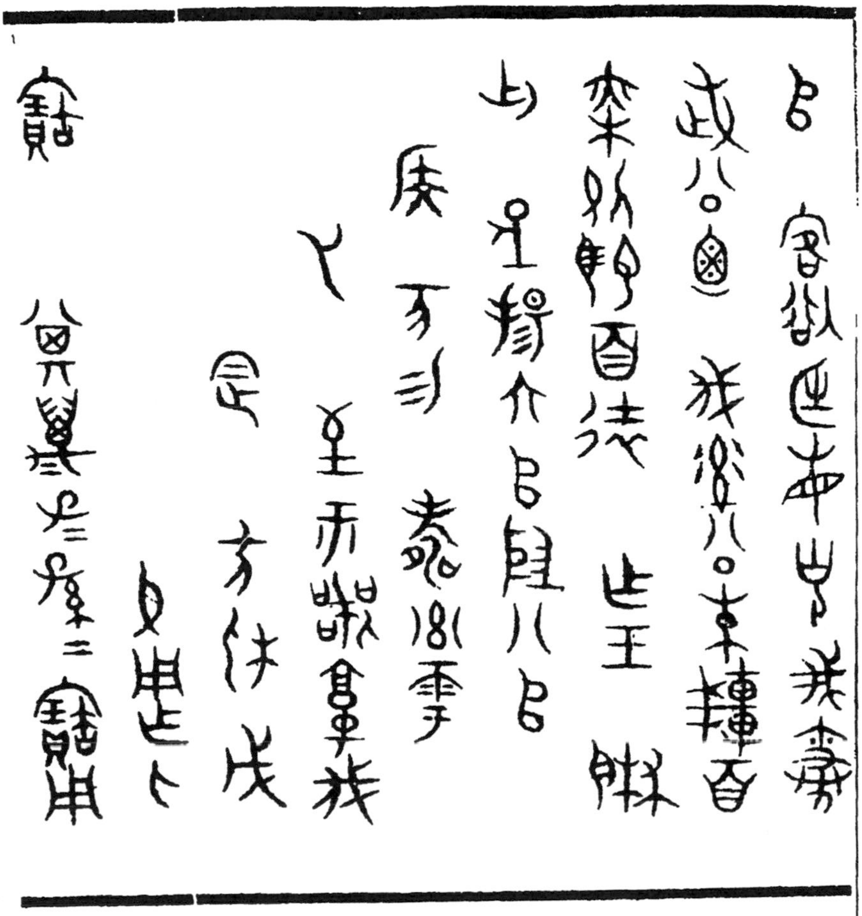

（附圖一）

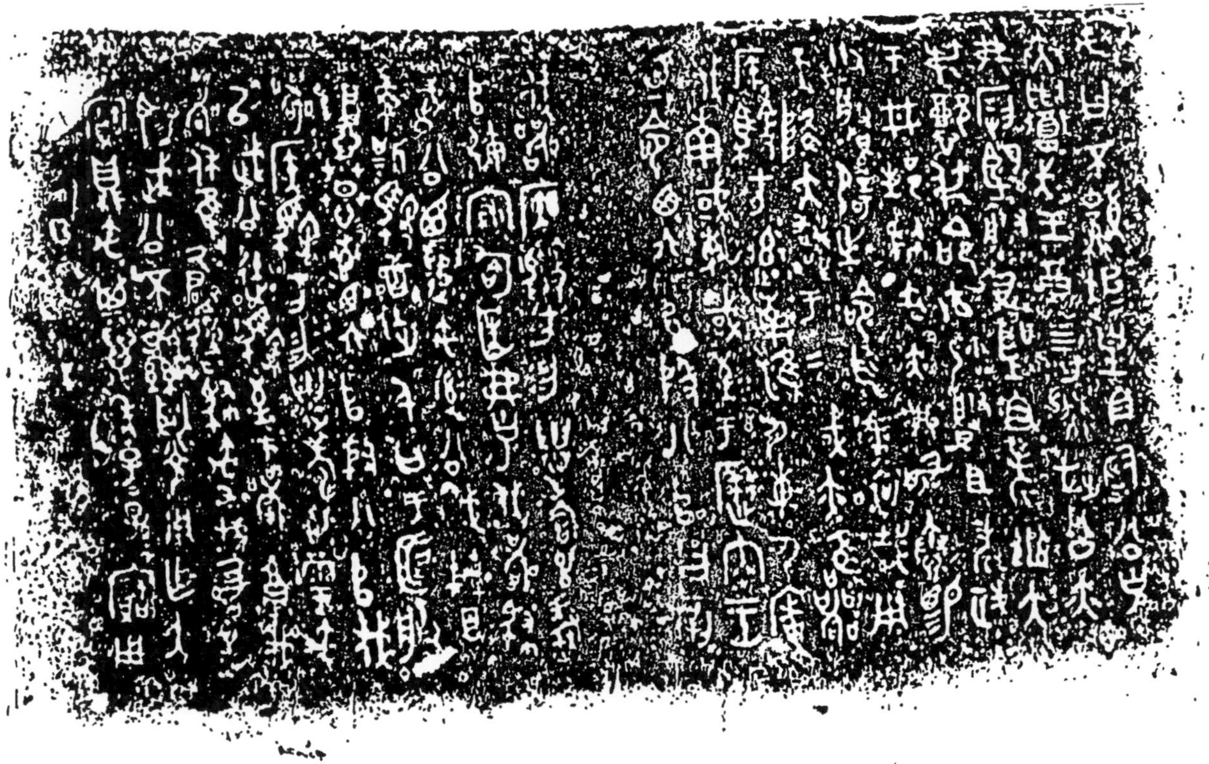

禹鼎銘文拓片 (1/2)　(附圖二)

## 第二節　甗

甗之形制，上體圓而兩耳似鼎，下體三款足似鬲，中設箄，有半環可持以開闔。箄上有十字穿或直縣穿四五。博古圖（十八·二五）、甗鍑總說云：「甗之為器，上若甑而足以炊物，下若鬲而足以飪物，蓋兼二器而有之。」然陳公子甗云：「用征用行，用羹稻粱」（三代·五·十二），則甗之用不第炊飪而已。昔人多不圖其形，惟考古圖、十六長樂堂款識考、十二家吉金圖錄有之。

甗銘大抵在腹內近口處，有在口及箄而銘異者，若父庚甗（三代·五·五）；有在口及箄而銘同者，若冄父癸甗（通考三六）。而其名稱，有作共名之「彝」者，若矢白甗：「矢白乍旅彝」（錄遺一○一），田農甗：「田農乍寶隩彝」（錄遺一○二）是也。有稱本名之甗（金文或作獻、鬳）者，若畢子甗之「旅獻」（錄遺一○四），乍寶甗之「寶獻」（錄遺一○五），乍父癸甗之「寶隩獻」（錄遺一○三），王孫壽甗之「飤甗」（錄遺一○六）是也。錄遺凡收甗七。

作甗之故，有為自作者，如見甗（三代·五·三）；有為他人作者，如大史友甗（三代·五·八）；有為祖作者，如尹伯甗（三代·五·八）；有為父作者，如鼎甗（三代·五·六）；有為母作者，如雝卯切甗（三代·五·七）；有缺作器人名者，如作寶甗（錄遺一○五）；有為錫貝而作者，如作冊般甗（三代·五·十一）；有為錫金而作者，如遹甗（三代·五·十二）是也。

一、銘文：

100

100 學子甗

二、隸定：

學子作輦獻．

三、考釋：

「學」字，从臼从角从干，本義未詳，此用為國族之稱或人名．「輦」字从㫃从車，與旅同．「獻」字，甲文作[illegible]（前、八、十二）、[illegible]（佚、二七三）形，金文作[illegible]（獻侯鼎）（三代、三、五十）、[illegible]（楷伯簋）（三代、六、五三）、[illegible]（子硯父甗）（三代、五、九）、[illegible]（史獻甗）（攈二之三、八）形。說文十上犬部云：「獻，宗廟犬名羹獻，犬肥者以獻之。从犬鬳聲。」契文从犬从鬲，或从犬从鼎。商承祚謂：「獻本作甗或甗，从虎从鼎或从虎从鬲（見金文），後求其便於結構，將虍移于鼎或鬲之上，而从虎之下體寫為犬形，遂成甗與獻矣。（金文十之八九皆如是）以傳世古甗證之，三足之股皆作虎目，即此字之取義．復以字形言，从鼎者，取器之上象，从鬲者，取器之下形也（甗上為鼎，下為鬲，乃合二器而成）。甗即獻字本體，後寫誤作獻，乃用為進獻字，復別構甗為器名，非其朔矣。」（註1）吳式芬亦謂甗下从鼎者甚衆，且皆从虎从犬，借獻為甗．古器物銘皆借从犬之獻，則甗為後起字無疑（註2）。林義光以獻為甗之古文，从鼎獻省聲（註3）。金文或有从貝作者，蓋為鼎之譌。商氏之說，形義流變，曉然分明。當可从也。此器銘亦以「獻」為「甗」。

說文鬲或從瓦作𩰲（註4），漢令鬲从瓦厤聲作𩰳，然鬲、甗之別，在器之大小與底之有無。考工記、陶人：「鬲實五㲄」，先鄭云：「㲄受三豆。」後鄭云：「㲄受斗二升。」考工記又云：「陶人為甗實二鬴。」賈疏云：「六斗四升曰鬴。」是甗當倍於鬲，且鬲款足而有底（註5），甗則一穿而無底（註6）。

此器蓋學子所作，用為祭享養生之宗廟器。

四、註：

1. 參見佚考四二頁上。
2. 參見攈古二之三，十七—十八頁齊陳曼簠。
3. 參見文源。
4. 參見說文三下九鬲部：「𩰲，鬲或从瓦。」
5. 爾雅、釋器：「鼎款足（足中空）者謂之鬲。」又漢書、郊祀志上：「鼎空足曰鬲。」是鬲空足也。說文三下鬲部：「鬲，鼎屬，實五斛。」既為鼎屬，則鬲當有底矣。
6. 說文十二瓦部：「甗，甑也，一穿。从瓦鬳聲。讀若言。」是甗為一穿之甑。又考工記、陶人甗下先鄭注云：「甗無底甑。」

疏云：「甗，無底甑者，對甑七穿，是有底甑。」段玉裁說文注甗下云：「無底即所謂一穿，蓋甑七穿而小，甗一穿而大。一穿而大，則無底矣。」是甗一穿而無底也。

## 101 矢白甗

一、銘文：

101

二、隸定：

矢白乍旅彝。

三、考釋：

銘首「矢」字，甲文作矢、矢〈前.六.六五.三〉、矢〈戩.二二.八〉形；彝銘作矢〈矢尊 三代.十一.三六〉、矢〈矢方彝 三代.六.五六〉、矢〈矢鼎 小校.二.四〉、矢〈矢戈 三代.十九.三五〉形。說文十下矢部云：「矢，傾頭也。从大象形。」甲骨、金文之矢字皆象其頭或左或右傾斜之狀，故王筠言：「矢是左右傾側，非謂頭傾於左。」或有泥於說文十下夭部：「夭，屈也。从大象形」之說，而謂矢為夭字〈註1〉。容庚辨之曰：「說文矢，傾頭也。夭，屈也。一左傾，一右傾，金文从走之字所从之夭皆作夭或夭，蓋矢象頭之動作，夭象手之動作。」〈註2〉而謂矢、夭一字〈註3〉，其說未允。柳詒徵、郭沫若更誤釋作吳（註4）。吳大澂雖釋矢，疑為莋，言矢象西夷椎結之狀（註5），又从說文傾頭之說（註6）。其說游移不定。矢象人首左右傾側之形，於此用為國名，乃矢白所作，用以養生祭亯之禮器。

四、註：

1. 參見葉玉森、鈎沉釋夭，且言夭、沃古通，夭者，殆沃丁或沃甲。又方濬益、綴遺卷五、十九頁夭鼎。

2. 參見金文編卷十、十（一一〇四七）。

3. 參見馬叙倫、刻詞六一—六二頁夨鼎云：「矢、夭二字，於義實無殊，皆从大而頃其首，但一向左，一向右，此在金文中了不為異。」又陳夢家、綜述三四五頁亦以矢、夭無別，皆象人頭傾側之貌。

4. 參見柳氏說吳一文，載史學與地學第二期；又郭氏卜通六八頁。

5. 參見古籀補附錄三頁。

6. 參見愙齋二十二册九頁夭父戊爵。

102 田農甗

一、銘文：

102

二、隸定：

田農乍寶障彝。

三、考釋：

此器銘文與田農鼎〈錄遺大六〉同，唯田作「田」，農則从田从辰。

乃田官名農者所作之禮器。

103 乍父癸甗

一、銘文：

103

二、隸定：

作父癸寶隮獻．戴．

三、考釋：

銘末字，又見且戊鼎（三代、二、三六），父己尊（三代、十一、九）銘，容庚謂「象首負戴而手提挈之形。」（註1）其說字形無誤，蓋象一人首負一物，以手扶持，他手提挈一物之形，魯實先先生曰：「示象戴由兼提物之形，而為戴之古文。」（註2）此乃戴氏為其「父癸」而作之寶隮甗。

四、註：

1. 參見善圖第九頁作祖戊鼎。
2. 參見殷契新詮釋由。

104 孚公朹甗

一、銘文：

104

二、隸定：

孚公⿰犬木作旅甗，永寶用。

三、考釋：

銘首「孚」字，从爪从子，乃「俘」之初文，用為國名。公乃爵稱。⿰犬木从木从犬，用為人名。容氏隸作「狇」，言說文所無（註1）。經傳亦無徵。此為孚公⿰犬木所作，用以追高祭祀之甗器，並冀其長久珍寶用之也。

四、註：

1.參見金文編卷十、五。

105 乍寶甗

一、銘文：

105

二、隸定：

□□□乍寶甗，其萬年永寶用。

三、考釋：

此器銘首三字蝕泐缺損，蓋為作器人名。獻即獻字，此用作甗，器名。蓋作寶甗，祈其萬年長久珍寶用之也。

一、銘文：

106 王孫壽甗

106

二、隸定：

隹正月初吉丁亥，王孫壽羼其吉金，自乍飤甗。其釁壽無疆，萬年無諆。子子孫孫，永保用之。

三、考釋：

此器銘文反文。首記月日，銘文正例。次記人名，王孫壽，郭沫若以王孫對王父，言王孫遺者自稱王孫，與祖其先君駒王正相合（註一）。竊疑此王孫非祖王者之後，人子之子（註二），殆若周大夫王孫滿者，乃為複姓，「壽」其名也。吉金者，良金，美金也。蓋指銅而言。用以自作飲食之器—䰛。說文五下食部云：「飤，糧也。从人食。」彝銘飤同食，故鄧孝子鼎（三代三、三六）器銘作「飤」，而蓋銘作「食」，是其明證。飤从人食，會意，乃「以食食人」之意。故「飤䰛」即「食䰛」。釁壽無疆，萬年無諆，同義複詞，皆喻時間之長久。諆、期，同音通假。

四、註：

1.參見兩攷一六一頁王孫遺者鐘。

## 第三節　鬲

夫爾雅、釋器云：「鼎……款足者謂之鬲。」漢書、郊祀志：「其（指鼎）空足曰鬲。」蘇林曰：「鬲音歷，足中空不實者名曰鬲也。」蓋鬲為常飪之器，空足則水下注而熱易達也。而其狀則可分為三類：

甲、形如鼎，圓腹兩耳而款足者，如饕餮紋鬲（通考圖、一四六）。

乙、形如鼎，無耳而款足者，如叔父丁鬲（通考圖、一五五）。

丙、上截可以烹飪，下截可以盛火者，如蹲獸方鬲（通考圖、一七三）。

甲類稱共名而不稱本名，銘在腹旁，多屬于商代。乙類則稱本名為多，間或稱共名及別名，銘在口上或口內，而罕在腹旁。多為婦女而作，或為婦女所自出。丙類有銘者僅一器，稱曰尊鬲。乙、丙二類多屬于西周後期。

作鬲之故，有為自作者，如番君鬲〈三代.五.三八〉；有為父作者，如林娥鬲〈三代.五.二四〉；有為母作者，如龏鬲〈小校.三.七十〉；有為媵婦而作者，如魯伯愈父鬲〈三代.五.三三〉是也。

一、銘文：

107 巩鬲

107

二、隸定：

巩共固作父乙彝。

三、考釋：

銘首[illegible]字，當从工从丮，銘拓混雜，故成「土」耳。字即說文訓袌之「巩」，孳乳為「鞏」，用為方國之名或族稱。下銘橅拓不清，銘文剝蝕，字蓋即本書四一及五四七器之「共」，象節肢動物之形，此殆為人名。第三字蝕泐，似為「白」字。巩共固為作器者之名，為其父乙而作之鬲彝。

108 𥁕白毛鬲

一、銘文：

108

二、隸定：

𥁕白毛乍王母尊鬲。

三、考釋：

「𥁕」乃「召」之繁文，殆為國名。白，伯也。毛，人名。說文八上毛部云：「毛，眉髮之屬及獸毛也。象形。」王母者，即祖母，爾雅、釋親：「父之妣為王母」，此召伯毛所作祭亯王母之禮器。

109 弔鼎鬲

一、銘文：

109

二、隸定：

弔鼏乍己白父丁寶隮彝。

三、考釋：

弔者，借為叔。「鼏」字之說解，諸家聚訟紛紜，字又見秦公簋（三代、九、三三）、國差𦉜（三代、十八、十七）二銘。或釋鎮（註1）；或釋貯（註2）；或釋鳳，从貝凡聲，為朋之異文，讀為風（註3），而以釋「鼏」字者為多。說文分鼏、鼏為二，前者言：「呂木橫貫鼎耳，舉之。从鼎冂聲古熒切十一部。」（註4）周禮廟門容大鼏七箇，即易玉鉉大吉。後者云：「鼎覆也。从鼎冖、冖亦聲莫狄切十六部。」音義判然。高田忠周以二字古當相通，鼏釋鉉義，鼏釋覆布義，恐皆失之穿鑿（註5）。唯甲文未見，彝銘鼏字，當音密，覆布之義。字於此蓋用為人名。「己」字疑象繩索詰詘之形，經傳作為紀國之紀，彝銘作己，且己侯鐘（三代、一、三）係出自山東壽光紀侯臺下，為紀國舊都所在（註6）。是己白者，即紀伯也。此叔鼏所作祭祀紀伯父丁之禮器。

四、註：

1.參見阮元、積古卷八、十二頁齊侯甒。

2.參見劉心源、奇觚卷十八、二三頁。

3.參見青研一五六頁國差𦉜韻讀。

4.參見說文七上鼎部。又林義光、文源亦以冂象木貫鼎耳形，經傳皆以扃為之，冂非聲。

5. 參見古籀篇七十六第七頁。

6. 參見王獻唐、黃縣㠱器七一｜七四頁。

一、銘文：

110 呂囗姬鬲

110

二、隸定：

呂𩀟姬作䵼鬲，其子子孫孫寶用。

三、考釋：

此蓋呂國器。呂字甲文作吕〈甲二六四七〉、吕〈乙一九八〇〉、吕〈新一〇二八〉形，金文作呂〈𩀟子卣 三代十三·四一〉、呂〈呂鼎 三代四·二二〉、呂〈呂王鬲 三代五·三十〉形，或从邑作郘〈郘鐘 三代一·五四〉形。說文十下呂部云：「呂，脊骨也。象形。昔太嶽為禹心呂之臣，故封呂侯。𦙶，篆文呂从肉从旅。」呂本脊骨之義，商承祚〈註1〉、高鴻縉〈註2〉、

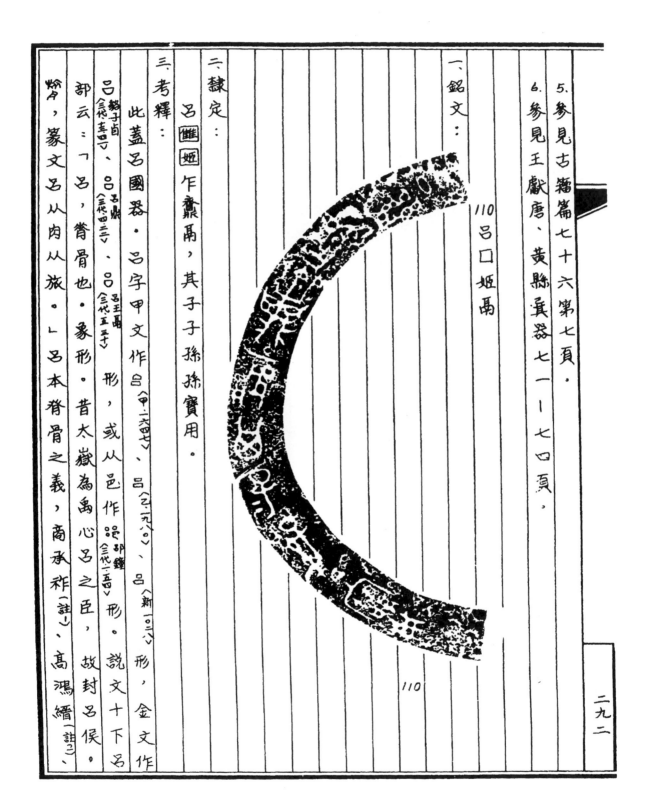

黃然偉(註3)皆主此說。吳其昌則言重丁為呂，「丁即釘，為金屬，故凡碎金靁塊之作丁形而集聚至兩枚以上者，謂之呂。」(註4)或有未允。呂借為國名，邵鐘从邑作郘，經傳作呂(註5)。據說文及國語、周語下知四嶽命為侯伯，賜姓曰姜，氏曰有呂。括地志云：「故呂城在鄧州南陽縣西三十里。」經傳或以呂為甫，故尚書、呂刑，禮記、孝經所引皆作甫刑，蓋以音近相通之故。「雔」字疑从二隹相向之形。說文四上雔部云：「雔，雙鳥也。从二隹，讀若醻。」即爾雅、釋詁：「仇、讎、敵、妃、知、儀，匹也。」之「雔」，此用為人名。「姬」字殘泐，依于氏所隸定補。「呂雔姬」為呂國之雔姬，乃作器人名。下「⿱旅鼎」字，从㫃从鼎，當係「䵼」字，字又見伯姜鬲(小校、三、六)銘云：「伯姜乍䵼鬲。」䵼字說文所無，而與本書九七器尹姞鼎之「䵼」用為鼎屬有別，其意一則在鼎，此則在「齊」，疑為「齊」字之繁文，而此用為齊祭之「齊」。言呂國之雔姬作齊祭追享之鬲，祈其後代子孫永寶珍用。

四、註：

1. 參見古攷七一頁。
2. 參見字例二篇九六—九七頁。
3. 參見說呂一頁，載中國文字第一冊。
4. 參見金文名象疏證二五四—二五八頁。
5. 王永誠以邑名為呂或从呂為聲之邑，經傳有五：一為姜姓之呂；二為嬴姓之莒；三為晉之呂氏，姬姓之呂；四為東周王畿之莒邑；五為采之呂邑。此當為姬姓之呂也。參見先考二九六－三〇〇頁。

一、銘文：

川善夫吉父鬲

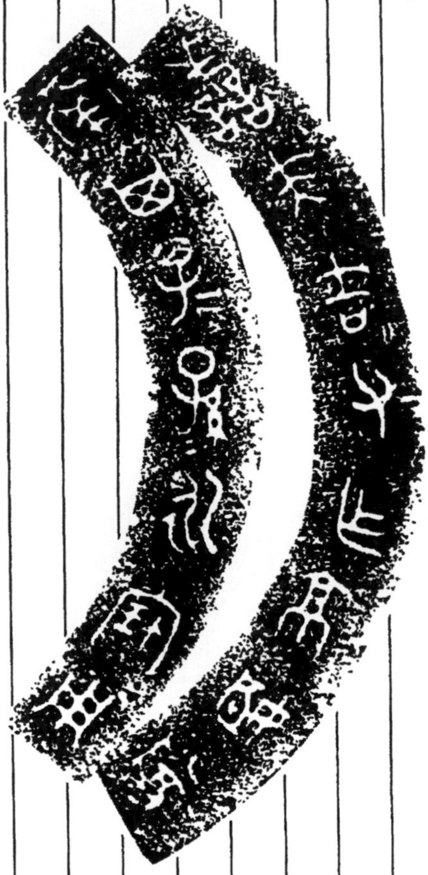

川

二、隸定：

譱夫吉父作京姬𨺅鬲，其子子孫孫永寶用。

三、考釋：

此器銘依半圓刻鏤。譱夫吉父與本書一七三器善夫吉父簠同。

善夫之名，彝銘屢見，殆為官名，若善夫克（善夫克鼎〈三代四·二八〉）、善夫騣（大鼎〈三代四·三三〉）、善夫豕（大簋〈三代九·二五〉）、善夫汈其（汈其簋〈錄遺一六四〉）等是。典籍皆作「膳夫」，周禮、天官、序官膳夫注曰：「膳夫，食官之長也。」又曰：「學

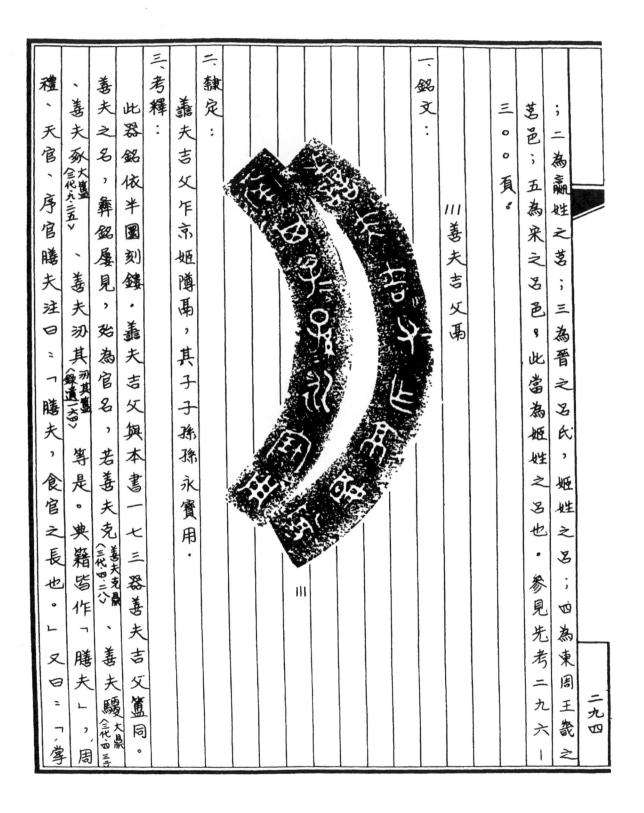

王之食飲膳羞，以養王及后世子。」(註1) 其位列上士，以掌飲食，故从肉作膳，詩小雅十月之交：「皇父卿士，番維司徒，家伯維宰，仲允膳夫，聚子內史，蹶維趣馬，楀維師氏。」鄭玄注：「膳夫，上士也。掌王之飲食膳羞。」此蓋後世善夫之職。而「西周銘文所見之善夫，為王宣達命令之王臣，其職守為司獻人(註2)、出納王之政令(見大克鼎、大鼎)、而位處師之下(見師晨鼎)。此官於西周時與王飲食之事無涉，非『食官之長』甚明。」(註3) 而詩小雅十月之交之「膳夫」，當作「善夫」也。吉父，人名。京姬者，京本象屋下有臺，臺下三柱之形(註4)。京或用為地名，若詩篤公劉云：「乃覯于京，京師之野。」又云：「篤公劉，於京斯依。」則公劉所居本名京，至古公亶父見周原膴膴，築室於茲，更號曰周，故思齊之詩云：「思媚周姜，京室之婦。」大明之詩云：「摯仲氏任，自彼殷商，來嫁于周。曰嬪于京，纘女維莘。」悉為「周」與「京」對言，故「京」乃「周」之故稱(註5)。由上知京姬即周姬，姬乃姓氏。此則善夫吉父為京姬作[阝+尊]鬲，欲其子孫後代，永寶用之。自銘例觀之，殆係媵器。

四、註：

1. 參見容庚、金文編卷三、九(○三○三)注亦主此說。
2. 按獻人即人鬲，古之奴隸也，見膳夫山鼎。
3. 參見斯維至、兩周金文所見職官考三—四頁。又黃然偉、賞賜一五三頁。

4 參見金詁卷五、三五二一頁張日昇說。

5 參見唐蘭〈作册令尊及作册令彝銘考釋〉二四頁。

一、銘文：

112 鄜大嗣攻鬲

112

二、隸定：

鄜大□□嗣攻單□□[鑄]其鬲，子子孫孫，永保用之。

三、考釋：

此器銘蝕泐不完。銘首「[illegible]」字，疑从鷹省，从心从邑，隸作鄜，此當為國邑之名。說文六下邑部有从邑麃聲之「鄜」，左馮翊縣鄜，或為一字。首行銘末，于氏自隸為嗣攻（註1）。容庚云：「攻、工古通，詩車攻：『我車既攻』，石鼓文作『避車既工』。

周匋文多記匋攻某。匋攻即匋工。」(註2)𤔲攻即𤔲工，亦即典籍之「司空」。詩、大雅、綿曰：「乃召司空，乃召司徒，俾立家室。」一箋云：「司空，掌營國邑。」又禮記、王制云：「司空，執度度也。」注云：「掌邦事者。」故知司空屬營建之官。「單」或言象旗幟之形，V象其所繫之鈴，中甲則象其幅及竿，故本義為旂名(註3)，其說恐非，單即干，所以扞身蔽目，此則用為人名。

四、註：

1. 參見錄遺目錄五頁。
2. 參見寶蘊五頁周國差𦉜。
3. 參見殷契新詮之五釋單十九頁。

## 第四節 𣪘

夫𣪘者，圓腹圈足，用盛黍稷稻粱之食器。宋人誤以𣪘為敦，考古圖又入敦以為簋，差謬舛譌，千年莫白。自錢坫、十六長樂堂古彝器款識(二：六)始辨𣪘之為簋而非敦(然子邏盨、立盨亦誤釋為簋)，嚴可均、全上古三代文；許瀚、攈古小盧雜箸、金石說及黃紹箕、說𣪘(載王懿榮、翠墨園語)寖詳其說，而容庚、殷周禮樂器考略及商周彝器通考辨證轉精，已成定論。𣪘本作皀，即簋之象形字。从殳以會其意。从竹从皿，言其性質，乃增體象形。鄭玄、周禮、舍人注云：「方曰簠，圓曰簋。」今所見𣪘皆圓而少見方者，知鄭說為不謬。唯毀之形狀甚多：其在商代，大率皆侈口無蓋，圓腹兩耳而圈足。西周前期略承其制，後期則變易轉劇，大抵為斂口有蓋。

毀器最多，用最廣，自天子至於士庶人皆用之，自祭祀賓客至於饔飧皆用之。少則二簋，易言「二簋可用享」是也。多則十二簋，周禮、掌客：「公侯伯子男簋皆十有二」是也。此外言四簋、六簋、八簋及鼎簋、簠毀連文者不殫述。然春秋戰國時，簋之用頓少。

毀之銘多在腹內正中，亦有在兩耳者，如丹父己簋（三代六、十五）。有在腹內及耳者，如洹秦簋（三代七、三十）。有在腹內及足旁者，如只寅簋（三代六、四）。有在蓋圈內者，如芮公簋（三代七、二十）。而蓋器銘每每相同，然亦有蓋器銘略異者，如師嫠簋（三代九、三五）。亦有相銜接者，如秦公簋（三代九、三三）。本書所著錄有銘文之毀凡五十五。

113、⿰彳卷毀

一、銘文：

113

二、隸定：

⿰彳羌

三、考釋：

此銘或作⿰羌卜，若亞中⿰羌卜父戊鼎〈三代、二、二四〉，⿰羌卜父戊爵〈三代、十六、十一〉等銘是。孫詒讓言為「羊」之異文（註1）。沙孟海釋「逆」（註2）。柯昌濟釋「羌」（註3）。吳大澂釋半析木形姜（註4）。李孝定言从羌从彳，乃「羌」之異構（註5）。此銘从彳从羌从糸从夕，示羌人（註6）頸繫絲索，夜晚時分，行於道塗之形。說文四上羊部云：「羌，西戎羊種也，从羊儿、羊亦聲。」蓋詆異族之論，不足為憑。斯銘隸作「⿰彳羌」，或「羌」字之異構，字用為氏族之稱或人名。

四、註：

1. 參見餘論卷一第四頁犧形父丁彝。
2. 參見攈古錄釋文訂，中山第五冊。
3. 參見韡華一二。八頁羌父戊爵。
4. 參見愙齋二十三冊十二頁。
5. 參見金詁附錄(二)一〇〇一頁。
6. 郭鼎堂以𦍌為羌，乃狗之初文，象貼耳人立之形。參見兩攷二三五－二三六頁。

114、竟𣪘

一、銘文：

二、隸定：

竟

114

三、考釋：

甲文競字作□〈前.五.四四.四〉、□〈戩.三三.十二〉、□〈甲編.二四三三〉形，此銘从其偏旁，金文作□竟鼎〈三代.二.二〉、□文戊匜〈三代.十七.二三〉、□父辛觶〈三代.十四.四五〉、□且辛卣〈三代.十二.四六〉形。柯昌濟以「字从辛在子形上，疑即古竟字。」〈註1〉高田忠周言為古兇字〈註2〉。吳其昌則謂爭與□〈殷文存.二.二鼎文〉為一義，但一為女子，一為男子耳。□也、妾也、童也、僕也，皆俘擄之屬〈註3〉。故知頭顱上所標植之辛，乃俘擄之記號。初民獲俘，聚集一隅，中立武器以示威懾，惟辛乃為威慴俘擄之記號〈註4〉。于省吾釋「竟」，言古竟字上从□、□、□、□為辛、辛一類之字，初形本象頭飾，古文从人、从大、从天一也。竟之本形，象人之戴辛，故引伸為終、為窮、為極、為邊竟義〈註5〉。小篆譌人頭之「●」為「曰」，遂以為从音，而訓為樂曲竟也〈註6〉。或以字从示从兄，乃祝之古文〈註7〉。然祝於甲骨、金文悉另有其文，當以釋「竟」為是。競於卜辭用為人名，若：「貞叀競令八月」〈前.五.四一.五〉、「貞競弗骨」〈戩.三三.十二〉、「口王歲其口競，在十一月」〈後下.十.六〉之例是。此銘之「竟」，乃作器人名或族稱。

四、註：

1. 參見韓華二九一三〇頁亮鼎。
2. 參見古籀篇三十四第一九頁。
3. 參見中國文化史、社會組織篇、奴婢節。
4. 參見金文名象疏證五三一—五四三頁。
5. 參見古雜二頁釋竟。
6. 參見金詁附錄(一)一三四頁。
7. 參見先考五七八頁。

## 115、⿵冂⿱人口毁

一、銘文：

115

二、隸定：⿵冂⿱人口

三、考釋：

字不可識，闕。

一、銘文：

116. 虎毀

116

二、隸定：

虎

三、考釋：

甲文虎字作〈新.一四九七〉〈佚.一○九〉、〈前.四.四四.六〉、〈藏.二七.二〉、〈前.四.四五.一〉（註1）〈續.四.七.二〉、〈乙.四六〉、〈乙.七九○〉、〈珠.八五二〉、〈甲.三五八四〉形，而彝銘若虎簋〈三代.七.一〉、虎劍〈雙劍.下三五〉等銘之「虎」字，皆「畫成其物，隨體詰詘」（註2）之象形。說文五上虎部云：「虎，山獸之君。从虍，虎足象人足。象形。」釋形非是。虍、虎實一字之異構，惟形畫繁簡或異耳（註3）。此銘圖其巨口銳牙，利爪紋身，凶悍威猛之勢（註4）。卜辭虎或為方國之名，若：「囚虎方其涉河東𣂔其匕」〈前.六.六三.六〉；或為人名：「令倉灰虎歸」〈珠.四五五〉，即是其例。此乃虎族或虎方所作之禮器。

四、註：

1. 龍宇純以其紋圖為豹，參見中國文字學一〇〇頁。
2. 參見說文解字敘。
3. 參見李國英、說文類釋二九一－三〇頁；又金祥恒、釋虎，載中國文字第一期五頁。
4. 參見中研院慶祝蔡元培先生六十五歲論文集下冊五九一頁。

## 117、希毀

一、銘文：

117

二、隸定：

希

三、考釋：

此銘右下方磨泐不清，疑為「希」字。甲文「希」字作□（藏、一四四）、□（藏、六三、三）、□（拾、十三、五）、□（拾、十三、二）、□（前、四、五四、三）、□（菁、三、二）、□（戩、七、西）形，金文作□蔡大師鼎（三代四、十八）、□伯作蔡姬尊（三代十一、三二）、□蔡侯缶（蔡三四）、□蔡侯匜（蔡三五）、□蔡侯戈（三代十九、四五）形，

• 許書古文作□，正始石經作□（殺之偏旁）形。孫詒讓釋作豕（註1）。羅

振玉(註2)、王國維(註3)釋作「求」。林泰輔釋作犬(註4)。吳大澂(註5)、方濬益(註6)、及高田忠周(註7)均釋作「尨」。胡吉宣釋作𣏟，言「𣏟，丰(一祭)實為一字，象草亂之形(註8)。馬叙倫則以𣏟字从大，𣏟械其足(註9)。郭沫若釋作「希」，讀為祟，希、祟同在脂部，希為祟之初文。又「希」字爾雅作「貄」，說文殺字以𣏟為古文，魏三體石經、春秋殘石以𣏟為古文蔡字，故蔡、殺古本通用。蔡人以𣏟為其族名者，蓋以貄為圖騰(註10)。朱芳圃亦釋「希」，希為野豕象形，讀若弟。祟、蔡、殺乃希之通假(註11)。考甲文、金文諸形，求字作朩(甲編、一四三)、□(前、七、六、三)、□(君夫簋 三代、八、四七)、□(舀鼎 三代、四、四五)、□(又卣 三代、十三、三九)，犬字作□(餘四、一)、□(員鼎 三代、四、五)形，與□稍異，則釋「尨」亦不可從。胡氏謂象艸散亂形，既於其形不類，且將訓詁摻入說解字形之中，則扞隔而不入矣。械足之說亦無徵。字當為「希」之古文，說文九下希部云：「□，脩豪獸。一曰河內名豕也。从彑，下象毛足。讀若弟。□、籀文。□、古文。」由二義合觀，希為豕屬，其特色為長毛，其性嗜殺，初民以為大患，故說文豨字下云：「豕走豨豨，古有封豕脩蛇之害。」淮南子、本經篇：「封豨脩蛇，皆為民害。」故「封豕脩蛇」乃成惡人之代稱，左定六年傳：「吳為封豕長蛇，以荐食上國。」即其證(註12)。且在雲南之謀大墩子新石器時代遺址中，曾出土有豪豬之骨骸，亦可旁證此說(註13)。於卜辭段希為殺，如「四十窜希(殺)五窜、□亦三窜、八月。」〈後上·二八·六〉「丁巳卜行貞：王旁父丁𣏟十牛。」〈粹·三〇二〉「希」字讀為「殺」，於義均安（註14）。於金文「希」借作「蔡」，如蔡姞簋、蔡子匜、蔡侯鐘、蔡侯鼎、蔡侯缶、蔡侯匜、蔡侯戈（註15）悉段「希」為國名之「蔡」。而於經傳中，往往以「蔡」為「殺」，如左昭元年傳：「周公殺管叔，而蔡蔡叔。」又書禹貢：「二百里蔡」，鄭注：「蔡之言殺，減殺其賦。」即其例。審蔡、蒼大切，清紐十五部；殺、所八切，心紐十五部；希、羊至切，定紐十五部，古韻同屬段氏十五部，為疊韻假借。茲列其演變如下表（註16）：

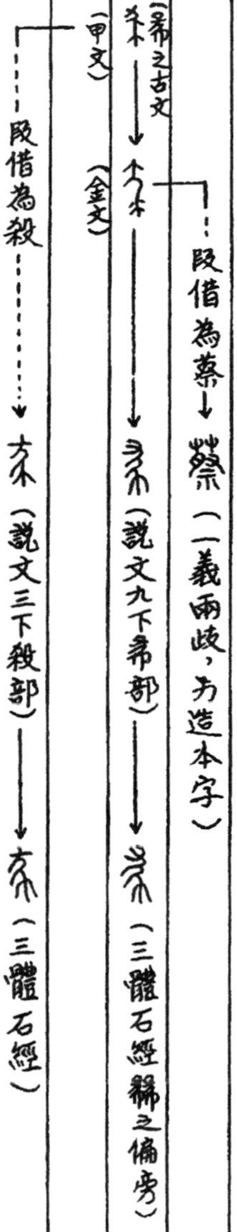


「希」字既於彝銘借為方國之名「蔡」，故此乃蔡國或蔡氏所作之禮器。

四、註：

1. 參見舉例上二六頁下。
2. 參見增考中四二－四三頁。
3. 參見戩考十七頁下。
4. 參見龜甲獸骨文字二卷附釋文一頁下。

5. 參見愙齋二冊十一頁盧鐘。
6. 參見綴遺卷一、二十五頁獻鐘。
7. 參見古籀篇九十第三頁。
8. 參見釋蔡殺，中山第六冊四五三九—四五四○頁；又高鴻縉、字例二篇四三—四四頁說同。
9. 參見刻詞一二四頁父癸觶。又朱謀𡋯以豕象豕頂貫矢刃，刺豕也，參見古文奇字輯解卷五、九頁，有異曲同工之妙，
10. 參見甲研上冊釋蝕一—二頁下。又卜通八七頁四二六片釋文。又沈兼士、希殺祭古語同源考說同，載輔仁學誌八卷二期一○—一一頁。
11. 參見釋𢼸六五—六六頁希；又商承祚、十二家、雪一七頁則以希本蔡字，借用為殺義，說稍異。
12. 參見程樹德、从說文中發見之古代社會二—三頁。
13. 參見考古學報一九七七、七一頁。
14. 參見甲文集釋第三、一○三○頁。
15. 參見金文編一、一五下。
16. 參見古文釋形考述三九二頁，稍改其文。

118. 禾伓毁

一、銘文：

118

二、隸定：

禾休。

三、考釋：

「禾」字甲文作□（拾二九）、□（後上二九・四）、□（甲編三九二）形，金文作□禾卣（青・七）、□禾鼎（三代二・四五）、□禾簋（三代・六・四七）、□留鐘（三代・一・二）形。羅振玉曰：「上象穗與葉，下象莖與根。許君云从木从𠂹省，誤以象形為會意矣。」（註1）孫詒讓亦曰：「禾字上象采，下象秆葉，參差旁出形。」（註2）審諸甲骨、金文，羅、孫二氏之說可从，殆即張衡、思玄賦所云：「嘉禾垂穎而顧本」之謂。說文七上禾部云：「禾，嘉穀也。二月始生，八月而熟，得時之中，故謂之禾。禾，木也。木王而生，金王而死。从木𠂹省。𠂹象其穗（註3）」似有未允，蓋字本象穗、葉、莖、根之形。說文既誤作會意，復涉陰陽五行之說，未得其實。禾於金文或用為人名，若禾卣（青・七）、禾鼎（三代二・四五）、禾簋（三代・六・四七）、子禾子釜（三代・十八・二三）、禾作父乙簋（三代・六・三八）等銘是，皆為名「禾」者所作之器，此銘則用為方國之名或氏族之稱。

「休」字甲文作□（前五・二六・二）、□（後上・十三・六）、□（甲二・五四）形，銅器彝銘作□靜簋（三代・六・五五）、□鞄侯鼎（三代・四・三六）形，皆从木，或从禾作□貉子卣（三代・十三・四一）、□師害簋（三代・八・三三）

、休（來尊，三代十一．三五）、休（杳尹鐘，三代一．三九）形。高田忠周謂从人木為休息字，別分从人禾為喜美意，禾通穌（註4）。高鴻縉則以休之美意為美好，从人得禾會意。後人借為休息意，乃依變形說人依木也（註5）。二氏之說，皆強合以為分，蓋金文禾、木於偏旁中以形近類同一同屬植物」而互用，若「析」作「析」（齊侯簋，三代八．四三）、「鉌」作「鉌」（子禾子釜，三代十八．二三）是也。說文六上木部云：「休，息止也。从人依木。庥，休或从广。」是休皆象人背依樹止息之形。休於卜辭或為地名（佚四三○片），於此則用為作器者之名。書、酒誥有「服休」，鄭注「服休」為「燕息之近臣」，此則禾族或禾氏名休者所作之禮器。

四、註：

1. 參見增考中三十四頁。
2. 參見名原上一四｜一五頁。
3. 段注作「从木（禾、木也，故从木），象其穗（各本作从木从𠂹省，𠂹象其穗九字，淺人增四字，不通。今正。下从木，上𠂹者象其穗，是為从木而象其穗。）」
4. 參見古籀篇三十一第二二頁。
5. 參見字例四篇八二頁。

119、□乙毀

一、銘文：

119

二、隸定：

鼎[皿]

三、考釋：

此銘上字象三足兩耳之鼎，此殆用為方名或族稱。下銘或「皿」之省，皿於甲文作□（前四．十五．二）、□（前五．三．七）、□（前五．十九．五）、□（戩．四一．八）形，金文有作□王子申盞盂（三代十八．十三）盂偏旁「皿」之形．形。且甲文「盂」字作□（前五五．六）形，羅振玉以凵即皿省（註1）。此疑鼎方或鼎氏名「皿」者所作之禮器。

四、註：

1、參見增考中二十九頁下。

一、銘文：

120 [illegible]殷

120

二、隸定：

[illegible]褱．

三、考釋：

□字从女執屮，本義未詳，此或用為人名。「非子□」，舊釋析木形子孫，或逕釋析子孫（註1）。或反讀析木形孫子（註2）。或釋𠨒子孫（註3）。皆不離采人彙臼。孫詒讓言非即黼形，象四斧相背之形（註4）。王國維言字象大人抱子置几間之形（註5）。丁山釋冀（註6）。馬叙倫以非為𠨒，為子□之族徽（註7）。郭沫若言為異之初文，即冀州之冀（註8）。加藤常賢釋作「非謁」，讀為「傅說」（註9）。衛聚賢言上為牲架，中為「小」，下為「大」（註10）。李孝定以非字為𠨒之古文，字為大人抱子之形（註11）。說並非是。魯實先先生以為即卜辭之□，乃「褱」之初文，所从之非乃繁飾（註12），其說是也。此乃褱方或褱氏名嫢者所作之禮器。

四、註：

1. 參見綴遺卷三、五頁析子孫父己鼎。
2. 參見从古卷三、十九頁商析孫子父戊觚。
3. 參見窃清卷五第十四－十五頁周錫彝。
4. 參見名原上、三－四頁。
5. 參見觀堂說俎一三九－一四〇頁。
6. 參見說非子□，集刊第一本二分，二三三－二三九頁。
7. 參見刻詞三八－三九頁非解。
8. 參見青研、殷彝中圖形文字之一解十一－十七頁。
9. 參見非子□，中國文字十三冊一三－一九頁。

10、參見字源編纂的計劃，說文合訂本一九頁。
11、參見金詁附錄(一)一頁。
12、參見殷契新詮之四，二八頁。

## 121 龔女𣪘

一、銘文：

121

二、隸定：

龔女

三、考釋：

「龔」字从龍从奴，即經傳之龔。此龔方或龔氏名女者所作之禮器。銘全同者又見本書三四〇器龔女觚及三六二龔女觶二器。

一、銘文：

122 龏子毀

122

二、隸定：

子龏

三、考釋：

此銘左右橫書，與本書三七、三八子龏鼎二器殆同一人所作。于氏隸作「龏子毀」(註1)，白川靜作「子龏毀」(註2)，依彝銘書法，當以「子龏」為是。乃子方或子氏名龏者所作之禮器。

四、著錄：

1.金文集(一)圖七子龏毀，五頁；釋文六二頁。

五、註：

1.參見錄遺目錄五頁。

2.參見金文集(一)五頁；六二頁。

一、銘文：

## 123 咸父乙毀

123

二、隸定：

咸，父乙。

三、考釋：

此器銘作「咸父乙」三字。咸見於甲文作□〈前、一、四、三〉、□〈甲編、三七一〇〉形，金文作□咸戟鼎〈三代、三、古〉、□帚女簋〈三代、六、十八〉、□緘觚〈三代、五、十七〉、□秦公簋〈三代、九、三三〉形。高田忠周以「咸」者，「䶢」之古文，齧也。字从口从戌，會意。戌，傷也(註1)。柯昌濟言从戈从口，古誼取人畏戈而號也。即今俗喊字(註2)。吳其昌說法又異，以「咸之本義乃為一戉一碪相連之形，其後碪形之□衍變成□，於是戉形雖顯而碪義遂湮。……故咸之本義為殺。」(註3)考說文二上口部云：「咸，皆也。悉也。从口从戌，戌，悉也。」甲骨、金文皆从口从戌，並用為人名。此為咸所作之禮器，用以祭祀「父乙」。

四、註：

1. 參見古籀篇四十八第三二頁。
2. 參見韓華九○頁咸父甲鼎。

3. 參見金文名象疏證五二九－五三一頁。

一、銘文：

124 □父乙毀

124

二、隸定：

□，父乙。

三、考釋：

此器銘三字。「□」字所从之◇，與本書四〇七、四二四、四四〇器形肖，似為「丁」之異構。下文似从二葡从夲。王國維曰：「古者盛矢之器有二種，皆倒載之，射時所用者為箙，矢括與笴之半皆露於外，以便於抽矢，□□諸字象之。藏矢所用者為函，則全矢皆藏其中，□字象之。」此銘之□，當為射時所用之箙，故姑隸為「□」，疑韛之緐文。用為作器人名，蓋「□」鑄器以旌「父乙」之功。

四、著錄：

1.小校、七、九、四。

2貞松續、上、二九

五、註：

1.參見靜安遺書十六冊不嬰敦蓋銘考釋七頁下。

125、父丁⿲阝夲刂毀

一、銘文：

125

二、隸定：

父丁，⿲阝夲刂。

三、考釋：

⿲阝夲刂乃作器者名或氏族之稱。字左右二縱畫，與本書三五一器羊則車觚之「則」，四六四器羊則車爵之「則」，四八二器⿲阝夲攵盤之「⿲阝夲攵」同，或係屬繁飾。夲本象手桎刑具之形。此从川从夲，蓋用為作器者之名。此「⿲阝夲刂」所作祭祀「父丁」之禮器。

126、車父己毀

一、銘文：

126

二、隸定：

車、父己。

三、考釋：

此車氏所作器。金祥恒謂最古車字，殆此車也。字象「輿田、輪⊕⊕、軜丨、衡ひ、軛人及衡端飾物ㅅ」之形(註1)。此車氏所作祭祀「父己」之禮器。

四、註：

1.參見釋車十頁，載中國文字第四冊。

127

一、銘文：

127.魚父癸毀

二、隸定：

魚，父癸。

三、考釋：

此器銘「魚父癸」三字。魚字甲骨、金文習覯，繁簡不一，甲文作〈前、二、二九、四〉、〈前、四、五五、五〉、〈後下、六、十五〉、〈甲編、二七五〉、〈乙、七○一五〉形，金文作魚父乙鼎〈三代、二、十八〉、魚父丁鼎〈三代、二、二〉、魚觚〈三代、十四、十六〉、毛公鼎〈三代、四、四六〉形，形構特多，不煩殫舉，而一皆象魚之形。此器銘魚之圖繪精細，首有喙目，身有鱗甲，腹脊四鰭，尾張如丙。故說文十一下魚部云：「魚，水蟲也。象形。魚尾與燕尾相似。」蓋若番生簋〈三代、九、三七〉、穌告妊鼎〈三代、三、三六〉等銘之「魚」字，與篆文之「魚」字，魚尾皆作火，許君言「魚尾與燕尾相似」，蓋乃就篆文而言也。西安半坡遺址中，存有許多半圖案化之魚作〈註七〉：

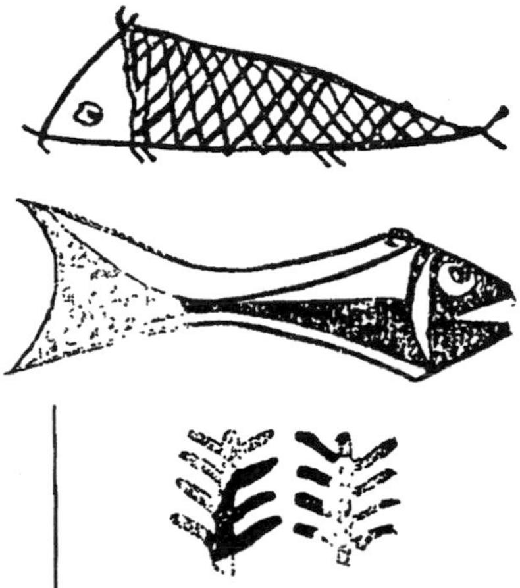

可窺圖畫、文字遞演之一班。魚所作器頗多，若魚父乙卣（三代十三·四八），魚，父丁魚尊（續殷上·五三），魚父乙鼎（三代·二·十八），父癸魚卣（三代十二·十二作尊），魚盤（三代·七·一），魚觚（三代·十四·十六），魚爵（三代·十五·五），魚父癸鼎（三代·二·二九），魚鬲（三代五·十三），魚鼎（三代·二·三），魚父丁鼎（三代·二·二），魚作父庚尊（三代·十一·十八），魚作父乙尊（三代·十一·二五），魚父丁爵（三代·十六·八），魚父丙爵（三代·十六·六），魚父癸壺（三代·十二·三），伯魚鼎（三代·三·三），伯魚簋（三代·七·十二），伯魚卣（三代·十三·十七）等是。魚氏殆殷之大族。柯昌濟疑魚紀漁事（註2），此比傅之言耳。

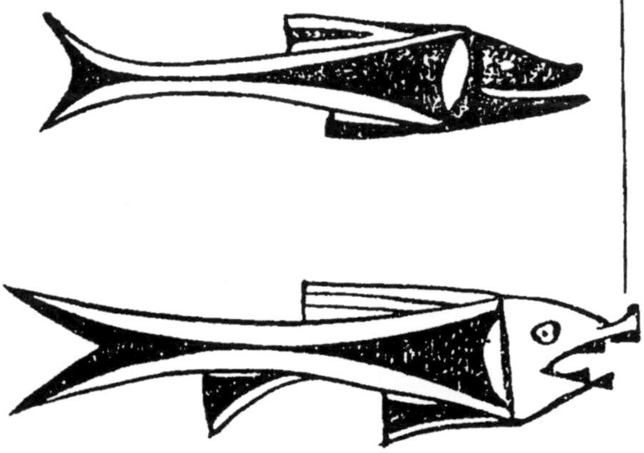

圖三七　動植物叢

四、註：

1.參見半坡遺址綜述七九頁；又董作賓、中國文字演變史之一例。
2.參見韡華五三五頁魚父癸鼎。

一、銘文：

## 128 母癸毀

128

二、隸定：

[朿阝]，母癸。

三、考釋：

此器銘作「[朿阝]母癸」三字。「[朿阝]」字又見棘父丁觚（三代七．六）、仲子日乙簋（三代六．三六）、及棘妣父乙簋（三代六．二十）銘。吳榮光疑是虩字（註1），於形不類。方濬益（註2）、馬叙倫（註3）皆以為从二朿，茂文耳。方氏以「朿」字說之，近是。魯實先先生謂彝器有朿彝，朿尊，皆朿方或朿氏所作之器，彝器復有棘父丙鼎、棘始父乙彝，其文為朿之複體，是亦朿氏所作之禮器（註4），或以帀釋之，言象人持矰繳之形（註5），說較允。此蓋[朿阝]氏為其母癸所作之禮器。

四、註：

1、參見筠清卷二、九頁商父乙彝。
2、參見綴遺卷六、二十一頁栜敄父乙毃。
3、參見刻詞五五頁父乙彝。
4、參見說文正補六一頁。
5、參見金詁卷八、五〇九七頁，周法高改羅氏弓矢矰繳之形，而言象人持矰繳之形也。

一、銘文：

129

129.栜𣥂登毀

二、隸定：

栜止登

三、考釋：

「栜止」字見栜止母卣（三代十二、五八）、栜止父乙鼎（三代二、十九）、及小子夫尊之栜止（三代十一、三三）銘。方濬益以中為鸞刀形，左右疑分肉形，下从手形，非足迹，以手執刀，所以示割切臠（註1）？望文生訓，不足為式。高田忠周以為穛字籀緐（註2）。吳其昌以刀之兩旁為矛，「兩旁立矛，中立鸞刀，當為一種典禮上之陳設。惟鸞刀之下有足趾形則貫解。」(註3)馬叙倫則以為乃契約書契之「契」本字，而說文契之初文。[刀形]即刻契之刀，止則其氏族之名。(註4)李孝定从之(註5)。盛張亦言「象手執刀契刻形，由于契刻要用刀，所以後起字有㓞、栔、契，而从殳與刀皆表動作。」(註6)赤塚忠釋作「䂓」字，與「䂓」形近，義則未詳(註7)。諸說以馬說為長。「䜴」字从𠂢从豆，「𠂢」與朕（𣍃）所从之「𠂢」形同(註8)，隸作「登」，說文所無。此器為㓞方止氏名登者所作之禮毀。

四、註：

1. 參見綴遺卷五、二八頁鷺刀父乙鼎。
2. 參見古籀篇八十二第一二頁。
3. 參見金文名象疏證五四三—五五五頁。
4. 參見刻詞五九頁母卣。
5. 參見金詁附錄(二)八九四頁。
6. 參見岐山新出𣍃匜若干問題探索，文物一九七六年六期四○頁。
7. 參見殷金文考釋第二三頁小子夫尊（大）。
8. 𣍃作「朕」形，所从之𠂢，若𤔲子簋〈三代．九．三八〉、傳卣〈三代．五．二〉、井侯簋〈三代．六．五四〉……2. 形構夥頤，莫可紀極，參見金文編八、二一一一二三。

一、銘文：

130 亞中𢆶毀

130

二、隸定：

亞□伏

三、考釋：

亞中著「□」之字，未識，蓋氏族之稱。右銘从彳从大，象人行道塗之形，隸作「伏」，此用為作器人名。

131 亳父丁毁

一、銘文：

131

二、隸定：

戈冊亳、，父丁。

三、考釋：

「亳」字甲文作□〈前二·二·四〉、□〈後上·六·四〉、□□〈後上·九·十二〉形，彝銘作□亳父乙鼎〈據古二之一·二十〉、□乙亳觚〈殷五·六二〉、□亳鼎〈三代四·二〉形。說文五下高部云：「亳，京兆杜陵亭也。从高乇聲。」林義光言非乇聲：「亳字當為殷湯所居邑名而製，其本義不當為亭名也。从京宅省。」〈註一〉高鴻縉則以□為意符，畫亳形也，非文字〈註二〉。諦審其形，以說文之說為是。字於卜辭為地名，詩、玄鳥箋：「始居亳之殷地。」釋文：「亳、地名。」書、帝告釐沃序：「湯始居亳。」鄭注：「亳，今河南偃師縣有湯亭。」故穀梁哀四年傳：「亳、亡國也。」注云：「殷都于亳，故因謂之亳。」王國維則以湯所都之亳，即左襄十一年杜注：「蒙縣西北有亳城」之亳城，亦即漢書地理志山陽郡之薄縣〈註三〉，此銘之亳，用為人名。亳所作之器，若亳父乙鼎之：「亞弓亳作父乙尊彝」〈據古二之一·二十〉，及乙亳觚之：「乙亳戈冊」〈小校·五·六二〉之例是。戈或其方名族稱，冊乃作冊之官，用以為氏族之稱，乃戈方冊氏名亳者為「父丁」而作之禮器。

四、註：

1. 參見文源。
2. 參見字例五篇一五九頁

3. 參見王靜安先生遺書卷十二、說亳。

132 丸白毁

一、銘文：

132

二、隸定：

才白乍旅毁。

三、考釋：

銘首「卂」字，契文未聞，金文獨覯。于省吾釋作「丸」（註1）。容庚釋「卂」，說文云：「卂，疾飛也。从飛而羽不見也。」（註2）審金文之形，非類疾飛之態，容、于二氏之說未允。字當从㫃才聲，而為才之繁文。卜辭有才方，若「癸未卜矣貞，才人見。」（明氏、六七四片）彝銘有才祖戊觶（小校、五、七六）、才父戊爵（三代、十六、十二）、才興父鼎（三代、三、五）諸器銘有之（註3）。此銘之「旂」為國名，「白」係爵稱，乃才伯所作養生祭享之毁。

四、著錄：

1. 小校、七、六五、二。

五、註：

1.參見錄遺目錄五頁下。

2.參見金文編十一、十二。

3.參見先考五七八頁。

133.□毁

一、銘文：

133

二、隸定：

□作尊彝。𠬝。

三、考釋：

銘首□字，从丮，左體未詳。高田忠周言此丮、鼎字，即人捧持鼎也（註一）。李孝定則以為亯獻之專字，「象人捧持鼎，是真象進孰物之形，頗疑獻之初文。說文：『獻，宗廟犬名羹獻，犬肥者以獻之，从犬鬳聲。』許書以獻字从犬，故以『犬名羹獻』說之。」按宗廟所獻者多，固不當專从「犬」字取義，疑从「犬」乃「□」之形譌，契文喪字从吅桑聲。所以喪字，金文已多譌變，其晚出者，遂與篆文同謂為从犬可為旁證。」(註2)是皆臆測之辭，恐不足釆信。本文從闕。此用為作器人名。

銘末「[illegible]」字，象手執有鋸齒形之長刀，李孝定疑與甲骨文之「我」字作[illegible]形者近(註3)，非是。字或从刀从又，隸為「刅」，乃「刀」之繁文。同銘者又見本書二〇〇器[illegible]尊。此為族名或鑄工之稱。

四、註：

1. 參見古籀篇三十六第三一頁。
2. 參見金詁附錄(一)一八四頁。
3. 參見金詁附錄(二)九六七頁。

一、銘文：

134. 卜盂毁

134.1

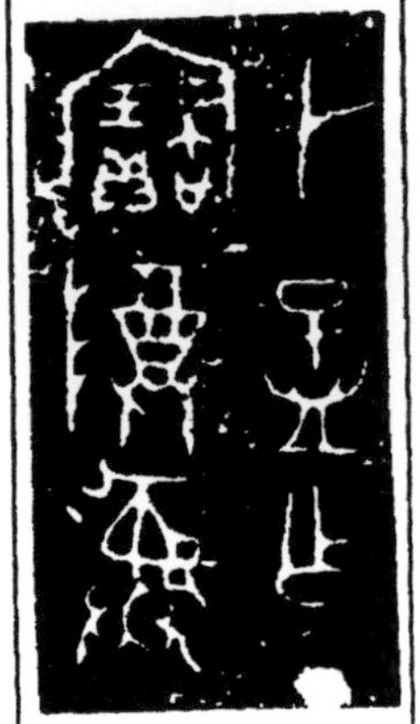

134.2

二、隸定：

卜盂作寶隮彝。

三、考釋：

卜字契文習覯，作卜（藏一．二）、卜（藏三八．二）、卜（藏一六二．三）、卜（拾六．十七）、卜（後上二四．九）、卜（拾九．三）形，金文形同作卜（旨鼎 三代四四五）形。說文三下卜部云：「卜，灼剝龜也。象炙龜之形。一曰象龜兆之從橫也。卜，古文卜。」審甲骨、金文之形，悉「象卜之兆，卜兆皆先有直坼而後出歧理，歧理多斜出，或向上或向下。」（註1）故董彥堂依其形、音、義言「卜字其形象兆璺之狀，當以說文一曰為是。灼剝龜之語，蓋據小篆形構而誤也。其音蓋如廣韻：『卜，博木切。』今讀或作支，或作㕾，取象於灼龜而爆裂之聲。其義殆為灼龜見兆，故周禮注云：『問龜曰卜。』」（註2）其說至塙。若唐蘭謂古代中國之卜不必限於著龜，而言「卜字本象筳篿之類，或即籌策，古人用為占卜之具，後世承之為一切占卜之公名，本與龜兆無涉也。」（註3）其說未允。

「孟」字契文未見，金文或作从子从皿之孟（延盨 三代十．三六），或从采作盉（鑄公簠 三代十．七），或从采从血作盉（邿伯鼎 三代三．四六），或增八作盉（伯家父作孟姜簋 三代七．三六）形。說文十四下子部云：「孟，長也。从子皿聲。」高田忠周疑說文皿聲乃血聲之誤，而言血即盟之省（註4）。諦審彝銘孟字，多从子从皿；唯子仲匜（三代十七．三九）、邿伯鼎（三代三．四六）銘孟字从血，是乃異構，金文當與小篆同，从子皿聲。

此銘卜為卜官，後為氏族之稱。孟乃其名。昔左閔元年傳有卜偃（註5），殆為其裔乎？此卜孟所作用以祭享之障彝。

四、註：

1. 參見增考中十七頁下。
2. 參見商代龜卜之推測，載安陽發掘報告第一冊一〇五—一〇八頁。
3. 參見天壤文釋七—八頁。
4. 參見古籀篇四十第三一頁。
5. 卜偃，國語、晉語作郭偃；墨子、所染作高偃；呂覽、當染作郄偃，未知孰真。

一、銘文：

135 田農毀

135

二、隸定：

田農乍寶彝。

三、考釋：

此器乃田官名農者所作之寶貴尊崇之禮毀。同銘者又見本書六六、田農鼎及一〇二、田農甗，唯三器之「田農」二字略異耳。

一、銘文：

136、季姛毁

136

二、隸定：

季姛乍用毁。眀。

三、考釋：

銘首「季」字，甲文作□（前、五、四十、三）、□（前、五、四十、四）、□（後上、九、六）形，金文作□（季鼎 三代、三、九）、□（井季卣 三代、十三、十九）形。說文十四下子部云：「季，少偁也。从子从稚省，稚亦聲。」然甲骨、金文悉从禾从子，未見其从「稚」者。故林義光言「禾為稚省不顯，說文云稚亦聲，是季與稚同音，當為穉之古文，幼禾也。从子禾。」（註一）當以會意說之，於形義較長。此「季」乃行輩之稱。

「姛」字彝銘習見，从厶从女从司作□（司馬𩣡姛鼎 三代、三、七），或省口作□（乙未鼎 三代、三、三），說文所無。舊或釋「強」（註二）。方濬益則以□與姒同，姒即始字，而以為始之異文（註三）。王獻唐亦云：

說文無姒，經傳亦不劃一。春秋左襄四年經：「夫人姒氏薨」，公羊作弋氏；定公十有五年：「姒氏卒」，穀梁作弋氏；漢司農劉夫人碑，字又作「似」，皆同聲通假者也。金文

「姒」體，先後亦有別。有作「𢀜」者，殳季良父壺器是也。有作「䛀」者，叔向父敦是也。有作「台」者，仳姒鼎是也。有作「㜏」、「𡚱」者，乙未鼎、驫姒鼎、公姒敢諸器是也。有作「𡛜」者，孝姒鼎、伯達敦諸器是也。有作「㚸」者，㚸簋、寧遺簋、保侃母壺諸器是也（註4）。形體雖異，皆以所從之聲，變其制作。古「㠯」（即「以」字）、「台」同音，從「㠯」亦猶從「台」，更或省女作「台」，皆屬一事。其作「㚸」者，即此罍文之「䛀」；又作「㜏」、「𡛜」，於司聲之外，兼從「㠯」、「台」（註5）。「台」、「㠯（以）」、「司」古韻同屬段氏一部，古聲司為心紐，台屬匣紐，二者有別。然「㚸」為「姒」字，則可从也。「㚸（姒）」於此為姓氏。

此蓋季姒所作之用毀。銘末朋，即「眀」字，為氏族之稱或方國之名。

四、註：

1. 參見文源。
2. 參見孫詒讓、餘論卷二、二頁田強敢說。
3. 參見綴遺卷四、十二頁姒鼎。
4. 參見金文編卷十二、十七頁所收入補，原文譌脫㚸簋至是也。
5. 參見釋醜六七頁，說文月刊第四卷六五－七八頁。

一、銘文：

137.1

138.1

137.2

138.2

二、隸定：

衛始作饙益毁。

三、考釋：

此衛國器。始字甲文未見，金文則从㠯从女作㚸（衛始鬲三代五·二三）形，或从台从女作始（頌鼎三代四·三九）形。吳大澂謂：「㚸始，婦之長者。爾雅：女子同出謂先生為姒。凡經典姒字皆當作始，古文台、以為一字，許書無姒字。」〔註一〕或謂「始通以代者，故為始終之始，而秦漢人乃造㚸姒，音義仍不異。」〔註二〕是古器銘作始，經籍作姒。衛始者，衛姒，乃衛國之婦，姒氏。

「□」字，似从食从鹿从心，李孝定隸作「饚」，从食慶聲。右旁所从，與金文諸慶字極為近似（註3）。審彝銘「慶」字作□（召伯簋 三代、九…）、□（貝作簋 錄遺一七七）形，或从鹿从文作□（秦公簋 三代、九、三三）形。故知李說為可信，唯本義未詳，此用作人名。下文「□」字，李孝定言為「益」之倒文，金文□字从此（註4），是也。饚益或為受祭者之名。

四、註：

1. 參見古籀補七十一頁。
2. 參見高鴻縉、頌器考釋四四頁。
3. 參見金詁附錄(三)一七七六頁。
4. 參見金詁附錄(四)三二一三頁。

一、銘文：

139 卬乍父戊毀

139

二、隸定：

卬乍父戊寶隮彝。

三、考釋：

銘首之字，殆从土从卩作「⿰土卩」，本義未詳，此用為作器人名也。乃「⿰土卩」為「父戊」所作之祭器。

一、銘文：

140.子⿰日阝毁

140

二、隸定：

子⿰户阝作父己寶隫彝．

三、考釋：

此毁銘之「⿰日阝」，于氏不識（註1）。考阝與隫所从之阝形同，當亦𨸏字之異構。容庚釋「⿰阝耳」，說文所無（註2）。然考金文耳作□（亞耳盨 三代、十、二三）、□（召耳卣 三代、十三、四四）形，與𨸏有異，容氏之說未允，字當从户，蓋彝銘从户作者之□（犀尊 三代、十一、三）、□（散盤 三代、十七、二十）、□（毛公鼎 三代、四、四六）、□（彔伯簋 三代、九、二七）形，户皆作日，與此形近。字从𨸏从户，作⿰户阝，疑即尚書、甘誓序「有扈」之「扈」異體字。說文六下邑部云：「扈，夏后同姓所封，戰于甘者，在

鄠有扈谷甘亭，从邑戶聲。屺，古文扈从山弓。」古邑、邑通用

，阝、扈一字。於此器銘則用為人名，子阝者，子方名阝者，為

「父己」所作之寶隩彝。

四、註：

1. 參見錄遺目錄五頁下。

2. 參見金文編卷十四、十五。

141囗乍氒母毀

一、銘文：

141

二、隸定：

戊乍氒母寶隩毀。八。

三、考釋：

此器銹蝕剝泐，銘文稍掩，銘者或為「戊」字，乃作器者之名

．銘末或存「八」字，或「八」，未識何字，當為方國之名或氏

族之稱。此毀乃「戊」為其母所作之禮器。

142 辨作文父己毀

一、銘文：

142

二、隸定：

辨作文父己尊彝。騄馬。

三、考釋：

銘首辨字，又見作册䰧卣〈錄遺二七八〉銘作𨐌，說文四下刀部云：「辨，判也。从刀辡聲。」金文與小篆同。此用為作器人名。

文父之「文」，甲文作文〈後上.九.七〉、文〈藏.三八.三〉、文〈前.一.一八.四〉、文〈前四.三.文、文〈甲編.三九四〇〉、文〈新二八三七〉形，彝銘則形構繁多，从文，文中所繪之形有甘、⊕、凵、∀、∪、∀、⋈、✣、甘、∪、凵、∨、凵、∧、+、∀、+、○、∀……等不一而足〈參〉。或从王从文作玟〈孟鼎 三代四.四二〉形。說文九上文部云：「文，錯畫也。象交文。」文本錯畫之義，引伸為美飾之義，故或从心，甘、∪皆象心之形；或增∨、∪

十形，皆文飾也。其後孳乳為「彣」。朱芳圃、嚴一萍則以祝髮文身之文說之（註2）。朱氏曰：「文即文身之文，象人正立形，胸前之ㄧ、ㄨ、ㄨ、ㄓ、ㄓ，即刻畫之文飾也。……文訓錯畫，引伸之義也。孳乳為彣。」（註3）其說未允。「文父」、「文考」、「文且」、「文母」，彝銘習見，文蓋美辭。夫文者，德之總名（註4）。文猶美也、善也（註5）。文父蓋父之美稱。己者，其名也。

銘末从二馬从豕作「⿲馬豕馬」，蓋與本書二一一、二一二、五〇六器同。殆从二馬豕聲。或以「豕即豨之古文，當以大豕為本義，豕於姓氏即豨韋氏之豨。其作⿲馬豕馬者，乃犧之本字，⿲馬豕馬於姓氏為羲之初文。」（註6）聊備一參。此用為方國之名或族稱。

四、著錄：

1. 三代、六、四三、三異笵。

五、註：

1. 參見金文編卷九、五—六頁。
2. 參見釋叢六十七—六十八頁；又嚴一萍、釋文，中國文字九冊一頁。
3. 參見釋叢六十七—六十八頁。
4. 見國語、周語：「夫敬，文之恭也」注。
5. 見禮記、樂記：「以進為文」注。
6. 參見魯實先先生、假借遡原一五七頁。

143 亯乙殷

一、銘文：

143

二、隸定：

□□作日癸尊彝。楸冊。

三、考釋：

銘首二字，未識。蓋為作器人名。日癸之「日」，甲文作□（藏、六十二）、□（藏、六九、二）、□（藏、一九五、二）、□（拾、八、八）、□（前、一五、六）、□（前、八、九、四）、□（後上、二九、六）、□（戩、四七、五）形。彝銘作□（戈眉簋 三代、七、十八）、□（旂鼎 三代、四、三）、□（師虎簋 三代、九、二九）、□（繡書缶 錄遺五二四）、□（吉日壬午劍 錄遺六〇二）形。說文七上日部云：「日，實也。大昜之精不虧，从口一，象形。□，古文象形。」字本象形。羅振玉謂：「日體正圓，卜辭中諸形，或為多角形，或正方者，非日象如此，由刀筆能為方，不能為圓故也。」（註1）一者，高鴻縉言明其實體，非僅圓圈輪郭而已（註2）。然「中有點畫，所以別於口丁也。」（註3）羅振玉曾謂殷人以日為名，沿用至周初亦然（註4）。而彝銘中「日甲」（傳卣 三代、八、五二作□）、「日乙」、「日丁」、「日己」、「日庚」（且日戈 三代、十九、三）、「日辛」（□尊 三代、十一、三二）、「日戊」、「日壬」（□□簋 三代、七、[illegible]）、「日丙」（又日戈 三代、十九、二）、「日癸」（□尊 三代、十一、二三）之辭屢見，故知以「日某」為名者，殷人所習用。此銘亦作「日癸」，乃以日為名。

銘末「椃冊」，又見狀盉（三代・十四・九）、狀壺（三代・十二・八），悉用為人名。高田忠周舊釋「格」為「誤」，當从木从唬，即說文之「椃」字（註5）。林潔明駁其非，蓋金文虎字作□（盝姬鬲 三代・五・九）形與此絕異，而言字从木从口从欠，說文所無。金文用為人名（註6），今從其說。杴乃其名，冊為官稱。

四、註：

1. 參見增考中五頁上。
2. 參見字例二篇一九一二〇頁。
3. 參見甲文集釋第七、二一七五頁。
4. 參見殷文存序。
5. 參見古籀篇八十四第九頁。
6. 參見金詁卷六、三八〇七頁。

144、白□毁

一、銘文：

144.1

144.2

二、隸定：

白熒乍媿氏旅，用追考。

三、考釋：

「𤇾」始為「熒」字，說文十下焱部云：「熒，屋下鐙燭之光，从焱冂。」此用為人名。白乃行輩或爵稱。白熒者，伯熒也，為作器者之名。

「媿」字从女从鬼，容庚謂：「姓也。左傳狄人伐廧咎氏，獲其二女叔隗、季隗。昭王奔齊，王復之，又通於隗氏。隗與媿通。後世借為慙媿字，而媿之本義廢。」（註1）其說可从。說文十二下女部云：「媿，慙也。从女鬼聲。」此則用為國名或氏族之稱。𩰬盤（三代十七、八）、𩰬匜（三代十七、三三）、𩰬簋（三代七、三八）諸銘悉有「媿氏」，氏為姓氏之氏。「旅」下當有「毀」或「彝」或「器」諸辭，或有脫文。「用追考」者，用以祭言其祖先也。

四、註：

1.參見古籀補鄧同媿鼎下引。

一、銘文：

145 耳匠戥毀

145

二、隸定：

耳医戣乍□□辟父癸文考，永寶用，

三、考釋：

此器銘稍泐不清，未能究詰。銘首三字，乃作器人名，「亘」字與本書二○六耳尊形同，當為「耳」字。「医」字，未識。「戣」字从目从攴从戈，本義未詳。

□□辟父癸文考，稱號冗長。商器稱「父某」或「文父某」，而周器則稱「文考父某」。此器則稱「父癸文考」，脫宕常例，乃不拘一格歟。

## 146 齊嫚姬毁

一、銘文：

146

二、隸定：

齊嬺姬作寶毀，其萬年子孫孫永用。

三、考釋：

此齊國器。「□」殆為「嬺」字，从女从皛从宜，集韻、汗簡皆謂嬺同姬字。「齊」字甲文作□(前二、十五、三)、□(粹七三)、□(乙、八○三五)形，金文形同作□(齊鎛 三代一、六六)形，或从二作□(齊陳曼簠 三代十、十九)形。說文七上齊部云：「齊，禾麥吐穗上平也。象形。」甲骨、金文皆象其形，从二者，高鴻縉謂：「周人加二為意符，以至少必有二物，方可比齊也。」(註1)段注則云从二者，「象地有高下也，禾麥隨地之高下為高下，似不齊而實齊，參差其上者，蓋明其不齊而齊也。」說蓋可从，字於卜辭為地名，是器則用為國名，

「姬」字彝銘習見，作□(中伯盨 三代十、三七)、□(伯矩父鬲 三代五、三六)、□(蔡大師鼎 三代四、十八)、□(干氏叔子盤 三代十七、十)及□(庚姬鬲 三代五、三六)形。說文十二下女部云：「姬，黃帝居姬水，以為姓。从女臣聲。」金文與小篆同。高田忠周以軒轅子二十五人，惟青陽與倉林氏得姬姓，史記三代世表：堯立后稷以為大農，姓之曰姬氏(註2)。馬敘倫則以姬姓蓋本為牧雞之族(註3)。說近穿鑿，不足采信。姬或為姓氏之稱，或以為衆妾之總稱(註4)。

四、註：

1. 參見字例二篇一八九頁。
2. 參見古籀篇三十七第二五頁。

3、參見刻詞一五五頁井姬鬲。
4、參見史記齊太公世家，王姬、徐姬、蔡姬索隱云。

147 父己毀

一、銘文：

147.1

147.2

二、隸定：

己亥，王易貝，才廟門。用乍父己尊彝。亞毌。

三、考釋：

己亥者，記時日也。王易貝，略其受賞人名。□本象□在地下初出地上之形，故說文六上才部云：「才，艸木之初也（註1）。从丨上貫一，將生枝葉，一，地也。」彝銘用為介系詞之「在」。廟門者，錫貝之所在。「□」字，从宀从東从月，廟之異構，與金文廟作□（吴方彝〈三代、六、五六〉）、□（師酉簋〈三代、九、二一〉）、□（盠方彝〈拓本〉）形者略殊，說文九下广部云：「廟，尊先祖皃也。从广朝聲。庿，古文。」爾雅、釋宮曰：「室有東西廂曰廟。」蓋廟者，先祖神主所居也（註2）。禮記、祭義云：「

爵祿慶賞，成諸宗廟。」此則位於廟門也。

銘末亞中著「𠙵」字，又見亞中𠙵父己盉（三代、十四、五）銘，于省吾言象中於口上，中即毋，隸為吉字（註3）。唐蘭則言為从口毋聲，為「古」之原始型構（註4）。丁山釋「古」，即「固」之本字（註5）。然吉、古於甲骨、金文別有形構，與此有隙，字當為从口从中一毋），用為方國之名或族稱。

四、著錄：

1. 鄴羽三上二六。
2. 金文集(一)圖六二亞𠙵毀，十四頁；釋文六五頁。

五、註：

1. 集韻引說文則作「草木之出生也」
2. 楚辭「逢紛始結言於廟堂兮」注。
3. 參見駢三第二八頁釋吉。
4. 參見導論下四〇頁。
5. 參見殷商氏族方國志一四六—一四七頁。

148、衛娶毀蓋

一、銘文：

148

148

二、隸定：

衛婜乍寶隮毀。子子孫孫，其萬年永寶用。

三、考釋：

衛婜乃作器者之名，為衛國器（註1）。婜字與⿰女司、姛、⿱台女、⿱㠯女、⿱司女、⿰女司同，經傳悉隸作姒字，為衛國之姓，故衛國女亦稱衛姒，此器蓋其所作之寶隮毀，或係媵器之類。

四、註：

1. 衛國器又見本書一三七、一三八、一八八、四三0、四三一、六0九等器，可比觀之。

149 革毀

一、銘文：

149

二、隸定：

莗乍父寶隩毀，其子子孫孫萬年永用。冊。

三、考釋：

銘首「莗」字，从艸从車，本義未詳，此乃作器者之名。銘末「冊」字，未識。蓋方國之名或族稱。此「莗」為其父所作之隩毀。

一、銘文：

150 奠牧馬受毀

150

二、隸定：

奠牧馬受乍寶毀，其子子孫孫萬年永寶用。

三、考釋：

「奠」，國名，經傳作「鄭」。牧馬，係官名。「牧」字甲文作牧（後下.十三.十三）、牧（前.四.四五.四）形，金文亦从牛从攴作牧（柳鼎）（錄遺九八）形。說文三下攴部云：「牧，養牛人也。从攴从牛。詩曰：牧人乃夢。」甲骨、金文與小篆合。唯彝銘有走馬（趣馬之省）、嗣馬，而無牧馬之官。周禮、夏官司云：「掌贊正良馬。」鄭玄注：「趣，養馬者也。」詩、大雅、雲漢：「趣馬師氏，膳夫左右。」又方言十二云：「牧、司也。」牧馬即司馬、趣馬，職掌養馬事也。𢦚、人名。「奠牧馬𢦚」者，為鄭國之牧馬（司馬）名𢦚者，作器人名也。

## 151 㝬敉毀

一、銘文：

151

二、隸定：

辛亥王才□，賞㝬敉□貝二朋，用作且癸寶隮。

三、考釋：

辛亥，記時日也。下賞賜人名殘泐，未審何人。「㝬」字，甲文作㝬〈前、一、三十、五〉、㝬〈後下、三、十三〉、㝬〈散、二五、十三〉、㝬〈佚、四二六〉、㝬〈鉄、三〇、三〉、寑（新二七七二）形，金文作寑（乙未鼎 三代三．二）、寑（寑斝 三代十五．三五）形。葉玉森以从宀从帚，帚亦聲，當為歸屋之誼（註1）。唐蘭則以甲骨、金文作帚，从帚聲，帚古讀如侵也（註2）。丁山謂帚當寑字初文，帚為婦省，婦人所居之室，禮經謂之燕寑（註3）。說文七下宀部云：「寑，臥也。从宀侵聲。𡫳，籀文寑省。」而漢隸字源四十七寑引說文古文作「帚」。汗簡宀部帚下注云見說文，知今二徐本寑下奪去古文「帚」也。契、金文亦从宀从帚，當是从宀、𠬶省聲。或有不省者，若新二七七二片與寑斝（三代十五．三五），唐說可从，而葉、丁會意之說無徵。卜辭之帚，為時王燕居之所，若「作王寑」（前四．五五）、「宅新寑」（前一．三十．五）之例是也。此銘用為國名或氏族之稱。「帚敄」二字，容庚釋作「帚敹」（註5）。考「敹」字金文作敹（竹伯簋 愙齋十一．三）形，與此作敹形者殊，當从于氏隸。「敄」字說解者紛歧，吳大澂言字从矛从攴，疑為矜（矛柄也）之古文（註6）。徐同柏釋敕釋𢼎（註7）。高田忠周以字矛下从人，「敄」為「敄」之古文（註8）。容庚云：「毛公鼎：迺敄鰥寡。孫詒讓曰：敄，从攴矛聲。此左从矛，即古文矛字，矛為刺兵，故作是形。敄、務聲類同，爾雅、釋詁：務，侮也。詩小雅常棣：外禦其務。毛傳同。左傳廿四年傳引詩，務作侮。」（註9）孫說為長。唯矛與楙、遹所从之𠬶形殊，殆其異構。帚敄，為受賞者人名，蓋帚氏名敄者也。賞賜物為「貝二朋」。其賞字構形與寶字同，悉从貝置於下，唯「二朋」上之「貝」字殘泐，餘「𠙴」耳。

四、註：

1.契文多假帚為歸。

2.參見說契二頁下。

3.參見文字記廿二頁下。

4.參見氏族及其制度下六八—六九頁。

5.參見金文編卷七、三〇下

6.參見愙齋四冊七頁毛公鼎。

7.參見从古卷十一、二五頁周鄀公敨。

8.參見古籀篇六十第一二—一三頁。

9.參見金文編卷三、三三頁。

一、銘文：

152 寧毀蓋

152

二、隸定：

寧肇諆乍乙考隮毀，其用各百神，用妥多福，世孫子寶。

三、考釋：

「寧」，人名。甲文作□（前四．五五．二）、□（菁十．二）形，不从心；金文則作□（寧女父丁鼎，三代二．三八）、□（孟爵，三代十六．四）形。說文五上丂部云：「寧，願詞也。从丂盌聲。」林義光云：「丂，引也。所願，故引而進之。」（註1）似有未允。朱芳圃則言象弓在冖中，義與弓同；古人以心為形之主，心安則形靜，故金文增心為義符，許君訓為願詞，蓋借義也（註2）。說蓋近之。契文初从宀从皿，「从皿在屋下，意謂室家之安，此其朔義。」（註3）寧、盌古本同字，說文七下宀部云：「盌，安也。从宀心在皿上，人之飲食器，所以安人。」故金文增心作盌。字於此用為人名。

或以寧肇諆為作器人名。未允。吳闓生云肇作、其作、肇其、其肇、其攸、攸諆意同（註4）。恐非。言「周金文存有啟匜文云：惟帛攸其作盨鬲。鄒氏以帛攸為人名。故題為啓匜，不知此人但名帛耳。攸其者，肇其也。寧敦：寧肇諆作乙考尊敦。為其確據。」（註5）以彝銘「諆作」、「肇諆作」乃恒語，義如其也（註6）。說文三上言部云：「諆，欺也。从言其聲。」此則用猶「其」也。若：

犀尊：「犀肁其作父己寶隩彝。」（三代十一．三）

逐鼎：「逐攸諆作廟朩寶隩彝。」（三代三．十八）

德盨：「德其肇作毀。」（恳齋八．十六）

甚鼎：「甚諆𢦏肇作父丁隩彝。」（三代三．二十）

「肇其」或「其肇」者，猶語詞之「於是」也。「乙考」者，受祭者之名。

「用各百神」者，「各」字本象足抵區域之形(註7)，古人穴居，凵𠙵正象其居所，足背穴，乃離家外出之象；足向穴，乃自外臨至之象。金文中各字並訓至，後世借作各別之各，而各自之各乃假借為之(註8)。神者，从示申。說文以天神引出萬物者也說之。申本象電形，从示，蓋周人所加，引申為神。神為名詞，㝬鐘銘云：「隹皇上帝百神」(三代一、六五)，知百神蓋別於上帝，而與多神(父辛卣 三代十三、四六)義同，可窺周人宗教信仰之一端。神降福祉，故下云：「用妥多福」，又見蔡姞簋(三代八、五三)銘。或以予字說之，然徧查舊詁皆無此訓，案此「妥」字，當讀如士虞禮、祝命佐食隋祭之「隋」(註9)。鄭注：「下祭曰隋，隋之言猶墮下也。……今文墮為綏……齊魯之間謂祭曰隋。」特牲饋食禮：「祝命挼祭」，鄭注：「墮與挼讀同。」本篇下文又云：「佐食挼挼祭」，鄭又注云：「妥亦當為挼。」是妥、挼、綏、隋四字為同聲字。苕溪漁隱叢話曰：「西北方言以墮為妥」，皆屬透紐歌部，故得相通。墮有墮下之意，故妥者，降也(註10)。「用妥多福」者，用以降賜廣多之福祉。

「世孫子寶」，彝銘恆語。林義光謂「世」當為「葉」之古文，象莖及葉之形，草木之葉重累百疊，故引伸為世代之世，字亦作「葉」，詩長發：「昔在中葉」，傳云：「世也。」(註11)說蓋可从。世孫子者，世代之子孫。與詩云：「緜緜瓜瓞」者意同。「寶」，珍重愛惜也。

四、著錄：

1. 雙選上三、五寧毀、凡將齋拓本。

五、註：

1. 參見文源。
2. 參見釋叢四七頁寧。
3. 參見甲文集釋第五、一六二六頁。
4. 參見雙選序六頁。
5. 參見雙選序六頁。
6. 參見金文編卷三、七下。
7. 參見楊樹達、小學六九一七〇頁釋各。
8. 參見金詁卷二、六九九頁。
9. 各本皆作墮，胡培翬儀禮正義依周禮改為隋。
10. 參見徐中舒、金文嘏辭釋例，集刊第六本一分一一一一二頁。
11. 參見文源。

153、白毀

一、銘文：

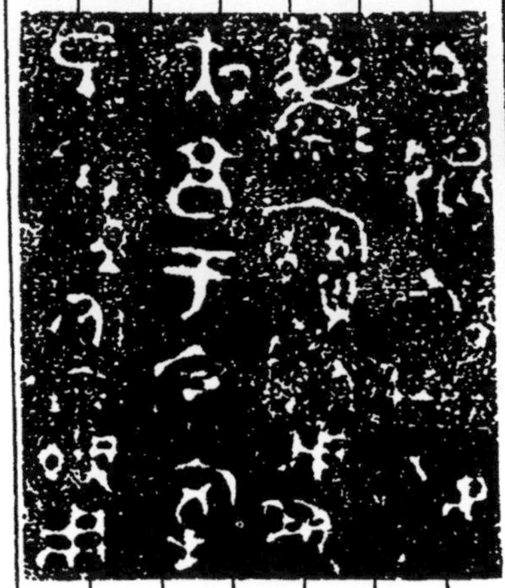

153

二、隸定：

白㝬□□□蘪寶毀，用𦉢大亯于宗室。子子孫孫永寶用。

三、考釋：

此毀銘蝕泐缺損，漫滅不全。白㝬者，當係作器者之名，㝬字未識。「蘪」，從艸从鹿从米，說文一下艸部云：「蘪，蘪蕪也。从艸麋聲。」爾雅、釋草：「蘪，從水生。」方言十三：「蘪，蕪也。」或即此字，然以其上文掩晦，或是人名。

用𦉢大亯于宗室，彝銘慣語，與「用亯孝于宗室」〈師咢父鼎三代四、夫〉同義。宗室蓋為古代祭祀之場所。詩、采蘋：「宗室牖下」，傳云：「宗室，大宗之廟也。」儀禮、士昏禮記：「則教于宗室」，注云：「宗室，大宗之家。」說文七下宀部云：「宗，尊祖廟也。」是宗室蓋為祖廟之所在。亯，當動詞用，「用𦉢大亯于宗室」者，用以顯揚大亯于祖廟也，

一、銘文：

154 ⿱史口容毀

154

二、隸定：

⿱史口容作朕文考日辛寶障毀。容其萬年，子子孫孫永寶用。

三、考釋：

⿱史口容者，作器者之名。「⿱史口」字从史从口，本義未詳。「容」字从宀从谷，丁佛言釋「害」，从乂，古文五，象陰陽交午也(註)。然金文五作㐅，未見有作乂形之例，丁說恐不足采。容字說文未見，義亦未詳。朕者，余也，自稱也。文考日辛，作器以祀父「日辛」者也。

四、註：

1、參見古籀補補卷七、第八頁。

一、銘文：

155 兮吉父毁

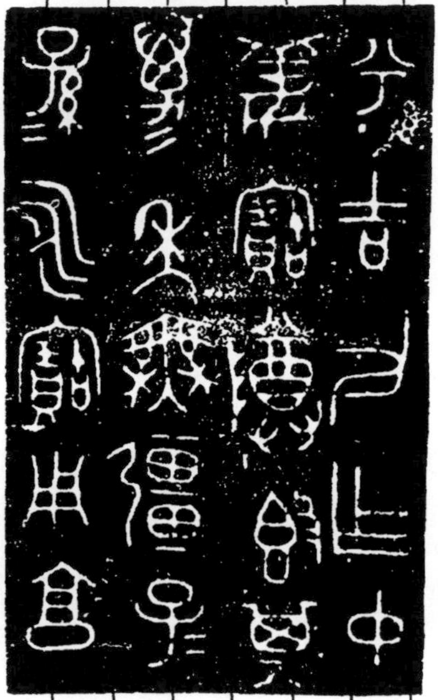

155

二、隸定：

兮吉父作中姜寶隮毁，其萬年無彊，子子孫孫，永寶用亯。

三、考釋：

此器「父」字到文。兮吉父者，作器者之名，或以兮為氏，吉父其名。蓋兮或國名或氏族之稱，考卜辭有兮方，若：「乙亥貞：來甲申酚禾求于兮夒。」〈甲.六九〇〉；「乙巳卜在兮，丁未不冓雨。」〈甲二五七二〉；「于兮，大商」〈粹.二三九七〉之例；兮氏見於彝銘者，若兮爵

〈三代·十五·十五〉，兮白吉父盤〈三代·十七·二十〉，兮甝壺〈錄遺·四四二〉，兮塤〈鄴羽三下·二十三〉，兮仲鐘〈三代·一·十二一十五〉等器銘是也。此亦為兮吉父為仲姜而作之䵼毀，或係媵器。彊、亯韻。

一、銘文：

156 小臣毁

156

二、隸定：

易天曰：遣弔休于小臣貝二朋，臣三家。對氒休，用乍父丁䵼彝。

三、考釋：

「易天」二字，蓋為人名。易字甲文作早〈甲編·四五六〉、早〈前四·十·二〉、早〈後下·十九·五〉、旦〈佚·五〇九〉形，金文作昜〈三代·九·十七〉同簋、昜〈三代·六·五四〉宅簋、昜〈三代四·六〉旟未鼎、昜〈三代 不易戈〈十九·五三〉形。說文九下勿部云：「易，開也。从日、一、勿。一曰飛揚。一曰長也。一曰彊者衆皃。」高田忠周以一者、雲也。雲開而見日，故从日。勿者，旗也。展開之象〈註〉。林義光以勿、飛也。雲飛而日見也（註2）。高鴻縉以乁為引去蔽日之雲之象，彡或彡亦均引去之動象（註3）。而朱芳圃別起架構，以昜象⊙㫄丁上，⊙，鐙缸也。增彡，象鐙光之下射也。本義當訓光明，孳乳為陽（註4）。李孝定言从日在亻（此疑可之異體，可、古柯字）上，象日初昇之形（註5）。前者諸家，悉依金文、小篆立說，昜字本作𠂤𠂤，增彡蓋為後起，或如李說，象日在柯上之形。卜辭為方國之稱。金文亦為國名或為姓氏，蓋為姬姓之國。丆字，未識。

「趞弔」，人名。又見一七五器。「休于小臣」，休，賜予也，如：

縣妃簋：「白屖父休于縣妃。」〈三代、六、五五〉

季受尊：「𤎳休于世季受。」〈三代、十一、三二〉

相侯簋：「相医休于厥臣。」〈三代、八、二八〉

耳尊：「侯休于耳。」〈錄遺二〇六〉

休並釋為賜予之義。楊樹達曰：「休于小臣，休字蓋賜予之義，然經傳未見此訓，蓋假為好字也。左傳昭公七年云：楚子享公于新臺，好以大屈。猶言賂以大屈也。周禮、天官、內饔云：凡王之好賜肉脩，則饔人共之。好賜連文，好亦賜也。注說好錫為王所善而賜，誤矣。說文一篇下、辱部：『薅，从好省聲，或體作茠。』此休與好古同音之證也。效卣云：『王易公貝五十朋，公易卑涉子效王休貝二十朋。』『王休貝』即上文王錫之貝也。」（註6）其說是也。

臣僕之賜，盛於西周，流及東周(註7)。「臣三家」者，蓋賜奴僕之數也。禮記、少儀云：「乃問犬名，牛則執紖，馬則執靮，皆右之。臣則左之。」注：「(臣)異於眾物，謂囚俘。」故與牛馬廁。書、牧誓云：「牛馬其風，臣妾逋逃。」傳：「役人賤者，男曰臣。」是臣者，囚俘役僕之賤者也。家者，單位名稱，與「夫」單複相對，蓋指二或二人以上之親屬成員也(註8)。是器蓋謂賜臣僕三家。

「氒」者，厥、其也，謂趞叔之賜也。「對某休」，彝銘慣語，此「休」殆為動詞，賞賜也。休又有美、善之誼。

四、著錄：

1.三代、六、五一、一異毁。

五、註：

1.參見古籀篇三十四第一－二頁。

2.參見文源。

3.參見字例三篇三五－三六頁。

4.參見釋叢五〇頁易。

5.參見甲文集釋第九、二九七三頁。

6.參見積微八十三頁小臣毁跋。

7.參見黃然偉、賞賜一九一－一九五頁。

8. 劉克甫（M. V. Kryukov）以為西周春秋時之家為族，而非個別家庭，至春秋後期始有家庭之義。參見西周金文家之辨義一文，載考古、一九六二：九。

一、銘文：

157 濬嗣土逘毀

157

二、隸定：

王朿伐商邑，征命康侯啚于衛，濬嗣土逘眔啚，乍氒考隮彝。

朙。

三、考釋：

「王朿伐商邑」者，「朿」字又見作冊大方鼎（錄遺九三），陳夢家以「朿伐」為一動詞組，朿即刺，樂記注云：「一擊一刺曰伐。」詩、皇矣箋云：「伐謂擊刺之。」牧誓傳云：「伐謂擊刺。」故朿伐商邑乃攻擊商邑也(註1)。而容庚(註2)、于省吾(註3)、葉慈(註4)、周法高(註5)悉釋為「來」，當以後說為長。商邑之稱，載籍多見，若酒誥：「辜在商邑」，立政：「其在商邑」，殷武：「商邑翼翼」，牧誓：「以姦宄於商邑」，周本紀：「登豳之阜，以望商邑」是也。蓋即殷末紂王所都之「朝歌」。此言王來伐取商紂之都邑朝歌。

「征令康侯啚于衛」者，「征」字，陳夢家言或周公之名，與旦同(註6)。容庚以「征」、「延」為一字，「延」字說文訓為安步延延也。孳乳為「誕」字(註7)。「征」象人行道上，有往之義。「康侯啚」者，于省吾从吳北江說，以啚即古圖字，圖，謀議也(註8)。或以「啚」為封疆之「封」，周禮、天官、大宰：「布治于邦國都鄙。」啚即鄙也(註9)。而概以啚乃康侯之名。容庚云：「衛康叔名封，見于康誥及衛康叔世家，疑與康侯啚為一人，名號異耳。」(註10)陳夢家亦以康侯圖當是康侯封。古文封、邦一字，圖、鄙一字。說文云：「邦，國也。」廣詁、釋詁四：「鄙，國也。」西周金文稱康侯，康侯丰(三代、三、三四)；尚書、康誥、酒誥皆稱「封」，史記稱「康叔封」，左定四年傳稱「康叔」，易、晉卦有「康侯」，康是侯衛以前之封地(註11)。

「濬𤔲土迭」者，于省吾釋濬為「者」(註12)。陳夢家言从水味聲，應釋作沬或沫，即妹(註13)。周法高言从水从木从甘，當是从水沓聲。沓為某，梅、楳又同，而濬、鄁古音相通。又「迭」為「疑」字，濬為地名，迭為人稱。則濬𤔲土迭者，康侯兄弟，文王之子冉季載(註14)。貝塚茂樹則言為「檀司徒達」(註15)。「迭」所作器有濬伯迭尊、濬白迭卣、迭盤、迭鼎、濬白迭鼎、朋濬爵(三)、朋濬甗等九器，同出濬縣辛村，為濬伯迭所作(註16)。其既為濬（鄁）之諸侯，故稱伯；又為王室司土之官，故稱𤔲土迭。

「眔」者，及也。連詞。此器蓋濬𤔲土迭及康侯啚二人同為其父文王所作之隮彝，實由其兄弟「迭」主其事，故康侯稱字不稱名。朋，即朋字，此乃族稱或方國之名。

四、著錄：

1. 斷代(一)二五頁康侯毀。
銘四行，二四字。器高二四，徑四一厘米。出土之地有三種說法：(1)、出「衛輝縣」，即今汲縣。(2)、出濬縣。(3)、出輝縣固圍村。三者皆在衛地。
2. 商周二五九.
3. 歷史研究一九五四年、二，一六二頁.
4. 柏林敦雜誌一九三七年四月號，葉慈考釋。英國馬爾孔氏藏（Major General. Sir Neill Malcolrn），器高二四公分，器腹上緣和圈足為菱花和旋渦相間而成之花文，腹為平行直鑿文，兩耳作獸首形。

5、通考附圖二五九，三三七頁．

6、海外（中國銅器圖錄）第一集圖二十．

7、金文集(一)圖一〇六、一〇七康侯𣪘，二八頁；釋文六九頁。一九三一年河南濬縣出土．

五、註：

1、參見斷代(一)二六頁．

2、參見通考三三七頁。

3、參見尊古序．

4、參見葉慈 W Percevel Yetts: An Eealy Chou Bronze, The Burlington Magazine, April 1937, London.

5、參見零釋康侯𣪘考釋一頁。

6、參見周公旦父子考，載金陵學報第十卷第一、二期合刊．

7、參見金文編三、七；二、三。

8、參見尊古序又易經新證卷三、三頁．

9、參見零釋十二頁．

10、參見通考四二頁．

11、參見斷代(一)二七頁．

12、參見尊古序．

13. 參見斷代(一)二七頁．

14 參見零釋四一十三頁．

15. 參見新出土檀伯達器考，載東方學報、京都第八冊．

16. 參見通考四二頁．

一、銘文：

158 雁侯毀

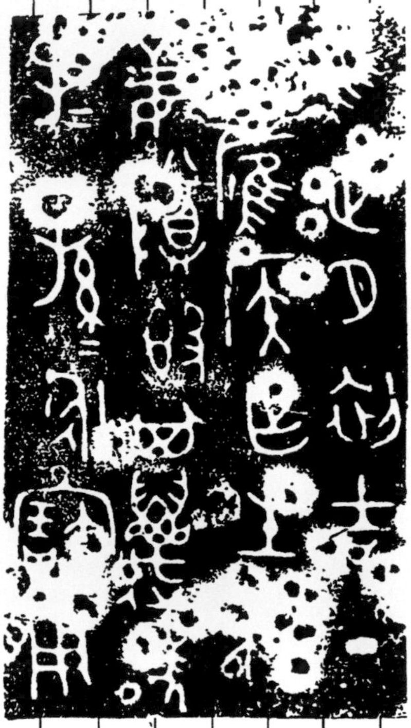

158

二、隸定：

隹正月初吉丁口，雁侯乍生口姜隮毀。其萬年、子子孫孫永寶用。

三、考釋：

銘首言其月日初吉，記時也。「雁侯」，雁字甲文未睹，金文習見，皆作𤼈（應公鼎）（三代．十．三）形，博古圖有應医敨，釋應為雍，云：「周室武王弟四子曰雍医，其後乃有雍姓。」然後釋諸家，各抒己見，徐同柏言「雁」，應省（註1）方濬益言「鷹」、「應」一字，以鷹之巢多在山石巖穴間，非林木之鳥，故古文从斤見義，广象厂坼，丨則象山石墜落之形，篆文變體為从人疒省聲。小徐謂鷹隨人所指軼，故从人，說雖通，非古義也（註2）。劉心源釋「雁」，為鷹古文，从疒取其迅疾，非㾓省聲（註3）。林義光言从人（斤，人之反文）从隹，不从疒。从人者，人所畜也。今作鷹（註4）。王國維云：「其字从斤下隹。斤从人从丨，亦之側視形也。……古人養雁常在臂亦間，故从此，會意。且亦、雁雙聲字，謂之亦亦聲亦可。」（註5）眾訟紛紜，莫有定詁。按字从斤从隹會意，所从「斤」，斤之異構，析戈之「析」，所从斤，正作「斤」（三代．十九．二三）「倠」乃「雁」之古文。說文四上隹部云：「雁，雁鳥也。从隹从人，疒省聲。䧹，籀文雁从鳥。」容庚則分二者為二云：「其（說文）云从隹疒省聲者，當作雁；其云或从人，人亦聲者，當作倠，即此倠字少異。今篆文作雁，知今本譌奪，將『雁』、『倠』二篆合而為一。」李孔為『應』，左僖廿四年傳：『邘、晉、應、韓，武之穆也。』」（註6）容說未允。此倠用為國名，典籍則作「應」，蓋為姬姓。医，爵稱。雁医殆作器者之名。乃「應侯」為「生口姜」作之隮毀，或係媵器。

四、著錄：

1、小校八、二三、三。

五、註：

1、參見从古卷十三、二十二頁周應公尊。

2、參見綴遺卷四、二十一頁應公鼎。

3、參見奇觚卷一、七頁雍鼎。

4、參見文源。

5、參見觀堂一九九二－一九九四頁，毛公鼎銘考釋。

6、參見金文編卷四、十。

一、銘文：

159不𠱾毁

159

二、隸定：

隹九月初吉戊辰，王才大宮。王姜易不𠱾裘，對䍙王休，用乍賓。

三、考釋：

此器銘首記時日。「王才大宮」，宮為王起居佈政之所，大宮即太宮。蓋商周於行冊命賞賜之禮時，隆者於室廟，殺者在宮射，此則王在太宮。

「王姜」者，或云王之母后(註1)。郭沫若言為成王之后(註2)；後改其說，言為武王之后邑姜，太公望之女(註3)。唐蘭則言為康王之后，昭王之母(註4)。周法高亦以王姜乃成王之母，武王之后，據左昭十年傳：「告邑姜也，邑姜，晉之妣也。」杜預注：「邑姜，齊大公女，晉唐叔之母。」(註5)觀此銘前既言「王才大宮」，後言「對揚王休」，而「王姜」可錫「不𠷎」裘，是「王姜」與「王」齊儔，知此「王姜」，其權限頗大，當非泛泛之流，必為武王之后，太公之女「邑姜」，而此「王」者，或非成王莫屬。王姜之稱，別見令殷(三代．九．二六)，睘卣(三代．十三．四十)兩器。

「不𠷎」者，受賞者之名。𠷎或从又作[古文字](𠷎簋 三代．六．三三)。說文二上口部云：「𠷎，誰也。从口𠷎、又聲。𠷎，古文疇。」廣韻所據說文則作𤾊。又𤾊字云：「𤾊，詞也。从白𠷎聲。𠷎與疇同。虞書曰𤾊咨。」則𠷎者，从口𠷎聲，𠷎，古文疇。

王姜賞賜不𠷎之物為「裘」，裘字甲文作[古文字](前七．六．三)、[古文字](後下．八．八)形；金文或从又聲作[古文字](次尊 三代．十一．三五)，或省形从衣作[古文字](苐伯簋 愙．廿．三)形，而此銘从求从衣作𧚍，乃說文小篆所本。說文八上裘部云：「裘，皮衣也。从衣，象形，與衰同意。」字本象形。

四、註：

1. 參見雙選下一、十頁下，不𠱿鼎銘立厂拓本。
2. 參見兩攷十四頁䍐卣下。
3. 參見關於眉縣大鼎銘辭考釋，載文物一九七二年第七期二頁。
4. 參見西周銅器斷代中的康宮問題，載考古一九六二年第一期二〇頁。
5. 參見西周年代考（Chronology of the Western Cheu Dynasty），載中國文化研究所學報第四卷第一期一八七頁，一九七一年。

## 160. 戴毁

一、銘文：

160.1

160.2

二、隸定：

隹八月初吉丁亥，白氏賓𩫏。昜𩫏弓矢束、馬匹、貝五朋。𩫏用從，永𢐗公休。

三、考釋：

白氏，主賞者之名。姓氏尋源云：「炎帝臣有白阜，為黃帝通水脈。」廣韻言秦帥有白乙丙，皆以白為氏。「賓」者，从貝，宔之繁文，宔，宁也。與「予」同義，賞賜也。「𩫏」，字从𡕒黃，殆為「黃」之異文，用為作器者之名。

「弓矢束」者，弓矢之賜，除靜卣〈三代・十三・四一〉銘錫弓無矢，亜侯鼎〈三代・四・三二〉銘錫矢無弓外，多弓矢同錫。束為矢之單位名稱：或以五十矢為束，若詩、魯頌、泮水：「束矢其搜」，傳：「五十矢為束。」

」疏：「荀卿議兵云：……操十二石之弩，負矢五十箇。」因以五十矢為一束；或以百矢為束，若周禮、秋官、大司寇：「束矢於朝」，注：「古者一弓百矢，束矢其百個與？」疏云：「尚書文侯之命平王賜晉文侯及僖二十八年襄王賜晉文公，皆云彤弓一，彤矢百，故知一弓百矢。」乃以百矢為束；或以十二矢為束，國語、齊語：「坐成以束矢」，注：「十二矢為束。」然矢𣪘（錄遺一六七）銘云：「彤弓一，彤矢百。」知一束百矢。「馬匹」，馬隻也。「公」者，白氏也。公殆其官稱。「永飘公休」，言長久顯揚白氏之善休也。此器于氏言二十九字，按當為二十八字，蓋誤分「賓」為二字耳。

161 叔𣪘

一、銘文

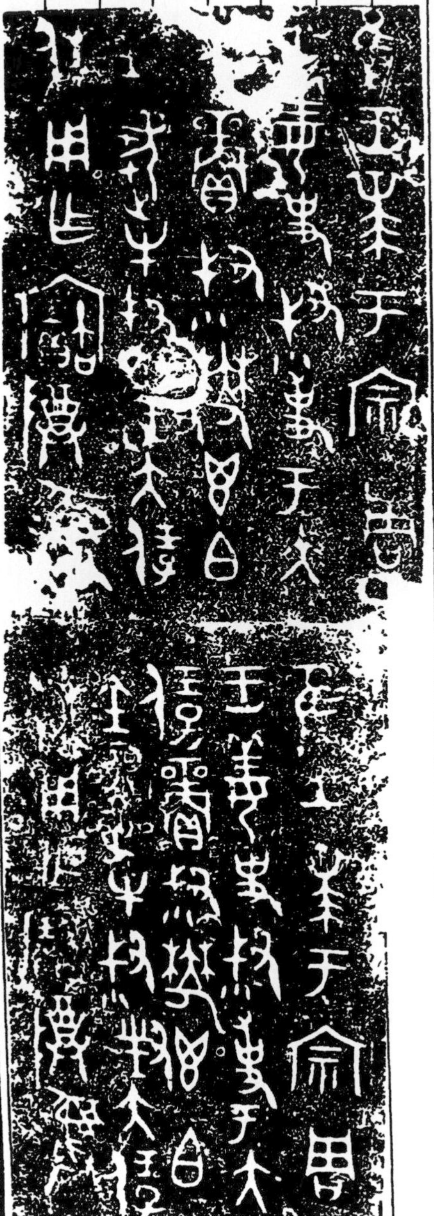

161

二、隸定：

隹王𠦪于宗周，王姜史叔吏于大僕，賓叔鬱鬯、白金、芻牛。

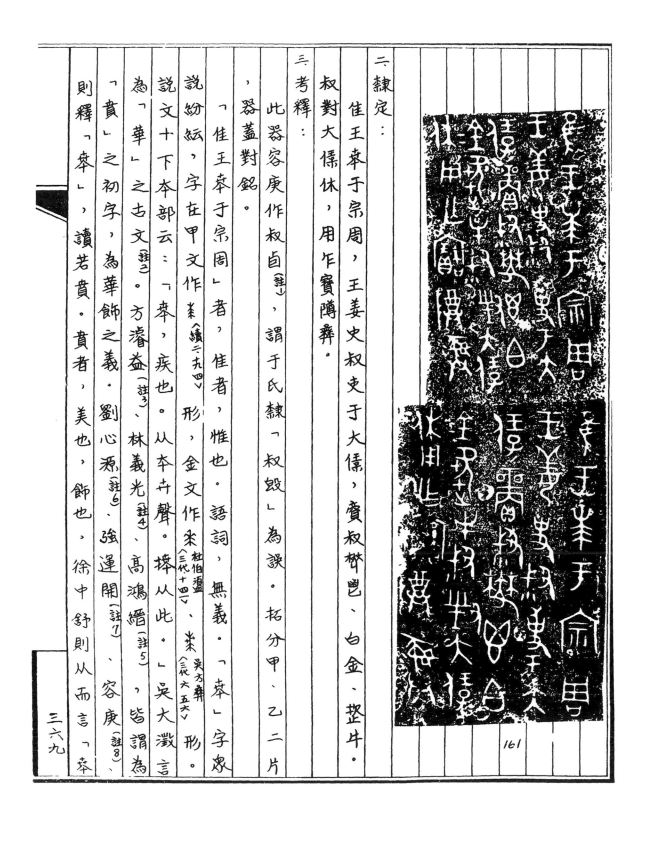

叔對大僕休，用作寶隮彝。

三、考釋：

此器容庚作叔卣(註1)，謂于氏隸「叔毀」為誤。拓分甲、乙二片，器蓋對銘。

「隹王𠦪于宗周」者，隹者，惟也。語詞，無義。「𠦪」字眾說紛紜，字在甲文作𠦪(續二.九.四)形，金文作𠦪(杜伯盨 三代十.四一)、𠦪(吳方彝 三代六.五六)形。說文十下夲部云：「𠦪，疾也。从夲卉聲。捧从此。」吳大澂言為「華」之古文(註2)。方濬益(註3)、林義光(註4)、高鴻縉(註5)，皆謂為「賁」之初字，為華飾之義。劉心源(註6)、強運開(註7)、容庚(註8)、則釋「𠦪」，讀若賁。賁者，美也，飾也。徐中舒則从而言「𠦪」為「賁」之本字，有祈匃意(註9)。而丁佛言則釋作「來」，賚之省，有賜義(註10)。周名煇釋作「棗」字，讀如造。金文𥜽从示棗聲，為造祭之本名，作棗者，古文省，經傳作造，則為假名(註11)。馬叙倫言為「桒」字，同祷，乃祓之雙聲轉注字，祭名也(註12)。龍字純則旁徵博引，言為說文「苃」之初文，蓋為草根之形，屮乃表草之通相，木為草根之形，金文用為除災求福之祭名，即說文之祓，除惡祭也。名詞。或為動詞，義為祭祀求福，有祈求義、或用同賁，飾也。往往作桒𣏟，而不作朱，蓋假借也(註13)。其說可从。「隹王桒于宗周」者，言王在宗周（鎬京）行祓惡求福之祭禮。

「王姜」者，武王之后，成王之母「邑姜」。史者，使也。吏者，事也。大僳者，又見旅鼎銘：「隹公大保來伐反尸年」（三代、四、十六），大𩰫鼎銘：「大揚皇天尹大保室」（兩攷、三三），大保𣪘銘：「王降征令于大保」（三代、八、四十），大保彝銘：「大保易厥臣櫨金」及御正良爵銘：「今大保賞御正良貝」(註14)，凡此悉為周初時器。郭沫若以大𩰫鼎之大保為召公君奭(註15)。白川靜謂西周大保為召公之家號(註16)。觀尚書、周書、召誥、顧命二篇，大保即召公也。召誥云：「惟太保先周公相宅」，注曰：「太保，謂召公也。」顧命云：「乃同召大保奭⋯⋯大保率西方諸侯。」故彝銘所載，與經傳名稱脗合，「大保」者，蓋即召公奭也。

「桝邑」者，鬱邑也。陳夢家云：「字省邑从大不从缶。集韻鬱的古體作鬱，字彙補引作鬱，雖系很晚的書，却保存古形。」(註17)省邑省ㄅ，「桝」為「鬱」之省也。周禮鬱人和鬱邑以實彝而陳之。鄭玄注：「築鬱金以和鬯酒。」鄭众注：「鬱，草名。……若蘭。」又序官鄭玄注云：「鬱，鬱金香草也。宜以和鬯。」是鬱邑者，蓋用鬱金香草擣而煮之，以和于秬鬯者也。

銘文中稱金者，有金(遹甗 三代五·三二)、吉金(陳財簋 三代八·四六)、良金(郘王鼎 三代四·九)、帛金(舍父鼎 三代三·五二)、白金、赤金(召鼎 三代四·四五)者，白金當與帛金同。說文帛从巾白聲，可與白通。說文十四上金部云：「鋈，白金也。」詩小戎：「陰靷鋈續」，傳：「鋈，白金也。」又廣雅釋器：「白銅謂之鋈。」或以白金為銀(註18)。此从廣雅之義，白金者，即白銅。

「𢦏牛」者，𢦏為形容詞。李孝定曰：「字从欠从止，又从二『十』字形，不知何義？」(註19)或疑大毀銘：「扐羊剛牛」之「扐」乃其簡體，諸家釋芻，陳夢家隸作「埑」字而無說。姑隸作「𢦏」，本義未詳。𢦏牛與桝邑、白金同為所賞賜之物。

四、註：

1. 參見金文編下五、九三一頁。
2. 參見古籀補附錄十二頁。
3. 參見綴遺卷三、二十頁。
4. 參見文源。

5. 參見毛公鼎集釋九八頁。

6. 參見奇觚卷二、四九頁毛公鼎。

7. 參見古籀三補卷十、六頁。

8. 參見金文編十、一二下。

9. 參見金文嘏辭釋例，載集刊第六本一分八頁。

10. 參見古籀補補卷六第七頁。

11. 參見古籀考卷中、八—九頁。

12. 參見矢令彝，載國刊第四卷一期一八頁。

13. 參見甲骨文金文柔字及其相關問題，載集刊第三十四本四一二—四三二頁。

14. 大保彝、御正良爵二器，吳其昌列為昭王時器，見金文厤朔疏證二、十二；二，二四。

15. 參見兩攷二七頁。

16. 參見通釋(二)、八七頁。

17. 參見斷代、小子生尊、一六○頁。

18. 參見黃然偉、賞賜一八五頁謂：「或謂之銀，又說文：『鋈，白金也。』鋈為金屬之一類，拜納氏謂此白金或帛金絕非銀屬，蓋指賜而言；因出土之銀，其時代悉在公元前六至七世紀以後，於古銅器金屬成份分析中，亦無銀之存在。」故愚以為白金與赤金相傳，蓋為顏色之稱，白銅也。

19 參見金詁附錄(二)一二九二頁。

一、銘文：

162 圅皇父𣪘蓋

162

二、隸定：

圅皇父作琱嬇般盉隮器，𣪘鼎，自豕鼎降十，又𣪘八，兩鑘，兩⿰金壺。琱嬇其邁年，子子孫孫永寶。

三、考釋：

「圅皇父」者，作器者之名，「圅」字本象倒矢在函中，為「函」之古文，小篆譌作「圅」(註1)。圅皇父即詩小雅十月之交之「皇父卿士」(註2)，宣王時，曾官太師，故大雅常武之詩云：「太師皇父，整我六師」，太師蓋主兵之官，是宣王南征則命整六師，迨幽王之世，皇父晉陞卿士而食邑於圅，則十月之交所謂：「皇父孔聖，作都於向」，向，金文作圅，向乃圅之形誤。圅為媜姓，皇父納女於王為作媵器，故稱其女為「琱媜」，琱从玉，同周，孃即媜。世本以向為姜姓，實誤。十月之交所云「豔妻」，魯詩作「閻妻」，「豔」、「閻」並與「圅」聲近相通，豔妻乃皇父之女，並非褒姒，而幽王后似不僅申后或褒姒數人。後漢書文苑傳、崔琦外戚箴注，以皇父為幽王后之親黨，可於此證明。（註3）

盤盉䵼器毀鼎者，記器之類。其例鮮見。吳大澂云：「圅皇父𣪘）專記盤盉尊器𣪘鼎及罍壺之數，亦從來未有之文字也，惟周𡨦鼎文紀二鼎二敦之數，與此器略同（註4）。容庚亦謂此器殊罕。可窺古人製器之種類及器數（註5），故下云：「自豕鼎降十又毀八兩鐳、兩鐘」者，皇父所作媵器之類與數。禮書或云天子諸侯牛鼎，大夫羊鼎，士豕鼎、魚鼎而已（註6）。琱媜既嫁於王室，何作豕鼎而已？是禮書之不足徵也。云「降」者，則非盡正鼎，亦兼陪鼎、鉶鼎也。十、八兩者，記數之詞。鐳同罍、鐘同壺也。皆以其質為金（銅），故从金作鐳、鐘耳，悉為酒器名。邁年者，邁从辵，萬之繁文。「永寶」一作「永寶用」（註7）。

四、註

1. 參見王國維不嬰敦蓋銘考釋載觀堂集林二。五八—二〇六〇頁

2. 按：許瀚、王國維及郭沫若皆以圅皇父即詩、小雅、十月之交

之皇父卿士，詳見攗古三之一引，觀堂集林廿三、玉谿生年譜會箋序注及兩攷一三一頁。

3.參見徐中舒、禹鼎的年代及其相關問題五七頁。

4.參見愙齋十冊十四頁下。

5.參見通考二三頁。

6.參見吳闓生吉金文錄卷三頁三一七圅皇父敦。

7.此器于氏言三十五字，諸家著錄者未作「永寶用」三字，疑非同器，故未敢遽定為一。

一、銘文：

163 黽𣪘

163

二、隸定：

佳王正月初吉丁卯，黽徙公，公易黽宗彝一㿽，易鼎二，易貝五朋。黽對䫃公休，用乍辛公𣪘。其萬年孫子寶。

三、考釋：

此器首記時日。「黽」乃作器人名。字从貝从黽。王讚源以黽為贔之古文，贔讀為閑，本草說：「贔屭大龜，蠵蠵之屬。」(註1)「徙」者，他銘作徙（臣辰卣〈三代·十三·四四〉）形，徙其繁文。方濬益釋「适」(註2)。高田忠周釋「𨒅」，讀為延，當有安義(註3)。郭沫若言係「出」之緐文(註4)。馬叙倫从之，言象納履而後行，古者入則解履，出則納履，出謂就道也，故从彳(註5)。楊樹達謂為「徙」字，義與遂同，蓋用於兩事之間（註6）。諸說放諸此器，則於文義未安。唐蘭釋「𠱾」，讀如造，孟子云：「造攻自牧宮。」廣雅、釋詁：「造，始也。」（註7）近之。陳夢家言：「今釋造，廣雅、釋言：『造，詣也。』說文：『造，就也。』造公猶詣公。此器之造从𠱾从止。」（註8）陳說為長。

公（主賞者）易𪓐凡三物，前悉冠動詞「易」，賞賜宗彝一隬、鼎二、貝五朋。觀此銘鼎與宗彝別二，可知其非一類，史記殷本紀：「命南宮括、史佚展九鼎保玉，…封諸侯，班賜宗彝，作分殷之器物。」宗彝之稱，又見豚卣（三代、十三、三四）、靜卣（三代、十三、四一）、㐱卣（三代、十三、五九）、蔡尊（蔡三七）、㐱尊（三代、十一、三十）、蔡姞尊（三代、十一、三三）、中追父方彝（三代六、三八）、盟爵（三代、十六、四一）、小克鼎（兩攷一三三）等器銘，蓋為宗廟祭先祖神主之禮器，為大小相次或相等，一類或數類之銅器組合，率為盛酒器之卣、尊、方彝和壺，與將彝、旅彝、奠彝、行器、媵器、祭器、祠器、奠器稍別（註9）。其單位名稱則用「肆」。「隬」字說文所無，陳夢家隸作肆，言从阜从肆，後者西周金文用作句首語詞之肆（註10），經典作肆。廣雅、釋詁二：「肆、降、減也。」左襄十一年傳：「歌鐘一肆」，杜注云：「肆，列也。」是肆乃相次而列之禮器。

四、著錄：

1、斷代(三)四十𪓐毀，圖象圖版叁（上）圖二（下），銘文圖五。

銘五行四十字，器高一二、七，口徑一九、六，兩耳之間二七厘米。傳河南出土，今在傅晉生處。

五、註：

1. 參見周金文釋例一五三頁。
2. 參見綴遺卷二十四、十六頁召适觶。
3. 參見古籀篇四十九第一七頁。
4. 參見兩攷第九頁令彝。
5. 參見矢令彝，載國刊第四卷一期一八頁。
6. 參見積微一一三頁章白馭毀再跋。
7. 參見作册令尊及作册令彝銘考釋，載國刊第四卷一期二二—二三頁。
8. 參見斷代㈢一五一頁。
9. 鼎、宗彝及諸彝器之別，詳見陳氏、斷代㈢一五一—一五五頁，茲不備述。
10. 參見金文編三、二七下。

164 善夫汈其毀

一、銘文：

二、隸定：

善夫汈其乍朕皇考惠中、皇母惠妣尊毁，用追亯孝，用匃釁壽無彊。百字千孫孫，子子孫孫，永寶用亯。

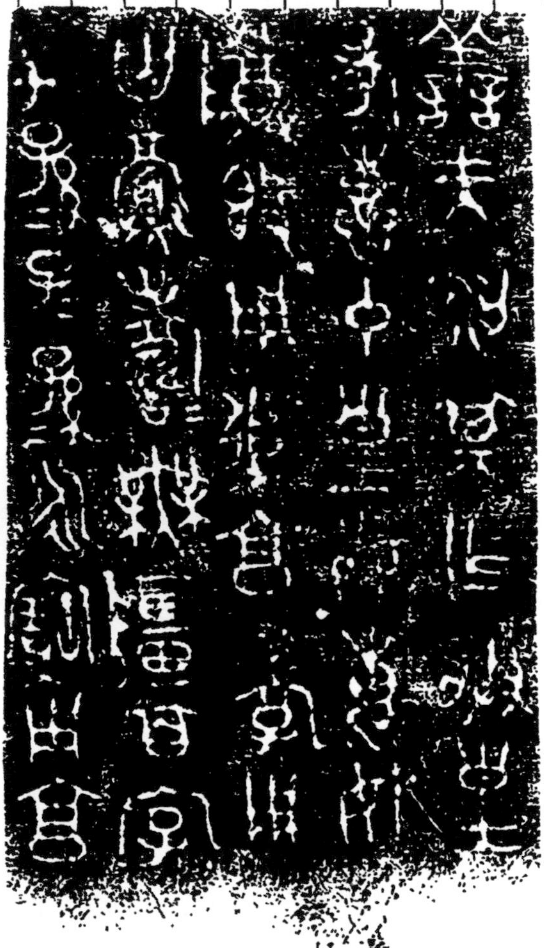

164

三、考釋：

善夫，官名。經籍作膳夫。汈其，作器者之名。惠字，金文作□〈齊鎛，三代一.六六〉、□〈邾大宰簠，三代十.二四〉、古鉨作□〈註1〉，三體石經無逸「胥保惠」，惠字作□〈註2〉形。說文四下叀部云：「惠，仁也。从心叀。」字从隹从心，實則當云从心，叀聲。蓋字形本假借叀為之，如毛公鼎：「虔夙夕惠我一人」字作□〈三代四.四七〉，克鼎：「惠于萬民」字作叀(三代四.四) 即其例。其後，為與叀之本義別，因加心旁作惠字(註3)。漢姓纂一書，以惠姓乃周惠王之後，以謚為氏。戰國來有惠施，漢有惠莊，而此銘之「惠」，亦為姓氏。中，仲之初文。「妀」字又見弔妀簋(三代八.三九)、妀⿺走里母簋(三代七.三八)、弔高父匜(三代十七.三四)等器銘。說文十二下女部云：「妀，婦官也。从女弋聲。」妀為婦官，殆為漢制。劉心源云：「妀蓋姓氏，詩：美孟弋矣。傳：弋，姓也。當即妀。」(註4)劉說是也。此「妀」亦用為姓氏。惠中、惠妀者，其皇考皇母，皇有大義，尊稱。

「用匄釁壽無疆」者，匄字，經典皆假介為之(註5)。詩七月：「以介眉壽」，小明：「介爾景福」，介、匄古音同為見紐、段氏十五部，音同可通。詩甫田：「以祈甘雨，以介我稷黍」，祈、介對文，左僖七年傳云：「求介于大國，以弱其國。」求介連文，皆當訓祈匄之匄(註6)。用匄釁壽無彊，言用以祈求長壽無界限。

「百字千孫孫」者，又見⿸厂貝弔多父盤(周四五)銘，或作「百男百女千孫」(翏生盨 三代十.四四)，皆言其後代子孫眾多。「字」者，从宀从子，「子」之繁文。對文以生韻。「彊」、「言」韻。

四、註：

1. 參見古籀補補卷四、五頁。
2. 參見石刻篆文編卷四、十一頁。
3. 參見古文釋形考述四八一－四八二頁。

4. 參見奇觚卷三、十四頁妣釐母敨.

5. 參見金文編十二、三一下。

6. 參見徐中舒、金文嘏辭釋例六頁。

一、銘文：

165. 召毁

165

二、隸定：

隹元年三月丙寅，王各于大室。康公右命召，易戠衣、赤⊗市。曰：用卲乃且考，吏乍𤔲土。⿱夗口敢對揚王休，用乍寶毀。子子孫孫其永寶。

三、考釋：

「王各于大室」者，各，格也，至也。大室者，始祖之廟。穀梁文公十三年傳：「周公曰大廟，伯禽曰大室，群公曰宮。」彝銘之大廟、大室、大宗、大宮無別。稱大室者，又見吕鼎（三代四·三二）、刺鼎（三代四·三三）、師奎父鼎（三代四·三四）、敔毀（三代八·四四）、大豐毀（三代九·十三）、師嫠毀（三代九·三五）、趩尊（三代十一·三八）、師毛父毀（博古十七·十六）、師訇鼎（款識十四）、𢦔毀（款識十四）、走毀（續鑑甲十三·四四）等器銘，乃指京師之大廟。若豆閉毀（三代九·十八）、免卣（三代十三·四三）等器銘，則為諸侯或卿大夫之大廟。此器之大室，則為京師之大廟。「廟與大室為宗廟之建築物，而大室當為宗廟之一部份，二者皆為舉行隆重賜命典禮之場所（註1）。

「右」者，佑之本字，助也，動詞。或以為名詞（註2），恐非。康公殆司儐之人。「郃」，說文無。字當从邑、合聲，本義未詳。「⿱夗口」字，于省吾釋「⿰月召」（註3），从口、夗聲，夗象以繩系肉，有宛轉之象（註4）。赤塚忠釋為「盈」，即說文滿器之盈字（註5）。容庚釋朐（註6）。以于說為長。「郃⿱夗口」為作器者之名。

「戠衣」者，戠為織之本字。戠衣為以絲絲織成之命服（註7），受此戠衣之錫者，有司土、司邦君及司馬之官。此器銘載冊命命⿱夗口為𤔲土，故受此戠衣之錫。

「赤⊗市」者，又見免毀(三代九、十三)、戠毀(嘯堂下、九三)、望毀(攈古三之一、八三)等器銘。「⊗」字薛尚功釋「環」(註8)。郭沫若言為「蛤」之初文，叚為「韐」字(註9)。李旦丘則釋紓(註10)。于省吾釋為「雍」，謂「赤雍市即赤縕市。雍市即縕市；赤猶朱也，雍謂黃也。」(註11)周法高言當假為「縓」或「縕」。縓蓋為一染，帛赤黃色者(註12)，縕在赤黃之間(註13)。陳小松則釋為「㕣」，㕣與甫同，甫可讀為黼，故㕣市即黼市(註14)。魯實先先生謂卜辭作□，圍之古文，假為韡，而韡與市、韠同誼，韡市乃同義疊語(註15)，今從魯說。

「用㠯乃且考，吏作嗣土」者，㠯从台从人，詩江漢：「召公是似」，傳云：「似，嗣也。」㠯與似同，㠯者，嗣也，續也。蓋嗣其祖考作嗣土之事緒。

四、著錄：

1、金文集(二)圖二三三命□毀，二四頁；釋文六九頁。

五、註：

1、參見黃然偉賞賜八七頁。

2、齊思和以為賜命銘文中之右為名詞，說見周代賜命禮考，載燕京學報三二期二〇四頁。

3、參見雙選卷下第一頁能匋尊。

4、參見錄遺序言二頁。

5、參見殷金文考釋第一、五五頁能匋尊(98)。

6. 參見金文編下三、九二三頁.
7. 參見白川靜、通釋二十，四一五頁.
8. 參見款識卷十四、一二九頁.
9. 參見餘釋之餘、二七頁.
10. 參見金文研究二五頁.
11. 參見斷枝三編後.
12. 參見說文十三上糸部。
13. 參見零釋一一九頁。「縕」解見禮記、玉藻注。
14. 參見釋呂市，考古學報一九五七年三期六一—六二頁。
15. 參見王讚源、周金文釋例九三—九四頁.

166、三兒毁

一、銘文：

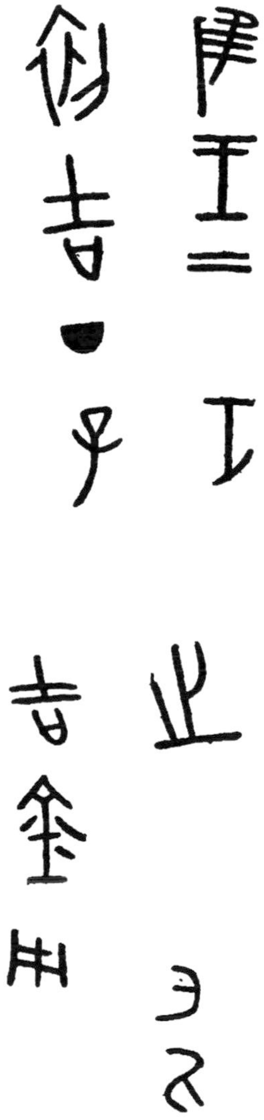

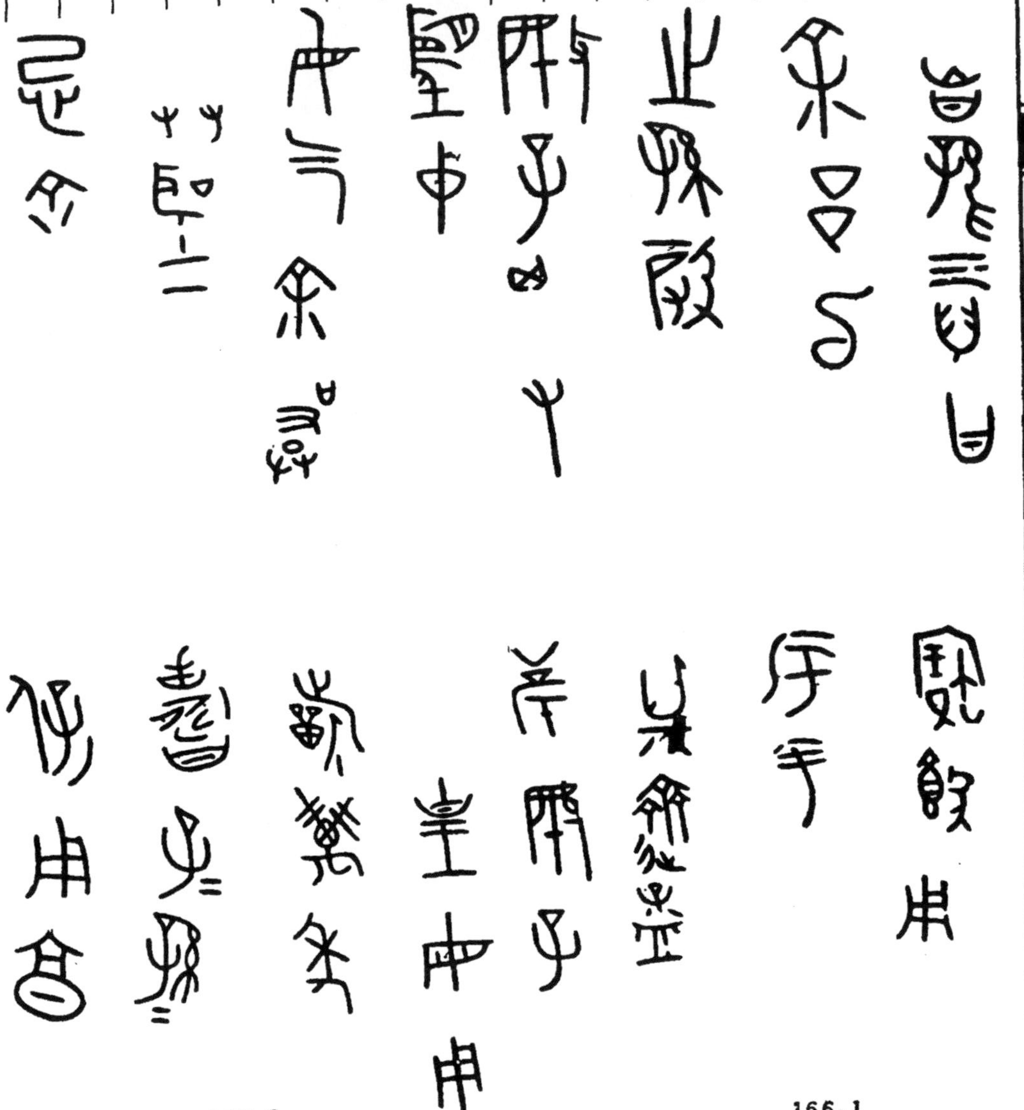

166.2 166.1

二、隸定：

隹王二月初吉丁巳，𠤳孫三兒曰：余邑呂之孫，㪣眡子。其又之彐乙吉金用寶毀。用斥𠂇其遭盂彦眡子望中母乞余弄黄二忌余糸𠃊一八𡩜墅皇母。用旟萬年壽，子子孫孫保用亯。

三、考釋：

此器銘為樵本，約六十餘字。據文義觀之，似有缺泐，然拓本不可得，未敢遽論。三兒殆作器者之名，此為其「皇母」所作之寶毀，冀其子孫永世長保。然以銘文不完，考釋从闕。

一、銘文：

167 矢毀

二、隸定：

隹四月辰才丁未，囗囗珷王、成王伐商圖。遂省東或圖。王卜於宜，𣄨厌囗鄉，王令虔侯矢曰：囗厌於宜。易𩰪鬯一卣，商鬲一𩰫，彤弓一，彤矢百，旅弓十，旅矢千。易土，氒川二百，囗氒囗百又囗，氒小邑卅又五，氒囗百又卅，易才宜王人囗囗又七里，易奠七白人囗囗又五十夫，易宜庶人六百又囗又六夫。宜厌矢揚王休，乍虔公父丁尊彝。

三、考釋：

167

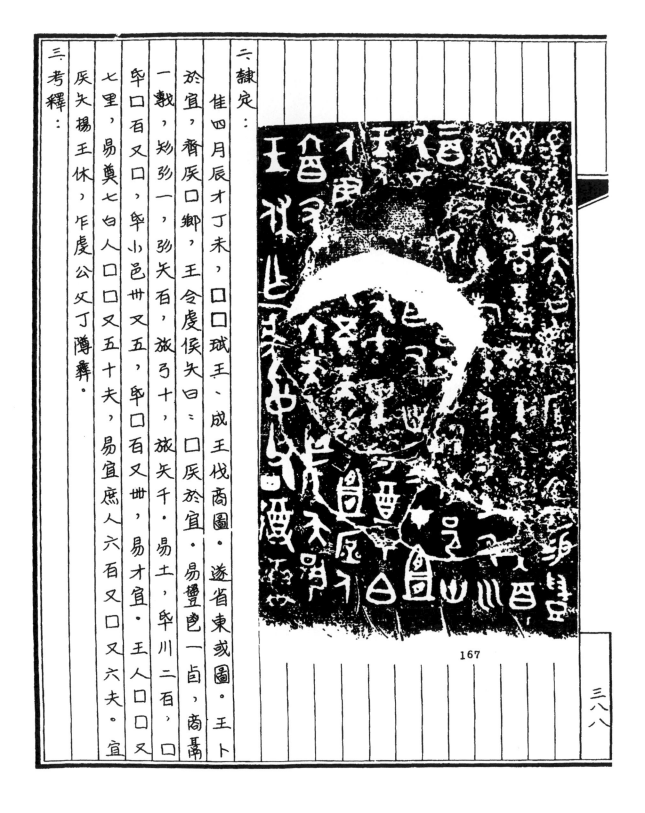

此器銘文殘泐不清，陳夢家言約一三〇字，于氏自言約一百二十六字，蓋皆以銘文蝕失，未能詳加究詰耳。今據陳氏隸首記四月丁未。武王，武从王，繇文。上有闕文，所闕者或為祭名。次記成王伐商圖，或指武庚之叛，成王東踐奄之事。圖者，鄙也，郊也。商圖蓋指商奄或商丘之鄙。

王卜於宜，卜者，赴也，至也。宜在東國之鄙。

王令矢侯於宜，與麥尊王令井侯「侯於井」文例同。故後稱宜侯矢。次記錫邑鬲、弓矢、土邑、庶人奴鬲之屬。弓矢之數，尤可補漢儒注經傳之闕誤。或與令方彝、令尊、令毀等器為同一人所作，唯時間有先後之別耳。

四、著錄：

1、斷代(一)二九頁宜侯矢毀。

銘十二行約一三〇字。有十六字殘失不清。器高一五、七，口徑二二、五，腹深一〇、五，圈足徑一三糎。一九五四年六月江蘇省丹徒縣龍泉鄉煙墩山南麓斜坡上出土，共銅器十二件。器在江蘇省文管會。

2、文參一九五五、五、五九

3、金文集(三)一八七、一八八宜侯矢毀，圖六頁；釋文六三頁。

## 第五節　敦

敦之形制，三足兩耳，器蓋各為半圓，合之則成球狀。故爾雅、釋丘、疏引孝經緯云：「敦與簠簋容受雖同，上下內外皆圓為異。」或有無足者，如通考圖三九〇齊侯敦，即士喪禮之廢敦，鄭注謂「敦無足者，所以盛米」是也。敦之稱本名者，有「鈇錞」，如陳侯午敦（三代八、四二）；「錞」，如陳侯因資敦（三代九、十七）；「賸辜」，如齊侯敦（三代八、三五）是也。本書所著錄之敦，唯「陳医午敦」一器耳。

168. 陳医午敦

一、銘文：

168

二、隸定：

隹十年，陳侯午淖群邦者侯于齊。者侯高吕吉金，用乍平壽造器𦎫。台𦏴台嘗，保有齊邦。永枼毋忘。

三、考釋：

此器與歷來諸家所著錄之陳侯午鎛本非一器，銘亦不同。此為十年所作器，另一器乃十四年所作。鎛器晚出，多無銘，有銘者卒為齊國物。此亦齊國器。

「陳侯午」者，田齊桓公午也。史記田敬仲世家云：「康公十九年，田和（齊相）立為齊侯，列於周室，紀元年。齊侯太公和立，二年和卒。子桓公午立。……六年救衛，桓公卒。」然此陳侯午鎛及另一器為十年及十四年所為，知史記六年之說蓋誤也。索隱云：「紀年齊康公五年，田侯午生。二十二年，田侯剡立。後十年，齊田午弒其君及孺子喜而為公。」春秋後傳亦云：「田午弒田侯及其孺子喜而兼齊，是為桓侯。與此世家不同也。」又云：「紀年梁惠王十三年，當齊桓公十八年，後威王始見。則桓公十九年而卒。」王國維古本竹書紀年輯校魏武侯二十一年下案語，引水經瓠子水注引，言公孫會之叛在晉烈公十一年，則梁惠成王二年齊田午弒其君而為公，而疑索隱惠王十三年當桓公十八年之說。徐中舒亦言竹書自相參錯（註一）。郭某以水經注所引之「晉烈公十一年」當為五年之壞析成二也。則水經與竹書二說，當無齟銘（註2）。由此器銘文可證史記中之誤失。

「淖」者，朝也。太平御覽引說文云：「淖，朝也。」魏三體石經無逸篇「朝」，古文作「淖」。禮記王制云：「耆老皆朝于庠」，注：「朝者，猶會也。」周禮大宗伯及禮記曲禮注，並言諸侯春見曰朝。此朝者，蓋會群邦諸侯于齊地。

「言」者，獻也（註3），進也。「吉金」者，良金（註4）、美金（註5）也。吉者，善也。吉金，蓋指銅之良美也。而「銅」字朔自楚王酓志鼎銘：「楚王酓志戰獲兵銅」，始稱之為銅。「酓志」為史記楚世家之楚幽王熊悍，始為戰國末期。載籍之管子、山權數篇、地數篇；墨子備高臨篇、雜守篇；韓非子十過篇；文子上禮篇；國策趙策，及山海經西山經、北山經、中山經等文，悉有「銅」之著錄，故知「銅」乃戰國始稱之，春秋前之彝銘則悉稱吉金。

「用作平壽祰器𦎫」者，依辭例，平壽當為人名。惟桓公午之父為太公和，平壽未知何許人。又左傳十二年傳注：「平，和也。」周書諡法：「布綱治紀曰平」，或太公田和之謂。用作平壽祰器𦎫與陳侯午錞：「作皇妣孝大妃祠器鉠錞」及陳侯因資錞：「用作孝武桓公祭器錞」之辭例相同，「祰」當與「祠」、「祭」匹儔，有祭祠之義。

「台𢍜台嘗」一詞，又見陳侯因資錞（三代、九、七）、陳侯午錞（三代、八、四二）、二器，而姬鼎則作：「用𥽈用嘗」（三代四、九）。禮記月令：「農乃登麥」，注：「登，進也。」經典以烝為之，爾雅釋詁：「烝，進也。」詩信南山：「是烝是享」，傳：「烝、進也。」烝乃薦新之祭，春秋繁露言四祭冬曰烝，烝者，以十月進初稻也。大戴禮千乘：「方秋三月，收斂以時，於時有事嘗新于皇祖皇考。」孔廣森補注：「秋享曰嘗」，是「彝嘗」即詩小雅天保之「烝嘗」，「台彝台嘗」言用以為薦新之祭亯也。

「⿱保缶」从缶，「保」之繁文。「⿱世立」从立，世之繁文。「毋」，借為毋。末二句言保有齊邦，永世勿忘也。

四註：

1. 參見陳侯四器考釋，載集刊三本四分。
2. 參見兩攷二一九頁。
3. 參見說文五下亯部云：「亯，獻也。」
4. 參見國語、越語下。
5. 參見國語、齊語。

## 第六節 簋

簋之形狀長方，侈口兩耳，亦有無耳者，如曾子簋蓋（通考圖三六四）是。蓋與器同，於四周之正中有小獸首下垂，加于器上，使弗移也。下有四足，長短不一。周禮舍人：「凡祭祀共簋簠。」注：「方曰簋，圓曰簠，盛黍稷稻粱器。」觀史免匡〈三代十·十九〉、弔家父匡〈三代十·十二〉二器具云：「用盛稻粱」，知其物方，用盛黍稷稻粱也。

其銘皆在腹內正中，亦有在口上緣者，如楚王酓肯簠〈三代十·八〉。出土銅器，不見殷簠，即西周前期簠亦所未見。西周後期始漸有之。

一、銘文：

169 □簠

169

二、隸定：

□之行匡。

三、考釋：

銘首「□」字不可識，當係人名或國稱。「行匡」者，同辭例有行壺（右走馬嘉壺〈三代十二·九〉）、行匜（公父宅匜〈三代十七·三八〉）、行鼎（鄧季鼎〈三代三·四一〉）、行盨（為甫人盨〈三代十·三十〉）、行器（曾子簠〈三代十·十六、十六〉）、行戈（蔡侯戈〈三代十九·四五〉）、行彝（鄧子匜〈三代十七·三一〉）、行鉼（孟城鉼〈三代十八·十四〉）之屬。說文二下行部云：「行，人之步趨也。从彳从亍。」字本象道塗之形。詩采蘋疏：「行者，道也。」或與「用」同。左氏昭十年傳：「將不行」，注：「行，用也。」荀子議兵篇：「設何道何行而可」，注：「行，動用也。」此匩或為行道所用之禮器。「匩」，古簠字，从匚古聲。簠為盛稻粱黍稷之方器。

一、銘文：

170 函交中簠

170

二、隸定：

函交中乍旅匩，寶用。

三、考釋：

「函交中」，作器者之名，與函皇父或係同族。「交」字，說文十下交部云：「交，交脛也。从大象形。」諸家無異說，以為「絞」之古文（註1）。唯吳其昌言即「校」之本字，交誼為矢（註2）。恐有未允。當从說文。「中」者，伯仲之「仲」，指其行輩也。

四、註：

1.參見陳槃、譔異三冊二三九頁。

2、參見金文名象疏證二〇七—二一〇頁。

171—172 盥客簠一—二

一、銘文：

171

172.1

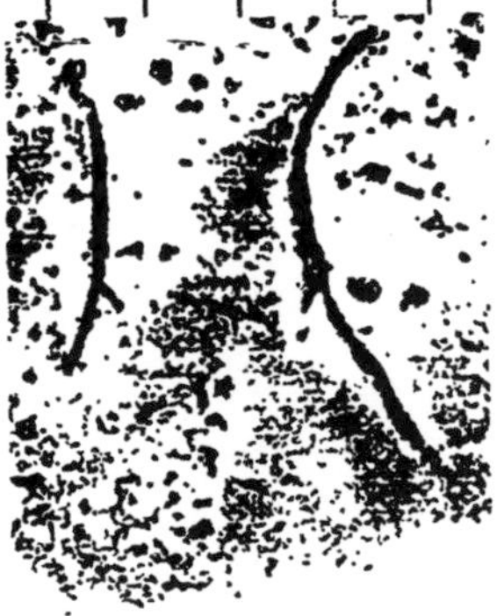

172.2

二、隸定

盥客為王句六室為之。—171.

盥客為王句六室為之。从。—172.

三、考釋：

「鑄」字，甲文未見(註1)，金文則作鑄(芮公鼎〈三代、三、二四〉)、形，乃會意字，或增壽為聲符作鑄(周手卣〈三代、十三、四十〉)，或又增金為形符，或增壽聲金形，省之則為篆文之鑄。說文十四上金部云：「鑄，銷金也。从金壽聲。」然金文本象兩手持倒皿，倒皿者，中貯銷金之液，兩手持而傾之笵中也。中从火象所銷之金，或从⺌亦象金液(註2)。而此鑄非用為「某某(人名)自鑄某器」之鑄，殆以為國族之名。「盥客」

蓋為人名。其「鑄」則省作「𨥷」，鑄客所作器，又見鑄客鼎（三代三.二六）、鑄客盤（三代.十七.三五）、鑄客匜（三代.十七.三六）等器銘，皆用「盅」，借為祝。「客」字金文皆从宀从各作□（利鼎 三代.四.二七）形，唯仲義父鼎或从人作□（三代.三.三八）形。說文七下宀部云：「客，寄也。从宀各聲。」金文與小篆同。

「王句六室」，與鑄客鼎之「王句大府」（三代.三.十九），鑄客匜之「御臸」同。六室與大府、御臸皆非人名。或以「王句」為「王后」，是也（註3）。大府即周禮、天官之大府，鄭注：「大府為王治藏之長。」御臸即御遷，乃御用之傳驛也（註4）。而「六室」者，室字甲骨、金文皆與小篆合，悉从宀从至作□（藏.五.十一）、□（休盤 三代.十七.十八）形。說文七下宀部云：「室，實也。从宀至聲。室屋皆从至，至、所止也。」卜辭有「中室」、「南室」、「血室」，蓋以為宮中房室之名。金文則有「大室」（頌簋 三代.九.三八），「天室」（大豐簋 三代.九.十三），「宗室」（善鼎 三代.四.三六），「圖室」（無叀鼎 三代.四.三四），「王室」（曾姬無卹壺 三代.十二.二五），「公室」（卯簋 三代.九.三七）之稱。段注：「古者前堂後室。」爾雅、釋宮曰：「宮謂之室，室謂之宮。」左桓十八年傳：「男有室」，疏：「戶內曰室。」又禮記、曲禮上：「三十曰壯有室」，注：「妻稱室」。又左桓十八年傳疏：「婦人主閨門之事，故為室也。」竊疑「六室」者，即周禮、天官、內宰：「以陰禮教六宮」之「六宮」。注云：「鄭司農云：『六宮，後五前一，王之妃百二十人，后一人，夫人三人，嬪九人，世婦二十七人，女御八十一人。」玄謂六宮謂后也。婦人稱寢曰宮。宮，隱蔽之言。后象王，立六宮而居之，亦正寢一，燕寢五，教者不敢斥言之，謂之六宮。」此王句六室，或即王后之六宮。鄭玄以六宮謂后，故「句」或為「后」字。

此器蓋盨（一鑄）客為王后六宮所作之簋器。又見本書一七二、二一五器銘同。唯一七一盨客簋(一)乃器蓋對銘，各九字。而一七二器盨客簋(二)凡十字，于氏自言「底有八字」，蓋謂「从」或係「八」字，未識何義。

## 四、著錄

1. 三代、十、四鑄客簋同銘異笵。

## 五、註：

1. 或以卜辭前六、六一、四之「[illegible]」乃左側破損，足之作皿，象兩手持到皿，下从土，乃土笵也。
2. 參見李孝定、甲文集釋第十四、四。五七頁。
3. 參見朱德熙、裘錫圭、戰國文字研究六種，載考古學報一九七二年一期八。一八三頁。唯其大簋作七簋府。
4. 參見許學仁、先秦楚文字研究一二六一一三七頁。

## 173 善夫吉父簋

一、銘文：

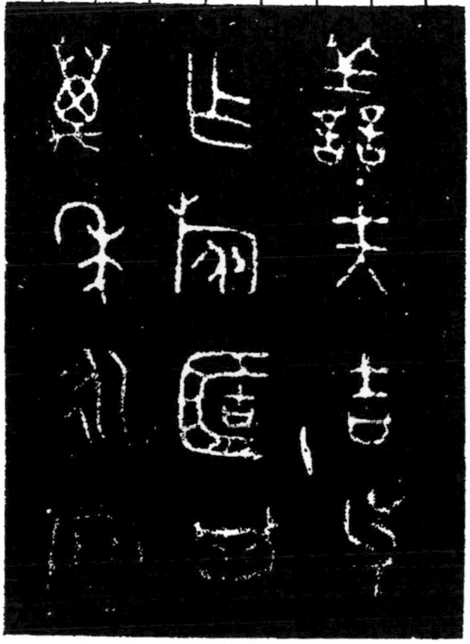

173

二、隸定：

譱夫吉父作旅匿，其萬年永寶。

三、考釋：

譱夫者，官名。職司獻人，出納王令，非後世所謂食官之長之「膳夫」。吉父其名。此善夫吉父所作祭養之簠，用祈萬年永寶。

## 174 鑄弔乍贏氏簠

一、銘文：

174.1

174.2

174.1

174.2

二、隸定：

鑄弔作嬴氏寶匿，其萬年釁壽，永寶用。

三、考釋：

凡鑄國之器，金文皆作𨰻，若鑄子簠（三代十十三）、鑄子鼎（三代三四十）、鑄公簠（三代十十七）與此器銘悉是。呂覽、慎大：「封黃帝之後於鑄。」樂記：「武王克殷，封黃帝之後於祝。」鄭注：「祝或為鑄。」晉語謂黃帝之子二十五宗，其得姓者十四人，為十二姓，任居其一。世本亦云黃帝二十五子，得姓者十二人，任姓：謝、章、薛、舒、呂、祝、終、泉、畢、過。「鑄」即「祝」也，為任姓。或以祝國即州國（註1）。然州為炎帝後姜姓，於桓公五年（左傳）絕祀，其地入于杞，且州居淳于（今安丘縣），青州（今益都縣）出鑄子叔黑頤諸器，相去百五十里，何可言州、祝為一乎（註2）。此「鑄叔」，當為任姓之

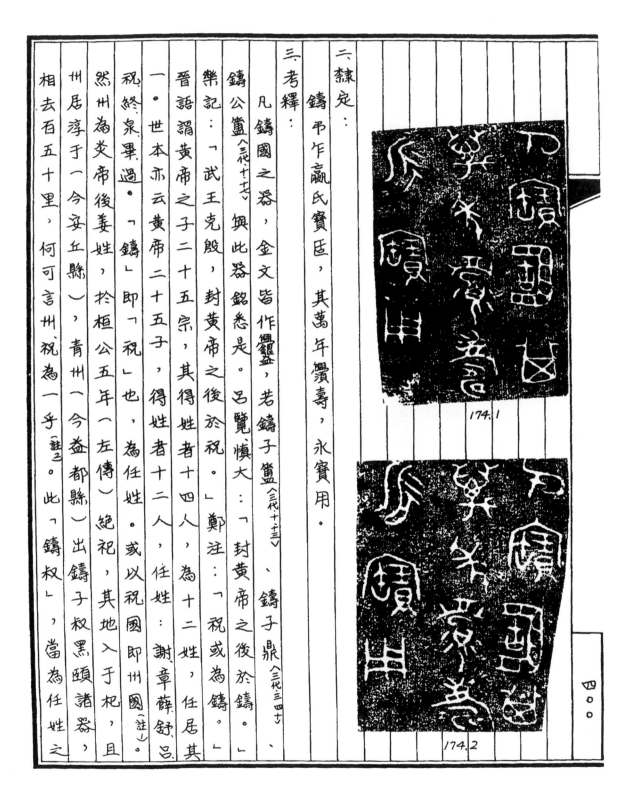

祝叔。

「嬴」字甲文未見，而彝銘形構繁變，不一其貌，若□(蜀伯盨〈三代七·三五〉)、□(蜀伯盨〈三代十·三五〉)、□(京叔盨〈三代七·四〉)形；或从卩作□(嬴季卣〈三代·十三·九〉)形；或从貝作□(庚嬴卣〈三代·十三·四五〉)形。諸家之說，亦各有異同，或「羆」或「嬶」(註3)，或「嬭」或「嬶」(註4)，而以釋「嬴」者為近是。說文十二下女部云：「嬴，帝少皞之姓也。从女嬴省聲。」彝銘从女而不从嬴省，方濬益言象嬴出首負殼，其紋重疊之形，嬴、熊形近相通(註5)。疑嬴蓋从女嬴聲。國語鄭語謂嬴乃伯翳之後。而嬴或為秦姓(註6)，蓋以嬴為氏也。

四、著錄：

1. 金文集(三)圖四六六鑄叔簠，四五頁；釋文九三頁(錄遺一七四二)

五、註：

1. 參見王國維 集林十八鑄公簠跋；郭沫若、兩攷二○○頁下—二○一下鑄子簠。
2. 參見陳槃、譔異五冊四四六頁。
3. 參見吳雲、兩罍卷六第四頁庚羆卣；方濬益、綴遺卷九、十二頁荀伯大父盨言為嬶。
4. 參見方濬益、綴遺卷十八、十四頁御季尊言為「嬭」；強運開、古籀三補卷十二第四頁言為「嬶」。
5. 參見綴遺卷十二、二十六頁庚嬴卣。
6. 參見文選東京賦「嬴氏傳翼」薛注。

## 第七節　盨

夫盨形長方而圓其四角，兩旁有耳，下有圈足，上有蓋，蓋上有四足如矩形，圈足旁有四獸首下垂為足者。其用大抵與簋同，以盛黍稷。然簋圓而盨橢圓，其制各別。盨銘皆在腹中。

盨器晚出，至西周後期始有之，與簋同。然春秋戰國期復不見有此類器，其行用之時期至短，故後人無能說之者，三禮既不見其器，惟說文五上皿部云：「盨，櫝盨，負戴器也。」宋以來稱此為簋，錢坫定毀為簋，而於此仍以簋稱之，良有以也。本書凡收盨六。

一、銘文：

175　趞弔吉父盨

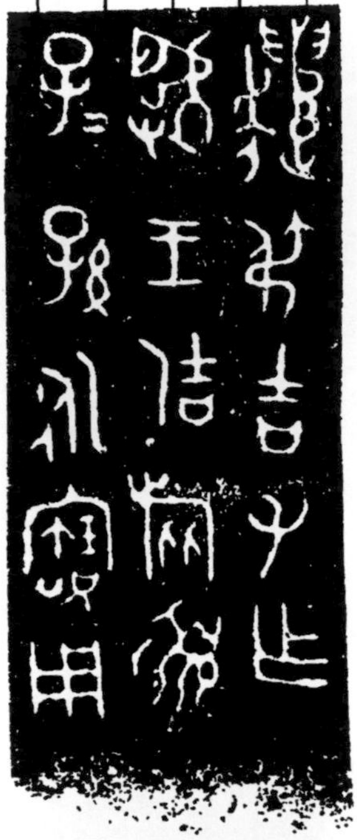

175.1

175.2

二、隸定：

遣弔吉父作虢王姞旅盨，子子孫永寶用。

三、考釋：

銘首「遣」字，蓋為國名。說文二下辵部云：「遣，縱也。从辵𠳋聲。」遣叔吉父殆為作器者之名。

「虢」字本象一手執虎，一手持兵去其皮毛之形，即「鞹」之古文（註一）。說文五上虎部云：「虢，虎所攫畫明文也。从虎寽聲。」恐非。金文从𡕒从虎作（虢弔盂 三代十八、十三）形。虢，姬姓之國，左傳五年傳：「虢仲、虢叔，王季之穆也。」虢仲封東虢，虢叔封西虢，單稱虢者，為東虢也。此「虢王姞」，蓋屬東虢。「姞」字甲編三四一八片存一殘泐者作「𡛷」，當係「姞」字（註二）。金文皆从女从吉作詁（姞氏簋 三代七、四八）、[巾吉]（姞曶母鼎 三代三、十五）形。說文十二下女部云：「姞，黃帝之後，百鯈姓，后稷妃家也。从女吉聲。」金文與小篆合。

此器乃遣叔吉父為虢王姞所作用以膳養之禮器，並冀其子孫永寶。

四、著錄：

1. 三代十、三五遣弔盨同文異範。

五、註：

1. 參見林義光、文源。
2. 參見李孝定、甲文集釋第十二、三五九五頁。

一、銘文：

176—179 㠱白子庭父盨一—四

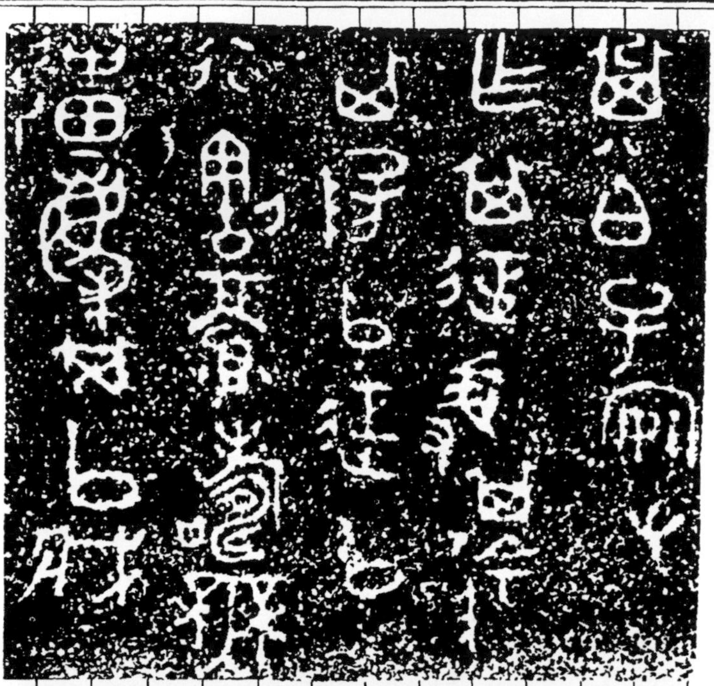

177.1

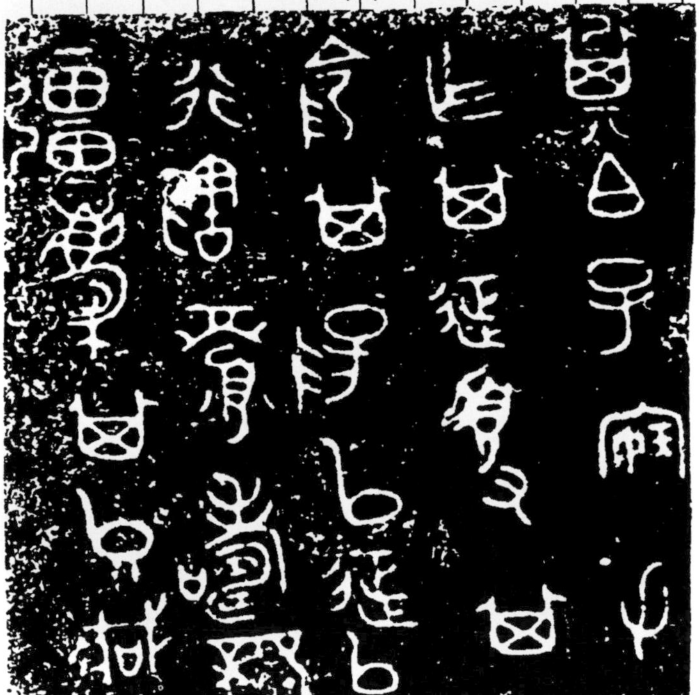

177.2

二、隸定：

㠱白子庭父乍其延盨。其陰其陽，呂延呂行，割釁壽無疆，慶

其呂臧。

三、考釋：

㠱白子𡨦父盨盄凡四，悉器蓋對銘。㠱，殆為國名。白，乃爵稱。又㠱伯盤、㠱伯匜（註1）二器，亦㠱白𡨦父所作。由知「㠱白子𡨦父」即「㠱白𡨦父」也。「𡨦」字，說文所無，王獻唐以為寶之異體，寶之古文从玉省缶作宝，單从玉亦有寶義，而加女旁為𡨦，書以今文便成「嬪」字（註2）。𡨦父，蓋係人名。

「盨盄」字，或不从皿作須（□）（周雒盨盄 三代·十三）形，或从米作𥹋（□）（杜伯盨 三代·十·四）形，或从金作鎮（□）（弔姑盨 三代·十六）形；字或从木，或从口，或从又，其形不一。金、木或表其質；皿、米，殆徵其用。自宋人以「盨」為「段」，逮吳式芬、徐同柏、方濬益、吳大澂諸輩，仍不脫宋人之窠臼。容庚於形製、文字別盨、簋為二（註3）。強運開言盨斂口而橢圓（註4）。徐中舒則疑戰國以降言「桮」者，即盨之遺製，而依其形制、音義、銘文盨段連言，而定盨為桮，或為飲食器，或為負戴器，要當以橢得名（註5）。吳闓生則謂盨象人盥濯須眉之形，而疑為盥器（註6）。然仍从舊釋。李孝定則言為食器之名，漢為負戴器。時語謂寠數（註7）。說文五上皿部云：「盨，櫝盨，負戴器也。从皿須聲。」與金文合，此殆用為盛黍稷之器名。

「其陰其陽」，陰陽對文。陰者，闇也（註8），夜也（註9）。陽者，明也（註10），日也（註11）。陰陽猶隱顯也（註12）。故其陰其陽者，猶其日其夜，其闇其明也。

「㠯延㠯行」者，延，同征。征行，蓋指軍旅道塗之事。言用以隨軍旅征伐行走也。

「劉釁壽無疆」，劉者，周禮內饔：「劉烹煎和之事」，注：「肆解肉也。」說文四下刀部云：「劉，剝也。从刀害聲。」此則假「劉」為「匃」。禮記緇衣：「周田觀文王之德」，注：「劉（周）之言蓋也。」疏：「周字古文為劉……，劉之言蓋，劉、蓋聲相近。」蓋、匃音近，故可叚為「匃」，其義為祈求也。或以蓋視之，則為語詞，無義。言欲其長壽無限。

「臧」即臧，說文三下臣部云：「臧，善也。从臣戕聲。」此則从口。慶其吕臧者，言祝其用以為善也。

四、著錄：

1. 金文集(二)圖四五九，四〇頁；釋文九一頁。
銘遺一七九、二；器黃縣四二

五、註：

1. 參見金文編拓本。
2. 參見黃縣㠱器二九頁。
3. 參見周禮樂器考略。
4. 參見古籀三補卷五第六頁。
5. 參見陳侯四器考釋，載集刊第三本四分四八六－四八七頁。
6. 參見吉文卷四第四頁寅簋。
7. 參見釋釁與沬，載集刊外編第四種九九二頁。

8. 參見廣雅、釋言。

9. 參見禮記、祭義：「陰陽長短」疏。

10. 參見廣雅、釋詁四。

11. 參見詩、小雅、湛露：「匪陽不晞」傳。

12. 參見大戴記、文王官人：「考其陰陽」注。

## 180 白沕其盨

一、銘文：

180.2

二、隸定：

白沕其乍旅盨，用亯用孝，用匃眉壽多福，畯臣天子。萬年唯亟，子子孫孫，永寶用。

三、考釋：

白𣲂其者，作器者之名。伯，爵稱，𣲂其，人名。或與本書三、𣲂其鐘，九六、𣲂其鼎為同一人所作器。又本書一六四有善夫𣲂其𣪘，其官名有別。此𣲂其作盨，用以為祭亯養生之禮器。

用亯用孝者，猶台亯台孝（陳逆簠〈三代八·二八〉），用亯台孝（王孫遺者鐘〈三代一·六三〉），台𤼷台嘗（陳厗午敦〈錄遺一六八〉），用𤼷用嘗，用孝用亯（姬鼎〈三代四·九〉），台亯台考（其次句鑃〈三代十八·二〉）之例。𤼷、嘗、亯、孝四字，悉指祭祀而言。周禮、春官、大司樂：「以祭以享以祀」，禮記、祭義：「死則敬享」，注：「享猶祭也。」禮記、祭統：「祭者，所以追養繼孝。」故以犧牲酒食稻粱敬獻先人稱之為「追孝」，或省作「孝」。用亯用孝，以對文節音也。

畯臣天子，畯，經傳作晙，爾雅、釋詁：「駿，長也。」謂長臣於天子，即能永居其帝位也。萬年唯𢼸者，𢼸、極皆从亟聲，音同可通。說文六上木部云：「極，棟也。从木亟聲。」段注：「喪大紀注曰：危，棟上也。引伸之義，凡至高至遠皆謂之極。」萬年唯𢼸，與「萬年無疆」義同，言其長久無窮盡也。

四、著錄：

1、古代青銅器彙編一、57梁其盨，五四頁，與此同銘。

傳一九四〇年陝西省扶風縣法門寺任村出土，同出之器甚多，唯已散失，傳世者尚有鼎、壺、鐘等。是器高一九，口縱二二、八，口橫一五、九，腹縱二五、六，腹深一九、三，底縱二二、七，底橫一六、四，腹深一〇、二厘米，重四公斤六二〇。

克。盨蓋有冠，中間飾兩頭龍紋，器身所施竊曲紋乃獸體變形，器身渾樸，銘三十一字。